新商科"互联网+"应用型本科物流管理专业系列规划教材

物流专业导论

周兴建　王　勇◎主编
杨　晋　左志平　蔡丽华◎副主编
周建亚◎主审

电子工业出版社
Publishing House of Electronics Industry
北京·BEIJING

内 容 简 介

本书结合互联网经济当前物流业发展态势，系统地对现代物流进行导入式的论述。本书在对现代物流业发展的基本态势及现代物流的基本概念进行简要概述后，对物流智能化、物流信息化、现代运输、现代仓储和现代配送等现代物流环节和功能展开介绍，进而对企业物流、第三方物流、第四方物流和供应链管理等现代物流模式和原理进行分析。在此基础上，收集和整理了若干案例，融合了现代物流理论与实务的各个层面，让学生能够进行自主学习，正确理解现代物流的基本原理和现代物流活动的主要特征，为以后从事相关工作打下良好的基础。

本书适合对现代物流进行初步认识的人士阅读，可作为普通高等院校物流管理专业、物流工程专业、市场营销专业、工商管理专业，以及经济管理类等其他相关专业本科生的专业导论学习用书和参考书。

未经许可，不得以任何方式复制或抄袭本书之部分或全部内容。
版权所有，侵权必究。

图书在版编目（CIP）数据

物流专业导论 / 周兴建，王勇主编. —北京：电子工业出版社，2021.1
ISBN 978-7-121-39916-9

Ⅰ．①物⋯ Ⅱ．①周⋯ ②王⋯ Ⅲ．①物流管理—高等学校—教材 Ⅳ．①F252.1

中国版本图书馆 CIP 数据核字（2020）第 217738 号

责任编辑：刘淑敏　　　　特约编辑：田学清
印　　刷：中煤（北京）印务有限公司
装　　订：中煤（北京）印务有限公司
出版发行：电子工业出版社
　　　　　北京市海淀区万寿路 173 信箱　　邮编：100036
开　　本：787×1092　1/16　印张：17.5　字数：437 千字
版　　次：2021 年 1 月第 1 版
印　　次：2021 年 1 月第 1 次印刷
定　　价：59.00 元

凡所购买电子工业出版社图书有缺损问题，请向购买书店调换。若书店售缺，请与本社发行部联系，联系及邮购电话：（010）88254888，88258888。
质量投诉请发邮件至 zlts@phei.com.cn，盗版侵权举报请发邮件至 dbqq@phei.com.cn。
本书咨询联系方式：010-88254609，sjb@phei.com.cn。

前言

现代物流业的发展日新月异，物流活动在实际应用中越来越重要。但是一直以来，人们对"物流"及"物流管理"的认识存在着一些误区，尤其是准备进行物流类专业学习的学习者，在学习专业课程之前，很有必要对现代物流形成一个初步的、比较全面的认识，即需要一本导论性质的书籍，帮助初学者建立对物流的一个框架性认知体系。为达到这一目的，本书进行了创新探索与尝试。为了便于学习者自主学习，每章开头设置了"学习目标"和"案例导入"栏目，"学习目标"指明了该章的主要知识点，"案例导入"则通过导入实际案例以激发学习兴趣；每章末尾设置了"讨论思考""案例分析"等栏目，"讨论思考"用以启发学习者积极开展思考，"案例分析"用以拓展学习者的视野，增进学习者对其所学内容的理解，帮助学习者形成对现代物流的比较全面的理解和认识。

本书分为11章，由周兴建和王勇担任主编，杨晋、左志平、蔡丽华担任副主编，周建亚担任主审。具体编写人员及负责编写的内容是：周兴建负责编写第1章到第6章，王勇负责编写第7章和第8章，杨晋负责编写第9章和第10章，左志平负责编写第11章，蔡丽华负责案例的收集与整理。周兴建和王勇负责全书框架的构建和统稿。

本书在编写过程中，参考了大量有关的书籍、文献及论文，引用了互联网上大量相关文章和案例。但由于现代物流业的发展和理论研究还处在一个不断探索的过程之中，加之编写时间仓促和作者水平所限，书中难免存在不妥之处，敬请广大读者和专家同行批评指正。

作者简介

周兴建，男，博士（后），副教授，硕士研究生导师，中国物流学会特约研究员，教育部物流管理与工程类专业教学指导委员会物流工程工作组成员，主要研究方向为物流与供应链管理。近年来，在国内外学术期刊发表了包括国家自然科学基金委员会指定A类B类期刊、EI期刊、CSSCI、中国人民大学书报资料中心复印报刊资料全文转载在内的学术论文

60余篇；主持湖北省社会科学基金、湖北省科技厅软科学研究项目、教育部产学协同育人项目、中国高等教育学会高等教育研究项目、湖北省高校省级教研项目等省部级项目20余项；曾获湖北省高等学校教学成果奖、武汉市社会科学优秀成果奖等政府奖项和中国物流学术年会优秀论文一等奖、中国物流与采购联合会科技进步奖等10余项奖项；曾获香港桑麻基金会奖教金，指导学生参加全国大学生物流设计大赛、全国大学生物流仿真设计大赛等，获二等奖、三等奖5项；主编教材3部，其中《现代仓储管理与实务》获批"十二五"普通高等教育本科国家级规划教材。

目 录

1 物流类专业认知 1
  1.1 认识物流学业 1
  1.2 认识物流实践 2
  1.3 认识物流就业 4
  1.4 认识物流升学 7

2 现代物流发展 13
  2.1 现代物流发展内涵 14
    2.1.1 现代物流的概念 14
    2.1.2 现代物流的发展历程 15
  2.2 现代物流发展领域 18
  2.3 互联网与现代物流 20
    2.3.1 物流业发展中的痛点 20
    2.3.2 "互联网+物流"的提出 22
    2.3.3 "互联网+物流"的模式 24
    2.3.4 "互联网+物流"发展趋势 28

3 物流智能化导论 31
  3.1 智能物流发展概述 32
  3.2 智能物流设施与设备 33
    3.2.1 自动化立体仓库 33
    3.2.2 穿梭车系统 36
    3.2.3 自动导引车 38
    3.2.4 自动分拣系统 40
    3.2.5 智能储物柜系统 41
  3.3 物流智能化发展趋势 45
    3.3.1 无人机技术的发展 45
    3.3.2 智能化技术应用趋势 51

4 物流信息化导论 55
  4.1 物流信息技术及大数据技术 57
    4.1.1 物流信息技术 57
    4.1.2 大数据技术概述 58
    4.1.3 大数据技术应用 59
  4.2 物流信息识别技术 64
    4.2.1 条码技术 64
    4.2.2 射频识别技术 76
  4.3 物流信息处理技术 83
    4.3.1 销售时点系统技术 83
    4.3.2 电子订货系统技术 85
  4.4 物流信息系统 88
    4.4.1 物流信息系统概述 88
    4.4.2 物流信息系统的功能 89

5 现代运输导论 94
  5.1 现代运输及运输业 96
    5.1.1 现代运输及其功能 96
    5.1.2 现代运输业的特征 97
    5.1.3 "互联网+运输"发展 99
  5.2 基本运输方式 102
    5.2.1 公路运输 102
    5.2.2 铁路运输 104
    5.2.3 水路运输 105
    5.2.4 航空运输 106

5.2.5 管道运输 107
5.3 复合运输方式 108
　　5.3.1 国际多式联运 108
　　5.3.2 大陆桥运输 113

6 现代仓储导论 118
6.1 现代仓储管理内涵 119
　　6.1.1 仓储管理的概念 119
　　6.1.2 仓储与物流的关系 119
　　6.1.3 仓储管理的内容 121
　　6.1.4 仓储管理的任务 121
6.2 现代仓储业的新应用 124
　　6.2.1 亚马逊的仓储技术 124
　　6.2.2 京东亚洲一号上海库 128
6.3 现代仓储业的新趋势 130
　　6.3.1 仓储业发展方向 130
　　6.3.2 现代仓配新形态 133
　　6.3.3 "海外仓"的兴起 139
6.4 云仓储管理模式 139
　　6.4.1 云仓储的兴起 139
　　6.4.2 云仓储的模式 140
　　6.4.3 云仓储的实施 142

7 现代配送导论 146
7.1 配送与快递概述 147
　　7.1.1 配送的概念 147
　　7.1.2 配送的分类 148
　　7.1.3 配送的意义和作用 151
　　7.1.4 快递业的发展 152
7.2 配送中心 153
　　7.2.1 配送中心的概念 153
　　7.2.2 配送中心与物流中心 ... 154
　　7.2.3 配送中心的分类 155
　　7.2.4 配送中心的功能 156
7.3 配送的流程与模式 158
　　7.3.1 配送的业务流程 158
　　7.3.2 配送的模式 163

7.4 配送合理化 166
　　7.4.1 不合理配送形式 166
　　7.4.2 配送合理化判断 168
　　7.4.3 配送合理化措施 170

8 企业物流导论 173
8.1 企业物流概述 174
8.2 企业物流活动 179
　　8.2.1 生产物流 179
　　8.2.2 供应物流 180
　　8.2.3 销售物流 181
　　8.2.4 回收物流 183
8.3 企业物流的模式 183

9 第三方物流导论 188
9.1 第三方物流的产生 189
　　9.1.1 第三方物流的发展
　　　　　阶段 189
　　9.1.2 第三方物流的推动
　　　　　因素 190
9.2 第三方物流的内涵 191
　　9.2.1 第三方物流的概念 191
　　9.2.2 第三方物流的特点 192
9.3 第三方物流的优势与弊端 ... 194
　　9.3.1 第三方物流的优势 194
　　9.3.2 第三方物流的弊端 196

10 第四方物流导论 198
10.1 第四方物流的产生 199
10.2 第四方物流的基本概念 202
　　10.2.1 第四方物流的定义 202
　　10.2.2 第四方物流的组织
　　　　　 构成 204
　　10.2.3 第四方物流的优势 205
　　10.2.4 第四方物流的功能与
　　　　　 特点 206

- 10.3 第四方物流的作用与影响......207
  - 10.3.1 第四方物流的作用......207
  - 10.3.2 第四方物流的影响......208
- 10.4 第四方物流的运作模式......210
- 11 供应链管理导论......214
  - 11.1 供应链管理的产生......215
    - 11.1.1 企业面临的经营环境......215
    - 11.1.2 供应链管理发展过程......217
    - 11.1.3 供应链管理的定义......219
  - 11.2 供应链管理原理......220
    - 11.2.1 供应链的流程......220
    - 11.2.2 供应链管理的特点......222
    - 11.2.3 供应链管理的作用......223
    - 11.2.4 价值链管理......225
  - 11.3 供应链物流管理......227

附录 A 中华人民共和国国家标准·物流术语......231

附录 B 世界物流企业 100 强排行......260

附录 C 中国物流企业 50 强排行......265

参考文献......270

1 物流类专业认知

学习目标

- 熟悉物流专业学业的构成
- 熟悉物流专业实践的形式和内容
- 了解物流专业就业的趋势
- 了解物流专业升学途径

【案例导入】物流类专业学习中的问题

1. 什么是物流？它在社会上处于什么位置？
2. 物流专业的课程体系是怎样的？哪些课程比较实用？
3. 物流未来的前景如何？我该着重学习哪些内容？
4. 大学里有那么多活动，我要参加哪一个？
5. 物流专业可以获得哪些实践机会？
6. 物流专业是否要考研？
7. 物流专业女生的就业主要从事哪些方面？
8. 物流专业的学生毕业后的就业方向有哪些？
9. 物流专业的学生毕业后如何快速地融入社会？
10. 我不喜欢物流专业，我该怎么办？

大学四年，物流专业的学生究竟该如何度过？如何度过才算不辜负自己的大学生活？基于这10个问题，本章从四个方面来梳理：物流学业、物流实践、物流就业、物流升学。

1.1　认识物流学业

首先，我们来了解物流专业的大学生大学四年都学习哪些课程？基本上是大一实行基础教育（包括高等数学、线性代数、计算机基础、英语、管理学等），大二实行专业课基础教育（包括财务会计类、经济学类、金融学类、概率、统计，以及专业类如物流学、物流系统等内容）。到了大三就开始了专业课程的学习（包括物流功能类：运输管理、仓储管理、配送管理、包装、流通加工、装卸搬运、信息管理与系统等；供应链管理类；第三方物流类；物流系统规划与设计类：仓储规划设计、配送中心及物流园区规划设计、物流仿真等；物流运筹学类：仓储选址、配送网络路线设计、建模与决策；等等）。大四主要是开展实习与论文写作。物流专业课程结构及主要课程如表1-1所示。

表1-1 物流专业课程结构及主要课程

公共基础课程	基础专业课程	专业课程
高等数学	管理学	物流成本管理
线性代数	运筹学	配送中心规划与设计
概率论与数理统计	市场营销学	物流信息系统
政治理论课	企业物流管理	物流系统规划与设计
计算机基础	物流工程	采购管理
基础会计	生产与运作管理	供应链管理
财务管理	运输管理	国际物流
微观经济学	仓储管理	第三方物流管理

物流是一个比较热门而且也很重要的一个专业。现在的你可能对物流是什么充满了好奇，建议你在学校教务处官网查询物流专业大学四年的教学计划，摘录下来后去图书馆查阅教材或向学长借读教材，然后认真地把教材浏览一遍，系统地阅读之后相信你会对物流专业有一个自己的思考和见解。

1.2 认识物流实践

物流专业本身是一个重要的边缘学科，无论是物流管理还是物流工程，都是基于市场的需求，后期制定的学科门类。它是从实践中产生的，因此想真正学好它就需要注重实践的积累。实践分成两大部分：活动项目与实习。本节重点讲解活动项目，实习部分将在第1.3节中论述。

在大学四年的学习生涯中，物流学子可以选择的活动还是有很多的，同学们不但要争取获得活动奖项，更要以训练能力为导向，多培养自身能力。大学期间物流专业学生可以参加的活动/学科竞赛主要有如下类型。

1．活动名称：全国大学生物流设计大赛

活动举办时间：每两年一次，一般为奇数年的10月份。

活动适合年级：大二、大三。

活动比赛内容：学生需要根据大赛组委会提供的案例，自主确定设计的领域和方向，完成设计内容。比赛涉及信息系统开发、软硬件开发、企业管理、数学建模、财务分析、流程再造、组织结构优化、企业战略管理、物流各环节（采购、包装、仓储、流通加工、配送、运输等）的优化设计等等诸多方面。

推荐指数：（5星/5星）。

推荐理由：物流专业学生在其中得到的锻炼可以使自身在大学中所学的知识得到升华，而且可以明确物流知识应当如何运用到实际中，指导物流实践。

2．活动名称："挑战杯"

活动举办时间："挑战杯"全国大学生课外学术科技作品竞赛（偶数年启动、奇数年举办）；"挑战杯"中国大学生创业计划竞赛（奇数年启动、偶数年举办）。

活动适合年级：大二、大三。

活动比赛内容：学生申报自然科学类学术论文、哲学社会科学类社会调查报告和学术论文、科技发明制作三类作品参赛；聘请专家评定出具有较高学术理论水平、实际应用价值和创新意义的优秀作品，给予奖励；组织学术交流和科技成果的展览、转让活动。

推荐指数：（4.5星/5星）。

推荐理由：培养学生的团队意识和合作精神，同时能够激发学生的创新意识，提升学生的分析总结及文案编辑能力，使学生能够发掘市场机会和潜力，积累必要的项目运作经验。

3．活动名称：中国大学生数学建模竞赛（CUMCM）

活动举办时间：每年9月份比赛，大学会在暑假开设相关培训。

活动适合年级：大二、大三、大四。

活动相关内容：中国大学生数学建模竞赛创办于1992年，每年一届，目前已经成为全国高校规模最大的基础性学科竞赛，也是世界上规模最大的数学建模竞赛。数学模型是关于部分现实世界的一个抽象的简化的数学结构。更确切地说，数学模型就是针对一个特定的对象，为了一个特定目标，根据特有的内在规律，做出一些必要的简化假设，运用适当的数学工具，最后得到的一个数学结构。数学结构可以是数学公式、算法、表格、图示等。参赛者应根据题目要求，完成一篇包括数学模型的假设、建立和求解、计算方法的设计和计算机实现、结果的分析和检验、模型的改进等方面的论文（即答卷）。竞赛评奖以假设的合理性、建模的创造性、结果的正确性和文字表述的清晰程度为主要标准。

推荐指数：（5星/5星）。

推荐理由：锻炼学生快速了解和掌握新知识的技能，更重要的是训练学生的逻辑思维和开放性思考方式。在物流方面，可以提升学生物流领域的建模能力，包含物流中心选址与规划、物流实际问题解决能力等。同时该奖项有利于学生的学业深造。

除了以上三个活动/学科竞赛，还推荐学生积极参加全国高校物联网应用创新大赛、全国大学生数学竞赛、全国大学生英语竞赛等活动。

大家可以详细了解自己喜欢的并认为有挑战性的活动/学科竞赛，积极参加这些活动/学科竞赛，前提是一定要平衡好自己的时间，不要因为参加此类活动和学科竞赛而荒废学业。

1.3 认识物流就业

关于物流就业这样一个专题，在展开论述之前一定要先解读两个问题：一个是是否要读研，另一个就是在物流行业，女生更适合哪些职位？

1. 是否要读研

在这里要问"纠结中的你"以下三个问题。

第一：为什么考研？是因为有社会恐惧症还是还没有准备好走向社会？是有学术理想还是为了在更高层次的平台找工作？

第二：你将来的工作意向是需要具有技术背景但不需要完全掌握技术的销售类性质的工作还是纯粹的技术研发类工作？亦或是其他类似公务员等需要文凭的工作？

第三：内心想不想读研？扪心自问，你喜不喜欢实验室的生活？喜不喜欢写论文、做项目？

相信思考了这三个问题之后，你就有了答案。还有一句话要献给那些还在纠结的本科生：如果你大学四年还没有清楚你想做和要做的是什么，说明你缺少目标性，那么你的研究生生涯只会是本科的延续，对你的提升将是有限的。

2. 在物流行业，女生更适合哪些职位

在现实中，为何会有"女生不适合物流行业"这一说法呢？那是因为在人们的普遍意识中，物流=货运，不但要跟单还要搬货，完全不适合女生。怀有这种意识的人实际上是把物流理解得太窄。当前的经济社会，已经不是各个行业和领域泾渭分明的状态了，跨界才是经济社会的主旋律，更何况跨职位。所以女生做物流是没有问题的。

解决了这两个问题之后，我们再来解读物流行业的内容。如表1-2所示，物流行业的范围和领域非常广泛，因此选择适合自己的企业和职位非常重要。

表 1-2 可供选择的物流企业类型

企业类型	属性	优势	职位
物流部门（央企、九州通等）	国企，民营	供应链，采购体系规范，成熟	采购、仓管、物料保障与协调
零担企业（德邦、安能等）	大型民营	历练多，成长快	营业员-门店-片区-大区
快递平台（顺丰、菜鸟等）	大多是民营	业务板块多，成体系	运营/企划/市场/仓配/供应链等
国际物流、跨境电商（DHL、UPS、EMS等）	外企、国企	管理培训体系规范，成熟	管培-职能-经理-总监
电商企业（京东、拼多多等）	民营	管理培训，历练多	管培-职能-经理-总监
货运平台（货拉拉、运帮等）	民营	互联网公司，成长好	运营/技术/销售
物流系统类企业	民营	适合IT	IT/销售
物流技术设备企业	国企、外企、民营	适合物流工程	机械设计类/销售
物流综合服务（咨询、传媒）	民营	适合行业分析	分析/编辑/顾问
物流园区、配送中心类	国企、民营	转型阶段	物流规划-运营-管理中层
生鲜冷链运输、仓储、配送	民营	冷链物流	技术/管理-经理-总监
口岸物流	国企	港口设计、规划	运营、设计

物流行业里的可供学生选择的企业类型和职位主要分为以下两部分。

（1）物流需求方：学生可从事企业内部的采购、仓库管理、物料的保障与协调、社会运力等。

（2）物流执行方：常见的是不同物流功能（运输、仓储、配送、信息化）以及不同行业（生鲜、快消、服装、制造业、跨境类等）的交叉，培养的是学生为企业制订物流整体解决方案的能力。学生从事的是物流中心的布点位置、功能规划、规模设施、管理体制的合理确定，甚至企业物流系统改造、行业物流系统改造、物流园区的规划设计以及配送中心的规划设计，等等。完成这些工作需要经验和项目的沉淀。

需要注意的是：在第三方物流企业中，学生除了积累物流系统策划经验，还要学习并具备运营的能力、对物流市场及行业进行分析的能力以及一定水准的互联网思维。学生应不断地做好自身的迭代与学习。

3. 如何用跨界思维培养自身核心竞争力

1）物流＋会计

在物流理论中，有物流成本的"冰山"学说。其对于企业认识物流成本有着重要的影响。因此学好物流的同时具备会计的知识基础对于学生而言就很重要。

如何进修：辅修或自学会计后考取会计证＋物流本科。

实践选择：活动类，如"挑战杯"系列的创业竞赛；尝试担当首席财务官（CFO）。工作类，如在物流企业的财务部门等任职。

就业方向：甲方企业的物流部门或财务部门；乙方财务部。

需要注意的是，职业的通路在于经验的扩充，要多去不同功能要素类型的物流公司实习，发现问题，找到解决方案。

2）物流＋人力资源管理

物流行业的人员流动性和其他行业相比是比较大的，同时物流行业的高端人才缺乏也比较明显，因此，在物流行业中，人力资源管理相对来说非常重要。

但是不得不说的是，人力资源管理是一门大学问，不同职能位置上的岗位人员的性格特点不尽相同，如何挖掘人才，如何把合适的人安排到合适的位置上，如何激励员工，如何招、培、管、评等等都需要经验的沉淀。

如何进修：需要具有一定年限的物流行业工作经验，深知物流领域中各职能各方向中大家普遍存在的问题和想法。建议进修管理类和心理学类的技能和学历。

实践选择：物流基层沉淀＋跨部门协同。

就业方向：物流猎头；乙方企业人力资源（主管到总监）。

3）物流＋金融

物流金融与供应链金融今后的力量不容小觑，需要学生在平时的阶段多接触相应知识，具备相关知识基础，同时多思考，多实习。建议学生们从融资租赁到跨境物流金融，多领域学习。

如何进修：建议攻读"物流"＋"金融"双学位或金融专业硕士，同时积累物流经验。

实践选择：证券类活动及实习公司。

就业方向：有物流投资方向的公司；资本公司。

4）物流＋公关

互联网＋带来的改变是有目共睹的，而物流也在互联网＋的大潮下迎来了新的变革和潮流，既有如雨后春笋般成长起来的车货匹配平台，也有物流的人才、设备的平台，新媒体等。因此，物流企业的公共关系宣传以及品牌的塑造就显得非常重要。

5）物流＋数据

大数据时代，数据是核心。数据分析及挖掘能力是很重要的。因此，在大学期间，学生应学好从统计学到数据分析及挖掘的相关课程与内容，掌握分析方法与思路，同时善于用数据去表达自己的观点。

4．在就业前，学生应该掌握哪些技能

在就业前，学生应该掌握以下六大技能，如图1-1所示。

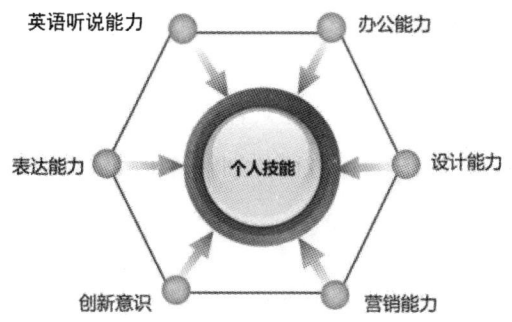

图 1-1　物流专业学生应掌握的技能

第一，英语听说能力：国际贸易、跨境电商都需要将英语作为基本技能；同时，英语听说能力是学生进入外企的必备技能。

标准：可以用英语进行日常交流及完成基本商务对接。

第二，办公能力：PPT，Word 等办公软件的使用及美化能力。

标准：可以应用 PPT 组织开展介绍会等会议。

第三，设计能力：能够进行基础图案的设计以及部分营销创意设计。

第四，营销能力：能够准确抓住自身卖点以及产品卖点进行营销。

第五，创新意识：这是一种意识上的训练，需要学生们做事时多找方法，同时灵活地变换思路。工具创新、模式创新在企业里都是很重要的。

标准：口齿清楚，逻辑清晰。能够将自己的思路清晰地表达出来。

第六，表达能力：可以通过精彩的演讲将自己的思考过程或总结成果清晰地表达或分享出来。

1.4　认识物流升学

读研之前，无论是保研、考研还是留学，在大三下学期时学生一定会面临一系列的选择，在选择时就会有困惑，这些困惑主要表现为以下 10 个问题，学生在升学时应对这些问题多加思考。

（1）我是否有资格保研？保研的流程和准备工作有哪些？

（2）物流专业学生读研的方向有哪些？

（3）哪些学校招收物流类专业的研究生？

（4）考取哪所学校的成功率高一些？

（5）该如何选择研究生的导师？

（6）考研该如何备考与准备？

（7）在纠结是否要去留学？

（8）如何能够降低留学的成本？
（9）留学归国后要怎样找工作？
（10）留学该做哪些准备？

接下来将从保研、考研、留学三个方面详细解答上面的问题。

1. 保研

学生若想申请保研，最好从大一开始准备，可以按下面的步骤进行规划。

（1）看"学生须知"，了解学校保研的各项制度规定（如无挂科、大学英语四、六级考试必须过六级等）。

（2）向辅导员或导师了解学校保研的情况（如是否可以外保，成绩是否需要达到专业前几等）。

（3）前三年的成绩至少为专业前8%，最好发表过论文（这一点很重要）。

（4）拥有不少于一个的竞赛获奖成果，最好是获得了国家级成果（本书中提到的几个活动均可）。

（5）大三暑假前了解想保研的目标学校是否开设夏令营，可多申请，准备好申请书，择一参加。

（6）在大学必须训练英语口语，保研面试的其中一项就是英语测试，这非常重要。

（7）如果可行，可以请专业导师为你写推荐信。

（8）若没有参加夏令营也不代表没有机会，正式申请时请加油，不过一定要谨慎。

2. 考研

考取研究生并不是外界渲染的那样困难，只要你踏实前进，一定会有收获。

（1）至少在大三下学期之前确定自己是否要考研。

（2）如果大一就计划考研，需要平时学好数学、思想政治类课程、英语、运筹学等。

（3）注重学习方法。数学：除了知识点学习，要着重逻辑的把握；分析出题的原因和知识点，做到融会贯通；再次强调，逻辑是最重要的；区分好数一还是数三；思想政治类课程：要通过案例来解读基础知识点，灵活运用；四门课要有所侧重；英语：夯实基础，需要下苦功夫，注意要转变学习心态，把背记单词引导成必须做且开心的事；运筹学（或管理学）：平时多运用，同数学一样，注意把握计算过程和逻辑推理。

简而言之，就是要平衡好复习时间、敢于迎难而上、英语务必天天练习、注重思想政治类知识的理解。

（4）了解物流类专业的研究生主要的专业选择。

国内：①物流管理（管理科学与工程分支）；②物流与供应链管理；③综合物流工程；④物流信息管理。（需要注意的是不同学校的专业设置是不同的，一定要看清楚、想清楚。）

国外：①供应链与数理分析研究；②MBA 的分支；③物流与供应链管理的方法。

（5）这里推荐一些设有相对出色的物流相关专业的院校。

清华大学（管理科学与工程：物流工程）、上海交通大学、北京交通大学（物流管理与工程）、浙江大学、南开大学、大连理工大学、上海财经大学、大连海事大学、西南交通大学、首都经济贸易大学等院校。

（6）选择研究生导师时主要考虑以下三点。

① 导师的主要研究方向是否是自己感兴趣的。因为导师很有可能把你派到他研究的课题小组或相应项目中去。

② 导师是否可以让学生在研究生二年级去实习。这一点很重要，有部分导师是不允许自己的学生在研究生期间实习的。

③ 导师的影响力及其指导研究生的方式。

3．留学

留学前备考托福和 GRE 考试的日子会让你觉得青春无悔，留学中努力学习、赚取生活费的艰辛、思乡的孤独都是人生的历练，让你的人生更加精彩。

1）留学前准备

留学前学生应做好相应的准备，首先要解决自身四个问题，如下所述。

（1）家里是否有足够的资金支撑自己留学？

（2）自己是否具备独立生活能力？（包括做饭、洗衣服等独立生活能力）

（3）自己是否可以应对内心的孤独和沮丧？（学习上、工作上可能比较艰辛）

（4）自己是否可以全力以赴地学习并能够抵制不良诱惑？

如果相应的四个问题都解决了，那就可以开始制订自己的留学计划。留学计划的第一步是要把英语学好。（一般托福不低于 92 分，雅思不低于 6.5 分）

2）申请过程

根据专业方向、经历和往届难度等选定国家、院校、专业。

查询申请的院校的语言成绩要求，参加考试。

准备好学历证明、成绩单、成绩排名、PS、CV、推荐信、语言成绩以及其他证明材料。

3）申请成功后的准备

要持续提升英语能力，重点提升对话与看论文方面的能力。

规划研究生学习的重点、方向和实习准备。

最好请教直系学长，咨询学习、生活的建议和意见。

确定所学方向后，可以试图寻找相关领域的企业并申请假期实习。

留学毕竟是一个远离家乡的旅程，出国留学前多陪伴家人。

4）低成本留学

低成本留学的主要途径有以下两种。

（1）申请奖学金：攻读工科比攻读商科和文科更容易获得奖学金，尤其是在重大项目上获得过奖项、发表过高质量论文、具有优秀的实习经历、语言成绩优异的学生，更易于申请奖学金。

（2）报考学费相对较低的院校：荷兰的阿姆斯特丹大学、新加坡的新加坡国立大学等都是不错的留学选择，这些院校学费相对较低且以英语教学为主。

讨论思考

1. 你对你的物流学业有何规划？
2. 你准备怎样进行你的物流实践？
3. 你怎么看待将来的物流就业？

案例分析——物流专业学习应注重的逻辑

人们对于物流的片面理解，主要表现在只关注快递、快运、物流园区、城市配送、生鲜冷链等相关热点物流细分市场及"明星"企业，没有关注或较少关注更加庞杂的物流市场体系和物流生态圈。

很多物流专业大学生从考上大学的第一天起就开始思考：咱们毕业以后去哪里工作呀？可以去什么样的公司呀？遗憾的是，有一些大学生在大学里面学习了三、四年之后依然没有搞明白这些问题，满头雾水、稀里糊涂就毕业了，毕业后甚至面临着直接失业或选择了转行就业。

为什么会有这种情况发生呢？最核心的问题可能是这些大学生没有构建起物流生态圈的概念，没有真正运用书本上学到的知识去观察物流世界，没有形成把学到的理论知识转换为实践就业机会的思考逻辑，他们的"眼法"不足，"眼界"太低。因此，有必要帮助这些大学生构建起一座从理论通往实践、从现象直达本质的思维逻辑的桥梁。

在市场经济条件下，市场细分已经成为必不可少的一个市场竞争策略。在竞争日益激烈的物流市场，物流市场的细分也已经逐步突破了物流市场本身，面向了整个物流生态圈。

物流专业学习应注重三个物流市场细分商业逻辑。

1. 第一个逻辑：客户客观存在的物流需求

一定规模的特定的物流市场需求就可以定位一个物流细分市场，进而可以定位为许多特定的物流产品。

想象这样一个场景，每天早上和中午都会有几十上百辆统一形象的摩托车停放在某公司附近路边的空地上，摩托车后面都有一个上锁的储物箱；司机统一制服，统一背包，到一定时间就聚集在这里，然后陆陆续续骑着摩托车分散离开。根据摩托车上的Logo信息，在网上一查，发现该公司原来是深圳市一家专注于为金融机构提供业务流程外包服务的公司，该公司的其中一项服务就是金融物流，即为金融机构、企事业单位提供票据、凭证、报表等资料的取送服务，并且提供文档资料、信息资料、磁带、光盘等的仓储服务。再深入了解下去，发现这是一个和玩钱人打交道的物流细分市场，20世纪80年代新加坡就有这样的专业公司并已经进入中国，然后我国国内的中信银行也组建了类似的外包服务公司，邮政速递也在为银行提供同样的细分物流服务——银行居然还有这种物流需求，这才是真正的为金融业服务的低调潜行的"金融物流"！

2. 第二个逻辑：切割或延伸客户物流需求

所谓切割就是找一个产品开发维度对现有的物流市场进行精细化切割和剥离，并对剥离出来的物流市场进行产品化设计和运作，根据实际市场情况可以进行横向切割分层，也可以进行纵向分割分段。

所谓延伸，就是从物流生态圈或供应链的角度对现有物流市场进行服务功能延伸，并对延伸后的物流市场进行产品化设计和运作。

民生公司开辟国内到日本偏港海运航线就是一个成功的切割案例。在很长一段时间内，国内港口到日本基本港的海运市场竞争腥风血雨，十分惨烈，负运价现象屡禁不止。在这样的市场板块中，民生公司敏锐地切割出一个日本非基本港海运市场，投入船舶运营上海、宁波、大连、青岛到日本福山、中关、水岛、广岛、德山、高松、岩国、伊万里等日本偏港、小港的多条海运航线，打开了一片"蓝海"市场。

海尔日日顺将物流配送服务延伸出标准化、专业化上门安装服务，从而奠定了国内领先的大件货品的端对端一体化物流解决方案提供者地位，并因此吸引了阿里巴巴集团的战略投资——这也是物流市场细分商业逻辑下的典型案例。

3. 第三个逻辑：挖掘和引导客户物流需求

这是难度最大的一种物流市场细分商业逻辑，因为这个商业逻辑的起点是客户的物流相关的问题和痛点。如何围绕这些问题和痛点，利用物流市场细分的眼光挖掘其中的物流市场机会，并加以市场引导和培育，是该商业逻辑的重点。

在这个商业逻辑下，近年来商业及投资领域兴起所谓的"颠覆性创新"也许不是最高境界，但绝对是最困难的一种市场创新境界。在目前资本的驱动下，部分物流细分市场，涌现出了大量的新概念、新模式和创业公司，主要围绕"最后一公里"、城市配送、社区O2O配送、车货匹配平台、公路货运App、车辆跟踪管理技术等投资，从本质上都属于物流市场销售渠道的拓展或管理工具的创新，而不是新的细分市场探索。因此，在现阶段，更重要的是挖掘和引导客户现有但不迫切的或者潜在的物流需求，而不是创造一个崭新的颠覆性的物流市场。

重庆市政府打造重庆到德国杜伊斯堡的"渝新欧"国际联运物流大通道，继而开辟崭新的中欧跨境物流市场，是一个成功的物流市场细分与创新的案例。惠普笔记本电脑生产基地落户重庆后，基于惠普笔记本电脑的对欧笔记本销售比例较大，在所有的物流解决方案中，空运成本高，海运时间太长，而国际铁路运输只需要16天左右，而且与空运相比铁路运输具有运量大和运价低的综合优势。通过挖掘惠普等笔记本电脑品牌商入驻重庆在物流方面的痛点需求，重庆市政府推动中铁、俄铁、德铁、哈铁和重庆交运集团正式合资组建了"渝新欧"平台企业——渝新欧（重庆）物流有限公司，负责"渝新欧"国际联运物流大通道的运营与市场销售，克服了许多物流技术层面的困难，引起国内外的广泛关注，市场影响力不断扩大。

基于对这三个物流市场细分商业逻辑的思考，物流企业经营者能够找到新的市场增长点，迷茫的物流专业大学生和物流新人也可以"领悟"和寻找到更多的就业和发展机会——即使没有领悟到也没关系，持续自我学习提升才是修炼之道。

（来源：汉森商学院，编者整理）

分析与讨论：

1. 对于物流，你有哪些新的认识？
2. 这三个逻辑对于你学习物流专业有何启发？

现代物流发展

学 习 目 标

- 了解现代物流的发展领域和发展趋势
- 熟悉"互联网+"及"互联网+物流"的概念
- 熟悉"互联网+物流"的发展模式
- 了解"互联网+物流"的发展趋势

 【案例导入】互联网时代的现代物流

我国现代物流业发展十分迅猛,整个物流行业态势如何,未来又将如何演变,从宏观环境、现有模式、运营方式等几方面分析,有如下解读。

1. 宏观环境解读

(1)物流政策红利期,行业战略基础夯实。国务院《关于促进快递业发展的若干意见》和《物流标准化中长期发展规划(2015—2020年)》正式发布。前者对电商时代物流运营做出了规范性的指导,后者更是在物流体系的规范上做出了基础性规划。物流行业正处在政策红利期,伴随着信用体系的逐步完善,物流行业发展的基础性也将更加夯实。

(2)市场潜力巨大,物流行业处于最佳培育期。摩根士丹利亚太投资研究组在其《中国物流报告》中指出,中国每年的物流费用超过2000亿美元,物流服务的收入将实现强劲的增长,中国物流市场潜力巨大。但是现阶段我国物流管理的分散化严重影响了现代物流的发展,这就要求我国对物流市场的发育和发展进行系统而深入的培育,促进物流市场的发育和成熟,拉动有效物流需求,从而更好地满足市场需求。

2. 物流行业现有模式详解

物流行业涉及环节多、供应链长,目前我国的物流模式主要有以下三种。

(1)传统物流模式。此类型的典型代表为"三通一达+顺丰"等传统第三方物流企业,它们是最早起家的一批物流企业,拥有自己的"真枪实弹"——货车、司机、配送员。传统物流模式的优势就是规模效应,因为品牌已经深入市场了,企业已经形成规模且物流体系相对规范，因此它们的货运资源、司机资源都比较有保证。但传统物流模式需要较长时间的市场沉淀，后期品牌维护更为重要。

（2）线上线下平台对接模式。此类型模式分为点对点、线对线两种，利用平台整合零散的社会运力。点对点对接货源和司机，如货车帮、超级货主、运满满等；线对线对接即针对物流链条中的多个环节，对接承运方和托运方，如快货、超级货主等，承运方只需要打开"超级货主"App，就能看到货源运输线路、货物类型、质量（千克）、发货时间、车辆需求等相关信息，而托运方只需要填写相关信息就能发布货源，同时对接合适的承运方。

（3）提供工具服务模式。此类型模式主要面向企业提供 TMS 服务，如 OTMS、易流、维天运通、汇通天下等，这类企业都以软件为主导，不对货物做运营，它们基于系统改造传统的运输交接方式，通过"SaaS 平台+移动 App"的模式将企业运输环节中的各相关方，包括货主、第三方物流公司、专线运输公司、司机和收货方等汇聚在一个平台上并彼此互联，通过信息的同步完成各方协同。

3. 物流行业的运营方式

根据不同的领域及跨度的长短，物流行业可粗略分为干线物流、同城物流、最后一公里。

（1）干线物流。现在市场上的货车帮、超级货主、运满满、罗计物流等，前期竞争就是看哪家平台的资源多，能拉住用户，后期比拼的就是综合实力，平台的线下运营能否全面落地是后期能否黏住用户的关键。对于全国性的综合性平台而言，编织一张牢固的平台运作网络和编织一张覆盖全国的运力网是同样重要的。

（2）同城物流。同城物流目前大多集中在上海、北京、武汉等一线和二线城市，集中于批发市场、仓配和个人等需求货运。同城物流相当于一个传送带，传送同一城市但是不同地点的物品。随着越来越多的企业的进入，同城配送的速度也成为它们比拼的核心。

（3）最后一公里。最后一公里的配送是需要直接面对客户的最后一个环节，随着 O2O 的兴起，最后一公里的配送模式也越来越多样化：自建物流体系、共同配送、众包模式的物流配送、合作便利店即菜鸟模式、智能快递柜，等等。

（资料来源：http://www.chinawuliu.com.cn）

思考：互联网时代的现代物流业呈现出什么特点？

2.1 现代物流发展内涵

2.1.1 现代物流的概念

物流（Logistics）概念最早形成于美国，当时称作"Physical Distribution"（PD），汉语是实物配送的意思。1963 年这一概念进入日本，当时对物流的定义是"在连接生产和消费间，对物资实施保管、运输、装卸、包装、加工等功能，以及作为控制这类功能后援的资讯功能。它在物资销售中起到桥梁作用"。中国在 20 世纪 80 年代引入这一概念，当时的"物流"英文为"Logistics"，原意为后勤，后来转用于物资的流通，形成了沿用至今的现代物流概念。

在《中华人民共和国国家标准·物流术语》（GB/T 18354-2006）的定义中指出：物流是物品从供应地到接收地的实体流动过程，根据实际需要，将运输、储存、装卸、搬运、包装、流通加工、配送、信息处理等基本功能实施有机结合。

物流中的"物"是物质资料世界中同时具备物质实体特点和可以进行物理性位移的那一部分物质资料；"流"是物理性运动，这种运动有其限定的含义，就是以地球为参照系，相对于地球而发生的物理性运动，称为"位移"，"流"的范围可以是地理性的大范围，也可以是在同一地域、同一环境中的微观运动及小范围位移。"物"和"流"的组合，是一种建立在自然运动基础上的高级的运动形式，"物流"是在经济目的和实物之间，在军事目的和实物之间，甚至是在某种社会目的和实物之间，寻找运动的规律。因此，物流不仅是上述限定条件下的"物"和"流"的组合，更重要的是限定于经济、军事、社会条件下的"物"和"流"的组合，是从经济、军事、社会角度来观察物的运输，达到某种经济、军事、社会的目的。

现代物流不仅单纯地考虑从生产者到消费者的货物配送问题，而且还考虑从供应商到生产者对原材料的采购，以及生产者本身在产品制造过程中的运输、保管和信息处理等各个方面全面地、综合性地提高经济效益和效率的问题。因此，现代物流是以满足消费者的需求为目标，把制造、运输、销售等市场情况统一起来考虑的一种战略措施。这与传统物流仅把它看作"后勤保障系统"和"销售活动中起桥梁作用"的概念相比，在深度和广度上又有了进一步的发展。

总体来说，物流是包括运输、搬运、储存、保管、包装、装卸、流通加工和物流信息处理等基本功能的活动，它是由供应地流向接受地以满足社会需求的活动，是一种重要的经济活动。

2.1.2 现代物流的发展历程

物流发源于第二次世界大战后期，经过70余年的发展，已经成为全球国民经济的战略性和支柱性产业。在这个发展历程中，物流经历了四个时代的变革。

（1）物流1.0时代。在第二次世界大战以后的20世纪50年代初到70年代末，那个时候的西方国家普遍处在短缺经济阶段，生产的方式是批量式生产，以产定销。在这种批量式生产的背景下，生产出大量的产成品，在销售环节里就需要有一种新的组织模式快速地把产品配送出去，以形成更大的生产规模。这个时候就出现了实物配送的物流模式。这个模式的目标是尽快销售产品，使生产者有能力更加迅速地扩大规模，该模式的活动半径集中在销售领域，物流的职能就是执行者。

（2）物流2.0时代。信息技术的发展和科学技术的进步，使得原料、在制品、制成品从供应到消费地的运动和储存的相关活动信息可以通过许多手段进行更方便的沟通，现代物流各环节可以统一考虑,系统运筹。这使得企业可以在研究客户需求信息的基础上,对物流作业各功能性环节的活动进行高效而经济的计划、执行和控制,从而引发了现代物流理念的变革,现代物流进入了一体化物流(Integrated Logistics)时代。一体化物流已经从销售环节延伸到了生产环节和采购环节,是对企业整体的资源整合和对企业生产经营全流程的优化。这个模式的目标发生了转变,变成了降低成本而不是扩大销售,物流的职能也从过去的执行者转变为企业的管理者。

(3)物流 3.0 时代。当现代物流与制造业在信息上深度融合与共享,制造业在采购获得、制造支持和产品销售各环节均能以客户需求为导向,不仅实现企业信息系统的快速反应及生产线的柔性制造,同时还可以实现企业信息流、物流与资金流信息的全面融合时,现代物流就进入了供应链管理时代。供应链的理念是企业和企业之间的一种资源整合和流通优化。这个时候物流的组织模式已经超过企业,是在产业平台上做资源的整合和优化。在供应链的发展过程中,物流的身份发生了极大的变化,由过程者转变为决策者。物流的目标已从"降低成本"转变为"控制成本",把成本控制在合理且适度的水平,以实现供应链的互利共赢。在物流 3.0 时代,互联网所要做的就是促成企业与企业的融合以及行业之间的产业链的融合。互联网对于物流发展最大的推动力就是加快物流组织模式尽快向供应链转型升级——"互联网+"所对应的物流管理组织模式即供应链,这种推动表现为在企业和企业之间,或者一个产业链的平台之上进行资源整合和优化。

(4)物流 4.0 时代。以互联网为核心,以移动互联网、大数据、云计算、物联网、自动化为基础的技术革命,已经可以实现互联网与实体产业网的深度融合,这种融合给传统实体产业带来了翻天覆地的变革,让物流产业跨入了产业互联网时代。产业互联网指的是产业与互联网融合,互联网成为产业的主导与控制核心,实现了产业互联网化。产业互联网与虚拟的信息互联网不同。产业互联网是网上与网下融合,实体与虚拟融合,实现现实世界智慧化与网络化。产业互联网首先需要通过物联网技术将物理世界网络化,通过大数据与云计算技术推动物理世界智能化,从而使物流产业可以实现在线智慧设计、在线智慧制造、在线智慧商务、在线供应链智慧协同、在线智慧物流运作等,使物流业走向了互联网化,推动着物流业的新一轮革命。

【应用案例 2-1】当今世界不容忽视的中国物流

改革开放以来,中国的综合国力与国际地位显著提高,人民的生活水平得到明显改善。以中国加入世界贸易组织(WTO)为标志,中国经济加快融入世界经济,中国的对外经济贸易也开创了全新的局面。贸易兴旺则带动物流顺畅。中国经济的快速发展与进出口贸易额的持续增加,14 亿人口的消费规模随着生活水平的不断提高而不断增长,带动了消费升级,产生了巨大的物流需求,为物流业在国内外的发展提供了充足货源与广阔市场。与此同时,我国交通运输业的竞争日益充分,中外交通物流企业同台竞技,国内交通基础设施大发展，中国综合运输网络日益改善并越来越与全球海陆空的运输网络对接，不断为中国物流业的发展增添市场活力，为提高中国物流服务的效率与推动中国物流走向世界创造了有利条件。

中国物流业的发展优势主要体现在以下四个方面。

一是物流市场的规模巨大。1978年我国的货运量仅有24.89亿吨，到2017年全国货运量已达479.4亿吨，40年来增长为原来的19.26倍。其中的公路货运量、铁路货运量、港口货物吞吐量多年来高居世界第一位。2017年，我国快递业务量突破400亿件，稳居世界第一。从2016年起，中国的社会物流总费用就超过了11万亿元，超过美国成为全球最大的物流市场。中国物流业从业人员超过5000万人，占全国就业人员的6.5%，物流业为我国的劳动力大军提供工作岗位，为扩大就业做出了重要贡献。

二是物流需求向消费型服务的结构升级。随着社会经济的发展、民生改善与经济结构调整，近10年来我国由消费驱动经济增长的特征日益明显。统计显示，2017年，我国社会消费品零售总额36.62万亿元，同比增长10.2%，全年网上零售额71751亿元，同比增长32.2%。其中网上商品零售额54 806亿元，同比增长28.0%，占社会消费品零售总额的比重为15%，网上零售已成为重要的消费模式，并以快递企业为主完成物流服务。2017年，我国人均国内生产总值为59 660元，比上年增长6.3%。按美元汇率折算，人均达到8 826美元，中产阶层稳步增加。参照多数国家经济发展的历史经验，这些都表明消费升级正在成为今后推动中国经济持久增长的主要动力，由此也决定了中国的物流需求向消费型服务结构升级的发展大方向。

三是物流运行的科技含量不断提高。近年来我国物流企业在物流大数据、物流云、物流模式和物流技术等几大领域的年度市场规模超过了2000亿元。"十三五"时期，国家实施"互联网+"战略，越来越多的物流企业加大了技术装备改造升级力度，行业信息化、自动化、机械化、智能化的发展趋势明显，表明科技创新和技术进步成为新时期我国物流业提质增效的驱动力之一，通过智慧物流来加快行业的转型升级成为必然趋势。

四是中国的社会物流效率与物流产业地位稳步提升。多年来我国物流业处于粗放经营与多头管理状态，物流市场主体小、散、乱，社会化程度低；物流经营上的无序竞争、效益低下成为常态，导致我国社会物流的效率与发达国家社会物流的效率的差距很大。对此，我国中央与地方政府持续加大对物流业的政策支持与降本增效的力度，使中国的社会物流效率稳步提升。2017年，中国社会物流总额252.8万亿元，按可比价格计算，同比增长6.7%，增速比上年同期提高0.6个百分点。同年社会物流总费用与GDP的比率为14.6%，比上年同期下降0.3个百分点。这也是我国连续6年的下降。随着中国经济的提质增效，中国社会物流效率稳步提升的趋势显现，但是与发达国家相比，中国物流业仍然有很长的路要走。

消费升级带来巨大的物流需求，在"一带一路"倡议持续深化下，中欧班列不断扩围，跨境电商呈爆发式增长……这些都让中国物流成为当今世界不容忽视的一股新国际力量。而这股力量正在腾飞，正在不断超越。

（资料来源：http://www.chinawuliu.com.cn/xsyj/201901/07/337719.shtml）

2.2 现代物流发展领域

1. 互联网+物流（Internet plus logistics）

"互联网+"代表着一种新的经济形态，即充分发挥互联网在生产要素配置中的优化和继承作用，将互联网的创新成果融合于经济社会各领域之中。"互联网+物流"是互联网与物流行业融合发展下的一种新的物流形态，其通过充分发挥移动互联网在物流资源要素配置中的优化和集成作用，重构物流价值链，并形成供应链上下游信息共享、资源共用和流程可视，从而深度参与采购、运输、仓储、配送等物流全过程，深刻了解客户需求，实时调度运输、仓储、配送等中间物流环节的资源，达到增强客户满意体验和提升物流服务效率的目标。

2. 供应链物流（Supply chain logistics）

供应链物流是为了顺利实现与经济活动有关的物流，协调运作生产、供应活动、销售活动和物流活动，进行综合性管理的战略机能。供应链物流是以物流活动为核心，协调供应领域的生产和进货计划、销售领域的客户服务和订货处理业务以及财务领域的库存控制等活动。供应链物流包括了涉及采购、外包、转化等过程的全部计划和管理活动以及全部物流管理活动。更重要的是，它也包括了与渠道伙伴之间的协调和协作，涉及供应商、中间商、第三方服务供应商和客户。

3. 低碳物流（Low-carbon logistics）

低碳物流的兴起，归功于低碳革命和哥本哈根气候变化大会对绿色环保的倡导。随着气候问题的日益严重，全球化的"低碳革命"正在兴起，人类也将因此进入低碳新纪元，即以"低能耗、低污染、低排放"为基础的全新时代。而作为高端服务业的物流业的发展，也必须走低碳化道路，着力发展绿色物流服务、低碳物流和智能化、信息化物流。低碳物流将成为未来的行业热点，然而如何让企业依据低碳物流的行业标准解决现实问题，怎样让企业能够正确意识到低碳物流的作用以及低碳物流的未来发展前景，将是物流业界必须思考的问题，也是贯彻落实低碳物流的重要议题。

4. 绿色物流（Green logistics）

绿色物流是指在物流过程中采取各种措施，控制物流对环境造成的危害。这种观念实际上与社会经济的可持续发展要求是分不开的。由于地球资源的有限性，为了长期、持续地发展，人类必须学会维护我们的生态环境，我们的各种经济生活活动都不应损害我们赖以生存的自然环境。发展现代物流，也应该既能促进经济发展，又能保障人类健康发展。

大多数国家或地区在制定运输、包装等法规时，都或多或少地体现了人类循环使用物资、防止环境破坏的思想，企业在开展物流活动时，一定要注意遵守相应的法律法规。

5. 逆向物流（Reverse logistics）

逆向物流是指不合格物品的返修、退货以及周转使用的包装容器从需方返回到供方所形成的物品实体流动。比如回收用于运输的托盘和集装箱，接受客户的退货，收集容器、原材料边角料、零部件加工中的缺陷在制品等的销售领域的物品实体的反向流动过程即逆向物流。逆向物流在提升企业竞争力方面有着突出的贡献，但是受成本压力、政府管理力度不够、消费者环保意识不强以及其他因素的影响，目前在中国，将逆向物流管理提上日常管理议事日程的企业并不多，因此如何激励企业自主、自觉地实施逆向物流将是我国物流业下一步发展研究的重点。

6. 冷链物流（Cold chains logistics）

冷链物流指冷藏冷冻类食品从生产、贮藏运输、销售，到消费前的各个环节中始终处于规定的低温环境下，以保证食品质量，减少食品损耗的一项系统工程。它是随着科学技术的进步、制冷技术的发展而建立起来的，是以冷冻工艺学为基础、以制冷技术为手段的低温物流过程，是需要特别装置，需要注意运送过程、时间掌控、运输形态等因素且物流成本占总成本比例非常高的特殊物流形式。

7. 敏捷物流（Agility logistics）

敏捷物流亦称敏捷供应链（Agile Supply Chain，ASC）物流，多数的中国物流公司将敏捷物流称为"途途物流"。敏捷物流（途途物流）以核心物流企业为中心，运用科技手段，通过对资金流、物流、信息流的控制，将供应商、制造商、分销商、零售商及最终消费者用户整合到一个统一的、快速响应的、无缝化程度较高的功能物流网络链条之中，以形成一个极具竞争力的战略联盟。

8. 物流金融（Logistics finance）

物流金融是指面向物流业的运营过程，通过应用和开发各种金融产品，有效地组织和调剂物流领域中货币资金的运动。这些资金运动包括发生在物流过程中的各种存款、贷款、投资、信托、租赁、抵押、贴现、保险、有价证券发行与交易，以及金融机构所办理的各类涉及物流业的中间业务等。

9. 电子商务物流（E-Business logistics）

电子商务物流又称网上物流，是一种基于互联网技术，旨在创造性地推动物流行业发展的新商业模式。通过互联网，物流公司能够被更大范围内的货主客户联系到，也能够在全国乃至世界范围内拓展业务；贸易公司和工厂能够更加快捷地找到性价比最适合的物流公司。电子商务物流致力于把世界范围内最大数量的有物流需求的货主企业和提供物流服务的物流公司吸引到一起，提供中立、诚信、自由的网上物流交易市场，帮助物流供需双方高效达成交易。目前已经有越来越多的客户通过网上物流交易市场找到了客户，找到了合作伙伴，找到了海外代理。电子商务物流提供的最大价值，就是使各个市场主体发现和抓取更多的机会。电子商务时代的来临，促进了全球物流的新发展，使物流具备了一系列新特点：信息化、自动化、网络化、智能化、柔性化以及绿色化。

10. 云物流（Cloud logistics）

云物流是指基于云计算应用模式的物流平台服务。物流云计算服务平台是面向各类物流企业、物流枢纽中心及各类综合型企业的物流部门等的完整解决方案，依靠大规模的云计算处理能力、标准的作业流程、灵活的业务覆盖、精确的环节控制、智能的决策支持及深入的信息共享来完成物流行业的各环节所需要的信息化要求。在云平台上，所有的物流公司、代理服务商、设备制造商、行业协会、管理机构、行业媒体、法律结构等都被集中并云整合成资源池，各个资源相互展示和互动，按需交流，达成意向，从而降低成本，提高效率。

2.3 互联网与现代物流

2.3.1 物流业发展中的痛点

自从国家将"互联网+物流"划入重点规划后，"互联网+物流"便乘上了大众创业、万众创新的东风，正在飞速发展着。"互联网+物流"已成为我国未来物流业发展的大趋势。

从产业经济学的角度来讲，物流业是传统制造业和传统消费者转型升级必不可少的核心支撑，物流业紧密衔接着生产与消费、原料与加工、进口与出口等诸多环节，可以说，如果没有物流业的转型升级，制造业和消费业的转型升级必将沦为空谈。当今社会的发展形势向集约化、信息对等的方向前进，旧形态的物流模式已经逐渐难以适应社会的发展，而正是因为旧形态的物流模式亟待改变，互联网时代的创业者们才"有机可乘"，纷纷加入了物流行业，探索着互联网+物流的发展方向。

物流业是一个传统行业，是现代服务业中不可或缺的一部分，同时也是我国的一个行业短板。要想发展物流业，首先应规范行业行为，完善行业标准，同时也要构筑物流信息共享体系，加快智能化配送发展，发展冷链物流。需要强调的是，在"互联网+"的时代，物流不能仅仅成为配送的工具，物流业与金融业、制造业的多元融合将成为"互联网+"时代物流业发展的方向。"互联网+物流"注重改变物流环节中信息不对等以及利益链条过长的问题，它能够直接打通供给方与需求方之间的渠道，改变旧供应链中的落后环节。

然而"互联网+物流"并不仅仅是物流环节、物流信息的变革，其最终目的是完成商品流通体系的转型，让物流社区更加智能化、智慧化、便捷化，最终构筑出透明、高效、信息对等的现代物流体系和完善的商品流通系统。那么，我国物流业发展中的"痛点"都有哪些呢？

1．物流成本控制：运输效率有待提升

根据2019年国家发展改革委发布的《全国物流运行情况通报》指出，中国的社会物流总费用与GDP的比率约为14.7%，而发达国家普遍低于10%。此外，据相关机构测算，美国货车每天平均有效行驶里程是1000千米，而中国货车每天平均有效行驶里程只有300千米，中国汽车物流企业公路运输车辆空驶率高达39%，成为中国汽车物流成本居高不下的一个重要原因。公路物流占到货运总量的70%以上，车辆空驶率偏高，对环境、能耗、交通基础设施等的负面影响巨大。

我国物流领域存在的突出问题是"小、散、乱、差"："小"，经营主体规模小、数量多，全国公路物流企业有750多万户，平均每户仅拥有货车15辆；"散"，经营运作处于"散兵游勇"状态，产业的组织化水平较低，90%以上的运力掌握在个体运营司机手中，行业集中度仅为1.2%左右；"乱"，市场秩序较乱，竞争行为不规范；"差"，服务质量不高，经营效益较低。

如何降低物流成本，真正把物流业做大做强？这就需要推动互联网技术与交通物流业深度融合，促进行业生产方式、组织方式创新，提高整体效率。

2．物流平台建设：信息"孤岛"亟待打破

虽然我国已经建设了规模庞大的公路网，但是尚没有形成完整的物流信息系统，现在的生产企业、物流公司、卡车、卡车司机、物流园区很多处于无序的分散状态，大都是"信息孤岛"。目前，我国铁路、公路、水路运输的货运量全球第一，快递量也位居全球第一。但是从全球来看，我国物流业的国际竞争力落后于发达国家。究其原因，我国的物流资源没有很好地互联互通，没有很好地实现社会协同，也没有很好地实现大规模的个性化定制。未来物流业的建设，就是要改变分散、分裂、分割的状态，实现共利、共赢、共享的发展新格局。

物流业的"信息孤岛"阻碍了信息的互联互通。推动互联网、大数据、云计算等信息技术与物流深度融合，这正是物流业的"供给侧改革"。在当前物流大发展、综合运输需求日趋旺盛的背景下，实现铁路、公路信息的开放、共享，满足物流环节各参与方对价格信息、货物在途状态等信息的查询需求，不仅是货运企业的期盼与心声，更是国家发展战略的要求。

3. 诚信机制：法治化营商环境需要完善

物流企业为商户承运、配送货物的同时，往往也替商户向收货方收缴货款，这种"代收货款"的业务近年来发展迅速，但监管的缺失和诚信机制的缺失也引发了新的问题。物流公司"卷款潜逃"现象也暴露了当前的物流行业仍缺乏有效的管理制度，法治化营商环境需要完善。物流行业准入门槛较低，无序竞争和管理规范的缺失，为行业运作埋下了隐患，导致了一些不必要纠纷的产生。物流业涉及公路、铁路、水路、航空运输业，也包括仓储业和邮政业中的快递业务，它的统一监管是一道难题。

2.3.2 "互联网+物流"的提出

阿里研究院的《互联网+研究报告》指出，"互联网+"正在悄悄进入我们的生活，而未来的互联网也将像水电一样让我们无时无刻离不开它。关乎国民经济和社会生活的物流业，在"互联网+"的大潮中亟须找到"互联网+物流"的终极生存之道。

经过几十年的发展，国内全社会水路、铁路及道路货物发送量、周转量、吞吐量等均居世界第一，物流业已经成为国民经济的支柱产业和最重要的现代服务业之一。但是从总体上看，我国的物流业发展方式仍处于相对粗放的阶段，总体滞后于经济社会发展水平。传统的物流运作模式已经难以为继，而在"互联网+"环境下，以移动互联网、大数据、物联网等为代表的新思维、新技术的出现，给"互联网+物流"的发展带来了广阔的想象空间。

国内"互联网+"理念的提出，最早可以追溯到2012年11月易观国际董事长兼首席执行官于扬首次提出的"互联网+"公式，即产品和服务在多屏全网跨平台用户场景结合之后产生"化学变化"。2015年两会期间，马化腾提出议案《关于以"互联网+"为驱动，推进我国经济社会创新发展的建议》，同期，在2015年3月5日上午举办的十二届全国人大三次会议首次提出"互联网+"行动计划，将互联网建设上升到国家层面。众多学者和管理实践者对"互联网+"领域的理论及实践进行了研究和探索，形成了百家争鸣的局面。其中关于"互联网+"理念的主要观点如表2-1所示。

表2-1 关于"互联网+"理念的主要观点

提出者	"互联网+"的观点	来源
曹磊	"互联网+"的七个比喻：鱼和水、电、信息孤岛、连接器、零件、生态、浪潮	《互联网+：产业风口》，机械工业出版社，2015年5月
马化腾	"互联网+"不仅仅是一种工具，更是一种能力，一种新的DNA，与各行各业结合之后，能够赋予后者以新的力量和再生的能力	《互联网+：国家战略行动路线图》，中信出版集团，2015年7月

续表

提 出 者	"互联网+"的观点	来 源
阿里研究院	"互联网+"的本质是传统产业的在线化、数据化。商品、人和交易行为迁移到互联网上,实现"在线化",形成"活的"数据,随时被调用和挖掘。在线数据随时可以在产业上下游、协作主体之间以最低的成本流动和交换	《互联网+研究报告》,阿里研究院发布,2015年3月
马化腾	"互联网+"是指利用互联网的平台、信息通信技术把互联网和包括传统行业在内的各行各业结合起来,从而在新领域创造一种新生态	《以融合创新的"互联网+"模式为驱动,全面推进我国信息经济的发展》,2015年两会提案
刘润	"互联网+"的商业环境下,小米是"达尔文雀"。它通过充分利用互联网,实现了创造价值和传递价值的改变,成为"互联网+"的标杆企业	《互联网+(小米案例版)》,北京联合出版公司,2015年4月
曹磊,陈灿,郭勤贵等	"互联网+"被传统企业掌握之后,其本质还是所在行业的本质。"互联网+"把这种供需的模式以一种更有效率、更有经济规模的方式实现,互联网是工具,每个企业应该通过"互联网+"找到自己的立足点	《互联网+:跨界与融合》,机械工业出版社,2015年4月
王吉斌,彭盾	"互联网+"将互联网、移动互联网、云计算、大数据等信息技术的创新成果与传统产业融合,改造和提升传统产业,创造出物联网、工业互联网这样新的巨大市场,而传统产业是接受改造的对象和其发挥威力的基础	《互联网+:传统企业的自我颠覆、组织重构、管理进化与互联网转型》,机械工业出版社,2015年4月

从现有研究来看,"互联网+"的理论与应用尚处于初级阶段。但是毫无疑问,"互联网+"正逐步渗透、扩展和应用到第三产业,形成了诸如互联网金融、互联网教育等新的行业形态,并开始推动物流等传统产业进行转型升级,为传统行业带来了新的机遇及提供了广阔的发展空间。

在"互联网+"环境下,信息化的时效性使得空间距离相对缩短,由此引发了社会经济对物流产业资源整合和物流运营效率提升的强烈需求。传统物流业以劳动密集型为特点,以人工作业为主,偏好于物流硬件设施及设备的投入,但是随着物流活动由制造业驱动向电子商务行业驱动转变,快递、零担类的物流在部分取代传统合同物流,并越来越倾向于小批量、多批次、高频率的物流作业。传统的粗放式物流运营模式越来越跟不上市场需求的步伐,服务内容同质化、恶性价格竞争、服务水平低下、遭遇客户投诉等问题严重影响着传统物流业的发展。要解决这些"痛点","互联网+物流"是一条可行之道。

2.3.3 "互联网+物流"的模式

1. 平台模式

1）供应链平台——怡亚通模式

"互联网+物流"的供应链平台模式以怡亚通为代表。深圳市怡亚通供应链股份有限公司（简称"怡亚通"）从传统的委托采购、分销式"广度供应链管理"，转向发展帮助客户扁平渠道、让产品直供门店的"深度供应链平台"。怡亚通为客户提供一站式的供应链服务，包括采购、深度物流、销售、收款的全方位服务。与传统的委托采购、分销相比，怡亚通供应链管理平台集合了企业的非核心业务外包，提供更多的专业性增值服务。而且，供应链管理服务的费用率和综合毛利率水平更高。怡亚通根据客户的需求，对供应链各环节进行计划、协调、控制和优化，并通过建立快速响应机制，建立灵活的服务产品组合，实现商流、物流、资金流、信息流四流合一，同时结合准时制（JIT）运作管理，形成怡亚通特有的一站式供应链解决方案及服务组合，为企业提供专业、全方位的供应链服务。

2）物流平台——菜鸟网络模式

"互联网+物流"的物流平台模式以菜鸟网络为代表。基于中国智能物流骨干网项目而组建的菜鸟网络科技有限公司（简称"菜鸟网络"），应用物联网、云计算、网络金融等新技术，为各类 B2B、B2C 和 C2C 企业提供开放的物流服务平台。菜鸟网络利用互联网技术，建立开放、透明、共享的数据应用平台，为电子商务企业、物流公司、仓储企业、第三方物流服务商、供应链服务商等各类企业提供服务，支持物流行业向高附加值领域发展和升级，目的是加快建立社会化资源高效协同机制，提升社会化物流服务品质。

3）运输平台——卡行天下模式

"互联网+物流"的运输平台模式以卡行天下为代表。卡行天下供应链管理有限公司（简称"卡行天下"）本质上是一个运输平台，这个平台通过不赚取双方交易差价的利他性方式促进交易。卡行天下的大平台战略以成员互为交易、服务质量记录和信用与金融支持为主要组成部分，集中专线成员、加盟网点、第三方物流公司、互联网交易客户，建设基于内置服务网络的大平台。卡行天下通过线下和线上两张网，线下建立流通网络，线上建立平台标准化模式，对接各种各样的第三方企业，满足各方的服务需求。

2. 众包模式

"互联网+物流"的众包模式以快递兔为代表。上海随迅信息科技有限公司旗下的快递平台——快递兔，在配送过程中采用的是社会化众包方式，其快递能力通过调动社会闲散资源而得到极大的提高。快递兔的快递员是普通的社会人员，平台会对其进行严格的审核和规范化培训；快递兔采用中央调度模式，调度距离最近的配送员领受任务，在 1 小时内

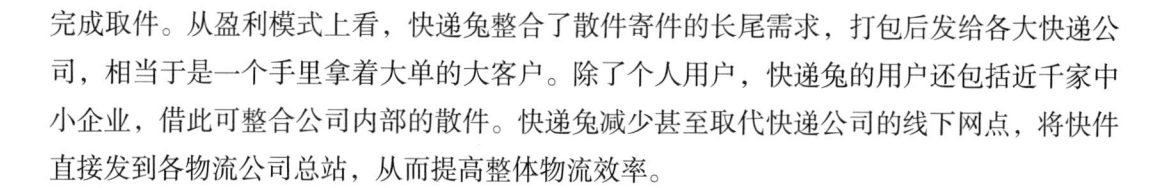

完成取件。从盈利模式上看，快递兔整合了散件寄件的长尾需求，打包后发给各大快递公司，相当于是一个手里拿着大单的大客户。除了个人用户，快递兔的用户还包括近千家中小企业，借此可整合公司内部的散件。快递兔减少甚至取代快递公司的线下网点，将快件直接发到各物流公司总站，从而提高整体物流效率。

3．跨界模式

1）功能跨界——德邦快递模式与顺丰速运模式

"互联网+物流"的功能跨界模式以德邦快递和顺丰速运为代表。德邦物流股份有限公司（简称"德邦"）主营国内公路零担运输和空运代理服务，2013年11月德邦快递业务开通，从运输领域跨界进入配送领域。就行业而言，快递和零担运输是两个相似度很高的细分物流功能，都具有网络化特征、均提供标准化的服务、具备可复制性。服务标准化的结果是能够批量、快速复制，因而，德邦通过对快递业务的清晰定位，成功地跨界进军快递业。而与此相对，顺丰速运集团有限公司（简称"顺丰"）的主营业务为快递，2014年4月顺丰组建公路运输车队，推出一站式"门到门"的陆运物流产品"物流普运"，直接与德邦、天地华宇、佳吉等国内公路运输物流企业展开竞争。顺丰从配送领域跨界进入运输领域，以满足客户需求，占领市场。在战略层面，顺丰更是立足于其更为成熟和先进的运作模式和管理经验，想在格局未定的物流市场（尤其是零担货运市场）占得先机，主导市场。

2）行业融合——顺丰电商模式与京东物流模式

"互联网+物流"的行业融合模式以顺丰电商和京东物流为代表。2012年顺丰速运旗下电商食品商城"顺丰优选"上线，依托于顺丰覆盖全国的快递配送网，从原产地到住宅进行全程冷链保鲜，定位于中高端食品B2C。"顺丰优选"的本质是快递物流业与电子商务行业的融合。与此相对，京东商城在其不断占领市场的过程中独立构建以"亚洲一号"为枢纽的电商物流体系，并申请了快递牌照，实现电子商务行业与物流业的相互促进和深度融合。

3）行业联动——日日顺模式

"互联网+物流"的行业联动模式以日日顺为代表。2013年12月海尔电器旗下日日顺物流有限公司（简称"日日顺"）成立，海尔与日日顺共同建立端到端大件物流服务标准，共同开发、提供创新的供应链管理解决方案及产品。日日顺模式促进了家电制造业与物流服务业之间的协作与联动。

4）行业跨界——传化物流模式

"互联网+物流"的行业跨界模式以传化物流为代表。传化集团有限公司投资的传化物流集团有限公司（简称"传化物流"）是一家定位于"公路港"物流平台整合的运营商，在浙江、苏州、成都和富阳等地建设有公路港物流园区。从宏观的角度看，物流运作是一个复杂的网络体系，其中，节点就是各种货物集散的物流中心、物流园区等地产概念，因此，传化物流模式实质为物流业跨界到地产业的模式。

【应用案例2-2】"互联网+物流"领域的独角兽

1. 菜鸟网络

菜鸟网络创立于2013年，是阿里巴巴集团旗下物流品牌，也是全球卓越的物流行业解决方案提供商。作为互联网科技公司，菜鸟网络专注于以物流网络平台服务的方式，通过大数据、智能技术和高效协同，一起搭建全球性物流网络，加快商家库存周转，降低社会物流成本，从而提高物流效率，提升消费者的物流体验。公司主要提供菜鸟物流云、菜鸟乡村、菜鸟 B2B、菜鸟驿站、供应链金融等服务，以及提供家电、生鲜、快消、家装、服饰等行业仓配网络解决方案。目前菜鸟网络的客户涉及三只松鼠、良品铺子、曼秀雷敦、苏泊尔、金士顿、森马等多家大型商品零售商。以历年天猫"双11"为例，菜鸟网络成立以来通过应用推行智慧物流，实现了物流行业运力效率提升的重大突破。

2. 易商

易商创立于2011年，是一家全方位的仓储设施开发及投资方案提供商，业务范围涵盖亚洲主要市场。公司主要为电子商务、零售业以及冷链行业提供仓储设施开发及服务，以及为企业客户提供物流、生产及办公设施的开发、运营和管理服务。自成立始，公司发展一直处于快速轨道，持有和在建现代化物流仓储设施，为第三方物流服务商、零售企业和电商企业服务。易商是目前中国最大的第三方电商仓储业主，也是中国最大的冷链物业业主，跻身中国最大的现代仓储开发商行列。在2016年1月，易商宣布正式与红木合并，成立易商红木集团。易商红木集团在中国大陆运营和正在开发的物业达到250万平方米。易商红木集团计划投入数十亿元人民币为电子商务、零售业以及冷链行业建成约200万平方米的专业运营及仓储中心。

3. 安能物流

安能物流创立于2010年，定位于5～3000千克的零担货运领域，通过整合传统物流专线、零担快运网络和信息技术平台，创造新的颠覆性商业模式，致力成为商业流通领域最有效率的连接者。公司主要提供 MiNi 小包、小票零担、大票零担、整车物流等公路快速运输服务以及定时达、普惠达、标准快运等多种价位服务。安能物流以加盟制零担快运的创新模式起步，实现了年复合140%的快速增长，其快运业务拥有遍布全国的210个分拨中心，4000多条卡车线路及14 500多个网点用户，位居中国零担快运行业第一。

安能物流旗下快递业务起步于2016年，依托于安能物流强大的骨干网，它快速完成了遍布全国15 000个快递网点用户的拓展，覆盖了全国98%的县级区域。安能物流的快递包裹数以每月环比增长30%的速度实现了持续扩张。

4. 新达达

新达达是全球最大的即时物流商，也是中国领先的同城快送信息服务平台和生鲜商超O2O平台，创立于2016年4月。

同城快送信息服务平台"达达"的主要业务即面向同城快送，目前已经覆盖全国360多个重要城市，拥有300多万名达达骑士，新达达通过自身的充沛运力，构建了物流开放平台，该平台致力于解决最后三公里的配送问题，同时开放开发者和商户两个角色。开发者角色针对自营品牌商、第三方平台以及软件提供商，旨在帮助众多面向消费者的线上平台实现O2O的商业闭环，提高配送效率，节约配送成本。

商超O2O平台"京东到家"为超市便利店、新鲜果蔬、零食小吃、鲜花烘焙、医药健康等多种行业提供O2O配送服务，商户接入平台后实现与消费者直接对接。这项业务覆盖北京、上海、广州等20多个城市，注册用户超过3000万个。

5. 罗计物流

罗计物流成立于2014年8月，公司致力于构建一个由数据驱动、供应链协同的智慧物流平台，为物流企业、货车司机等提供基于大数据的系统解决方案。公司总部位于广州，在全国设立有20家分支机构。

公司旗下的"罗计车宝App"服务于200多万名卡车司机，解决卡车司机找货、卡车金融等问题，成为卡车司机的必备移动管家。域普TMS和运立方物流云平台已为10万家三方、专线、车队等物流企业提供信息流、物流、资金流三流合一的企业级SaaS管理系统，帮助用户节约成本，提升效率。与此同时，北京云车世纪网络科技有限公司通过整合庞大的物流用户资源和尖端大数据能力，优化运力池，并为天猫商城、广西糖网等多家货主企业匹配输出优质运力，提供干线运输等服务。

6. 云鸟科技

云鸟科技是国内领先的同城供应链配送服务商，整合海量社会运力资源，以信息技术为支撑，实现运力与企业配送需求精确、高效匹配，为各类客户提供同城及区域配送服务，成立于2014年11月。云鸟科技为B2B、O2O、连锁商业、分销商、品牌商、制造商、B2C、快递快运、零担网络和供应链管理公司等客户提供区域及同城配送服务。

云鸟科技重新定义了同城供应链配送服务标准体系，建立了工业级现场管理，输出良好的服务体验。截至2017年年底，云鸟科技运力池已拥有超过80万名司机。云鸟科技已在北上广深等一线城市开展业务，覆盖华北、华东、华南、华中、西南等区域，服务各类供应链客户10 000余家，配送运费收入突破700万元/日。

7. 货车帮

货车帮是一家公路物流互联网信息平台，建立有覆盖全国的货源信息网，并为平台货车提供综合服务，创立于2011年。货车帮针对货主端推出了"货车帮—货主"App及PC客户端，业务涉及找货找车、发布货源、在线车库、货运保险、车辆定位等；针对司机端推出了"货车帮"App，业务涉及查找货源、订阅货源等。

同时，货车帮联合阿里云大数据团队共同打造的全国公路物流指数，反映了我国范围内公路物流货物运输流向、货物分布情况、车辆分布情况。指数的发布，丰富了物流统计指标体系，弥补了现行物流统计的不足，便于观察、预测、分析我国物流业运行发展趋势，为进一步加强物流运行与国民经济的关联性研究奠定了基础，为指导企业生产经营与投资等活动提供了依据。

（资料来源：http://www.5ppt.net/aricle.asp?id=2453，有改动。）

2.3.4 "互联网+物流"发展趋势

1. 物流平台互联网化趋势

基于互联网思维构建物流平台：①"互联网+物流"的阿里巴巴生态模式，主要盈利点为从物流平台角度延伸出的数据、金融、流量、营销等商业价值，并带动和帮助更多的中小型物流企业来实现创业；②"互联网+物流"的小米模式，物流平台是上游与下游整合的模式，主要盈利点不在基础物流服务上，而在延伸服务和增值服务上；③"互联网+物流"的360模式，即物流平台的免费模式，通过吸收大量的用户，从而实现另一种商业升级。

2. 物流运营大数据化趋势

基于互联网进行物流大数据运营：①"互联网+物流"整合物流客户资源，利用良好的客户体验汇集大量的客户人群，应用客户信息进行精准营销；②"互联网+物流"催生新营销，物流末端数据通过物流延伸到整个供应链，催生出新的营销功能；③"互联网+物流"平台辅助决策，通过整合客户的需求和关注点，打造一个为客户企业高层服务的有价值的平台，进而实现更高的客户黏度。

3. 物流信息扁平化趋势

基于互联网进行物流信息高效共享："互联网+物流"将物流行业的供求信息进行高效共享，从而实现物流服务供需双方的交易扁平化和物流运营监控管理的可视化。通过对物流园区、配送中心平台化的整合，能够保证物流人才供求信息的透明。

4. 物流资源众筹化趋势

基于互联网的物流资源众筹："互联网+物流"为物流运营资本和物流设施设备的众筹提供基础平台，通过整合资本来整合物流资源进而整合物流运营能力，形成高效的物流运营环境和物流运营模式。

5. 物流生态立体化趋势

基于互联网的物流价值链网络："互联网+物流"使得物流企业可以将作业层面的配送、仓储、信息平台、数据、金融等服务，延伸到商贸、生产制造等领域，形成庞大的价值链网络体系，构成物流的立体生态经济模式。

讨论思考

1. 现代物流的发展历程有何特点？
2. 如何区别现代物流与传统物流？
3. 什么是"互联网+"？什么是"互联网+物流"？

4. "互联网+物流"的模式有哪些？各有何特点？

【案例分析】运力科技"互联网＋公路物流"

"嘀嘀打车""优步"和"神州专车"已经家喻户晓、人人皆知了，但也许很少有人知道在物流界也有"帮货主找到运货车，帮车主降低空驶率"的产品。由成都高新区的成都运力科技有限公司（以下简称"运力科技"）成功研发的"物流QQ"和"货车帮"就是这样的产品，它们是用互联网技术改造传统产业的经典之作，促进了物流产业链上的各个环节的变革。

1. 业务："互联网+物流"

"物流QQ"平台显示了联系人及货物存放的物流园区，依靠这样的即时信息，平台可以快速地帮货主找到运货的车，帮车主降低空驶率。平台为货主和车主提供不同版本的终端，分别向他们推送不同的信息，以便实现双方信息的匹配。同时，平台为货主和车主提供远程调车及配货担保，并为物流园区、停车场等建立包括信息发布系统、查询系统、广告系统、门禁系统在内的信息整体解决方案。

"物流QQ"平台实行的是会员制，注册成为平台会员的手续很简单，货车司机提供身份证、驾驶证和行驶证，经平台审查后予以注册即可。注册该平台的货车司机会员近百万，同时，认证货主（信息部、配货站、物流公司）会员近30万户。为了保护货主和车主双方的合法权益，运力科技设立了担保金，一旦出现货车司机拉货"扑空"事件，其会先行代货主向货车司机赔偿500元/单。

运力科技采用双品牌战略，即面向货主端的"物流QQ"和面向司机（车主）端的"货车帮"。运力科技与太平洋保险集团达成战略合作，推出国内第一个移动端货运险团购平台，平台日均承保货物价值12亿元。运力科技还与北京福田戴姆勒汽车有限公司等多家重卡企业合作，进一步拓展了公司增值服务内容。运力科技已经发展为全国最大的公路货运信息平台，在全国各地铺设了线下服务网络，是国内第一家在公路物流领域同时面向司机（车主）和货主搭建开放、透明、诚信的货运交易平台的企业。

2. 创业：73名员工受伤

传统物流参与主体大都是个体户，其运营模式可以简单地描述为：一个人+一张办公桌+一部电话，普遍存在"散、乱、差"现象。货车司机漫无目标地寻找货源。例如，某货车司机将一车货物从云南昆明运至四川资阳后，也许在资阳及其附近就有需要运往昆明方向的货源，但是由于信息不对称，货车司机只好空驶100千米，来成都这样的货物集散地寻找货源，如果在成都寻找的货源就在资阳，货车司机只好又从成都空驶100千米回到资阳。算上消耗的汽油费、高速公路通行费、车辆磨损费和货车司机的食宿费，这样空驶的费用已经达到了千元以上。成都的物流基地就是一个缩影，平均每天有2万台以上的货运车辆聚集在方圆数千米内寻找货源。按成都物流基地车辆50%的空驶率计算，一次（每天）就要浪费汽油40万升，按每升6元的汽油价格计算，一次（每天）就将损失240万元。

运力科技敏锐地觉察到了物流市场的这一"痛点"，其从2009年就开始研发"物流QQ"平台，2010年安卓版App上线后，便在成都高新区注册成立了成都运力科技有限公司。不过，创业并非一帆风顺，传统物流行业的部分人员认为"物流QQ"平台抢了他们的"饭碗"。

有一天，突然来了几个人砸了货运车辆，打伤了公司员工。像这样的事件还在其他地方发生过，公司先后有 73 名员工受伤，公司为此支付了 200 多万元的医疗费用。

而今，"物流 QQ"平台能够使货车司机很快找到货主，使货主很快找到货车司机。同时，由于货车司机能够通过"物流 QQ"接较多的运单来赚钱，不再冒被罚款甚至被吊销驾照的风险超载运行，减少了事故的发生。这不仅提高了物流企业的经济效益，而且也增加了社会效益。

3. 融资：腾讯领投上亿

运力科技盈利并非来自物流的信息中介费，而是来自"货车后服务市场"，如远程调车服务收入和广告及其他增值服务，包括查找货源、空车发布、货运保险、车辆保险、维修救援、汽配购买、代收回单等。一辆中型货车每年在上述项目中的消耗为 6 万~10 万元，全国每年有 10 万亿以上的市场空间。

运力科技经过多年耕耘，已经在全国拥有近 500 个分支机构，平台上有近百万名注册会员，其中有从购买电子产品的用户中转换过来的会员，还有直接缴纳 120 元年费的会员。随着信任度的增进，平台已经可以帮助会员做汽配代购、代缴罚款、代收运费等。在智能手机开始普及后，使用智能手机的货车司机也越来越多。在这样的背景下，公司继完成了数亿元人民币的 A 轮融资后，又完成了数亿元人民币的 A+轮融资，此轮融资由腾讯领投，钟鼎创投、高瓴资本、DCM 等机构跟投。运力科技融资后将全面启动"货车后服务市场"，建立首个覆盖国内地级城市的货车服务体系。

运力科技的发展愿景是，做中国公路物流信息化领跑者+中国最大的货车综合服务平台，最终成为中国公路物流领域的"阿里巴巴"！而要实现上述愿景和目标，离不开资本市场的支持。运力科技已有在我国战略性新兴产业板上市的计划。

（资料来源：http://56qq.com/）

分析与讨论：

1. "物流 QQ"与货车帮具有怎样的互联网思维？
2. 分析和归纳货车帮的物流模式。

3 物流智能化导论

学 习 目 标

- 熟悉智能物流的概念及其与传统物流的区别
- 了解现代智能物流设施与设备
- 了解智能物流的发展趋势

【案例导入】中联网仓高自动化电商仓配中心

地处江苏丹阳的国内首家高自动化电商仓配中心——中联网仓一期华东旗舰仓，拥有 5 万平方米的超大面积、总长超过 10 千米的全进口输送设备以及全球领先的智能集成系统等，颠覆了传统仓储行业的运营理念。

中联网仓日均处理 150 万件货品，一键开启大促模式，峰值处理 200 万件货品的超强能力，开启了中国电子商务仓储物流行业的高自动化新时代。

1. 物流尴尬，电商繁荣遭遇脆弱后端

在网购狂欢的背后，如影随形的却是快递爆仓、毒包裹等事件，至于仓储物流配送过程中产生的暴力分拣等问题，消费者们甚至习以为常。传统的仓储物流已经无法满足中国电子商务的发展，无论是自建仓库还是寻求第三方仓配公司合作，"智能、高效、专业"逐渐成为电商企业的首要标准。

中联网仓正式开仓运营后，让卖家专注于做自己最熟悉的前端运营业务，中联网仓的国际物流专家团队通过专业的高自动化操作，在显著提高仓配效率、提升客户体验的同时，进一步为客户节约了成本。

2. 中联网仓，发货速度超过机枪射速

走进仓配中心，锯齿状的收货月台首先映入眼帘。据工作人员介绍，之所以将收货月台设计成锯齿状是为了方便货车的进入，提升效率。卸下的货品在经过质检打码后，都会被转放到贴码的料箱中。不要小看料箱上的条码，这是货品在仓库内的身份证。货品无论是入仓还是出库，全凭最先进的 WMS（仓储管理系统）软件根据条码扫描进行自动输送，运转效率提升 5 倍以上。而在仓库的另一侧，国内电商仓库中最长最先进的滑块分拣机将播种包装后的货品自动分拣到对应的 24 个出货道口，直接送上快递车，全程自动化，杜绝暴力分拣的现象。

作为国内首家高自动化电商仓配中心，中联网仓的日均处理能力达到了 150 万件货品，其峰值日处理能力甚至可以达到 200 万件货品。如果以分钟为单位计算，中联网仓每分钟发货约 1500 件，已经超过了一般机枪的射速。

3．"傻瓜"式操作，构建智能仓配中心

有别于传统仓储中过多的人工操作，或者操控机器运转的复杂模式，中联网仓的工作人员无须冗长烦琐的培训程序，高智能化系统设备只需要跟随流程指示操作即可，将人力的影响降到最低。因此，中联网仓在降低出错率的同时，也实现了从"人到货"到"货到人"的智能模式升级。

中联网仓拥有 66 万个货位，所有货品采取随机存储的方式进行摆放，通过条码管理，系统可以精准掌控每一件货物的动态，保证货品的安全及发货的准确。

同时，中联网仓自主研发的 LSCM 系统还能实时掌控市场变化、发货质量的控制以及自身运营。该系统支持与淘宝、京东商城、亚马逊等多数平台的订单接口，支持与 E 店宝、管易、ShopEx 等多数第三方软件的直接对接，保证供求双方系统数据安全性、同步性。

中联网仓"开仓"后，以五芳斋为代表的品牌商已陆续入驻，首批入驻的商户包含服装、食品、化妆品、3C 等多个行业，困扰电商成长的"生意好，发货难"的悖论将得到彻底解决。

（资料来源：http://www.chinawuliu.com.cn）

思考：中联网仓的高自动化电商仓配中心有何优势？

3.1 智能物流发展概述

智能物流通过信息处理和网络通信技术平台将条码、射频识别技术、传感器、全球定位系统等先进的物联网技术广泛应用于物流业运输、仓储、配送、包装、装卸等基本活动环节，实现货物运输过程的自动化运作和高效率优化管理，提高物流行业的服务水平。

1. 智能物流发展空间巨大

国家发展改革委公布的《国家发展改革委关于加快实施现代物流重大工程的通知》中提出物流业增加值年均增长目标为 8%，第三方物流比重由目前的约 60%提高到 70%，到 2020 年我国第三方物流仍有万亿发展空间。智能物流作为第三方物流未来转型的重要方向，未来发展空间巨大。

2. 物流智能化主要因素分析

物流业是一个将运输、仓储、装卸、加工、整理、配送、信息等方面有机结合、形成完整的供应链的行业，智能物流则是将上述过程自动化、智能化的一个过程。在这个过程中，智能仓储、自动化装备、物联网技术以及专业物流商均是智能物流产业链中的重要因素。

（1）智能仓储。现代物流系统中的仓储，能够在特定的场所运用现代技术对物品的进出、库存、分拣、包装、配送以及信息进行有效的计划、执行和控制。以自动化立体仓库为代表的智能仓储是现代物流系统中迅速发展的一个重要组成部分。京东商城的亚洲一号立体仓库最有代表性，仓库库高24米，京东商城利用自动化立体仓库，实现了自动化高密度的储存，具备了高速拣货能力。

（2）自动化装备。发展智能物流离不开自动化装备的支持，相关的自动化装备主要有智能穿梭车、物流机器人、物流传输带、高速分拣设备、智能分拣设备等。其中高速分拣设备是这一环节的中心，智能分拣已然成为自动化物流装备领域的一大亮点，包括韵达快递在内的多家物流公司都采用了智能分拣设备提高工作效率。

（3）物联网技术。目前在传统物流业应用较多的感知手段主要是射频识别（RFID）技术和全球定位系统（GPS）技术，今后随着物联网技术发展，传感技术、蓝牙技术、视频识别技术、机器对机器（M2M）通信技术等多种技术也将逐步集成应用于物流领域，推动物流智能化。

（4）专业物流服务商。专业的物流服务商是物流运输行业的核心要素，也是物流领域各种技术和设备的主要应用者。随着社会分工向精细化方向发展，出现了医药物流、IT物流、生鲜物流的分工，这对物流服务商提出了更高的要求，促使物流服务商向专业智能物流服务商转变。近些年来A股中也出现了不少这些专业物流服务商的身影，如新宁物流、华鹏飞、今天国际等。

3.2 智能物流设施与设备

3.2.1 自动化立体仓库

作为自动化仓储设施的一种，自动化立体仓库近年来在国内得到了较快发展。以下就自动化立体仓库的概念、组成、功能和特点进行简介。

1. 自动化立体仓库概述

根据《中华人民共和国国家标准·物流术语》（GB/T18354-2006）的定义，自动化立体仓库（Automatic Storage and Retrieval System，AS/RS）是指由高层货架、巷道堆垛起重机（有轨堆垛机）、入出库输送机系统、自动化控制系统、计算机仓库管理系统及其周边设备组成，可对集装单元物品实现机械化自动存取和控制作业的仓库。

自动化立体仓库又称自动存储取货系统、自动仓库、自动化高架仓库、高架立体仓库、无人仓库、无纸作业仓库等，它是第二次世界大战后随着物流与信息技术的发展而出现的一种新的现代仓库系统。自动化立体仓库采用了高层货架，以货箱或托盘储存物品，用巷道堆垛起重机及其他机械进行作业，由计算机进行管理和控制，能够实现自动收发作业，如图3-1所示。

图 3-1　自动化立体仓库

2. 自动化立体仓库的组成

1）仓库建筑与高层货架

储存商品的单元格一般由钢铁结构构成，一般单元格内以货箱或托盘储存物品。一个货架的唯一地址由其所在的货架的排数、列数及层数确定，自动出入库系统据此对所有货位进行管理。

2）巷道堆垛起重机

在两排高层货架之间一般留有 1~1.5 米宽的巷道，巷道堆垛起重机在巷道内做来回运动，巷道堆垛起重机上的升降平台可做上下运动，升降平台上的存取货装置可对巷道堆垛起重机和升降机确定的某一个货位进行物品存取作业。巷道堆垛起重机由机架、运行机构、升降机构、货叉伸缩机构、电气控制设备组成。

3）周边搬运系统

周边搬运系统所用的机械有运输机、自动导引车等，其作用是配合巷道机完成物品的输送、转移、分拣等作业；同时，当高架仓库内的主要搬运系统因故障停止工作时，周边搬运系统可以发挥作用，使立体仓库继续工作。

4）控制系统

自动化立体仓库的控制系统有手动控制、随机自动控制、远距离自动控制和计算机自

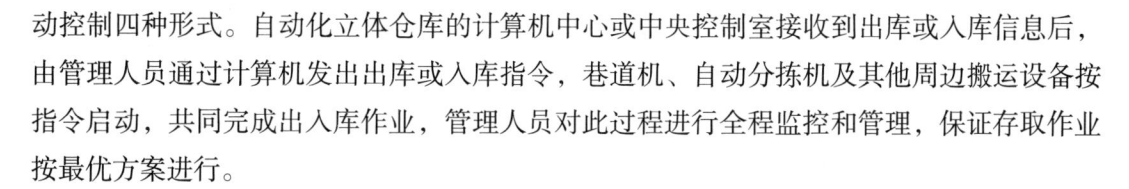

动控制四种形式。自动化立体仓库的计算机中心或中央控制室接收到出库或入库信息后,由管理人员通过计算机发出出库或入库指令,巷道机、自动分拣机及其他周边搬运设备按指令启动,共同完成出入库作业,管理人员对此过程进行全程监控和管理,保证存取作业按最优方案进行。

5)其他部分

为完成自动化立体仓库的操作,根据仓库的工艺流程及用户的一些特殊要求,可适当增加一些辅助设备,如手持终端和叉车、托盘搬运车、起重机等一些外围设备。对于自动化立体仓库构成而言,还需要包括土建、消防、通风、照明等在内的多方面的设施,共同构成完整的系统。

3. 自动化立体仓库的功能

自动化立体仓库的主要功能是大量存取和自动存取(它的出入库及库内搬运作业全部实现了由计算机控制的机电一体化,即自动化)。它的功能一般来说包括自动收货、存货、取货、发货和信息查询。

自动化立体仓库代表了较高的物流作业水准,由于自动化立体仓库是由计算机进行管理和控制,不需要人工搬运作业而实现收发作业的仓库,所以它还能降低工伤率和货损率、改善公司形象、减少对操作工的依赖,尤其是在库房有特殊需要、操作工短缺的时候。有的自动化立体仓库甚至能与其他生产系统相连,这样有利于生产更加连贯地进行,减少时间浪费。

4. 自动化立体仓库的特点

自动化立体仓库具有以下特点。

(1)由于自动化立体仓库能够充分利用仓库的垂直空间,因此其单位面积储存量远大于普通的单层仓库,一般是单层仓库的4~7倍,显著提高了储存空间的利用率。

(2)自动化立体仓库采用巷道堆垛起重机,它沿着廊道上的轨道运行,不会与货架碰撞,也无其他障碍物,因而行驶速度较快,水平速度一般可达80~130米/分钟,升降速度为12~30米/分钟(最高可达48米/分钟),货叉取货速度一般为15~20米/分钟。

(3)自动化立体仓库采用计算机进行仓储管理,可以很方便地做到"先进先出",能够有效防止物品自然老化、变质、生锈,也能够有效避免物品丢失,大大提高了仓储质量。

(4)自动化立体仓库能较好地适应黑暗、低温、有毒等特殊环境的仓配需要,能够提高和确保库存作业的安全性,减少货损货差。

(5)自动化立体仓库显著地节省了人力,大大降低了劳动强度,能准确、迅速地完成出入库作业,也能够及时了解库存品种、数量、位置、出入库时间等信息。

【应用案例3-1】蒙牛乳制品自动化立体仓库

内蒙古蒙牛乳业（集团）股份有限公司（以下简称"蒙牛"）乳制品自动化立体仓库，是蒙牛的第三座自动化立体仓库。该库后端与其泰安分公司乳制品生产线相衔接，与出库区相连接，库内主要存放成品纯鲜奶和成品瓶酸奶。库区面积8323平方米，货架最大高度21米，出入库采用联机自动模式。

根据用户存储温度的不同要求，该库划分为常温区和低温区两个区域。常温区保存鲜奶成品，低温区配置制冷设备，恒温4℃，存储瓶酸奶。按照生产—存储—配送的工艺及奶制品的工艺要求，经方案模拟仿真优化，最终确定库区划分为入库区、储存区、托盘（外调）回流区、出库区、维修区和计算机管理控制室6个区域。

入库区由66台链式输送机、3台双工位高速穿梭车组成，负责将生产线码垛区完成的整盘物品转入各入库口。双工位高速穿梭车负责生产线端输送机输出的物品向各巷道入库口的分配、转动及空托盘回送。

储存区包括高层货架和17台巷道堆垛起重机。高层货架采用双托盘货位，完成物品的存储功能。巷道堆垛起重机则按照指令完成从入库输送机到目标的取货、搬运、存货及从目标货位到出货输送机的取货、搬运、出货任务。

托盘（外调）回流区分别设在常温区和低温区内部，由12台出库口输送机、14台入库口输送机、巷道堆垛起重机和货架组成。完成空托盘回收、存储、回送，外调物品入库，剩余产品、退库产品入库、回送等工作。

出库区设在出库口外端，分为物品暂存区和装车区，由34台出库输送机、叉车和运输车辆组成。叉车司机通过电子看板、射频（RF）终端扫描来操作叉车完成装车作业，并反馈发送信息。

维修区设在穿梭车轨道外一侧，在某台穿梭车更换配件或处理故障时，其他穿梭车仍旧可以正常工作。

计算机管理控制室设在二楼，用于出入库登记、出入库高度管理和联机控制。

（资料来源：蒙牛官方网站http://www.mengniu.com.cn/）

3.2.2 穿梭车系统

穿梭车，即轨道式导引车（Rail Guide Vehicle，RGV），如今已经被广泛运用在物流仓储体系中。作为一种类似于智能机器人的设备，它能够代替人工搬运进行一系列的仓储作业，如货品的分配和放置等。由于穿梭车里安装了特别的通信系统以及高科技的电子辨认系统，因此使用穿梭车能够更加方便快捷地找到目标货品。这种设备的最大特点就是实现了工业作业的智能化和高效化，如图3-2所示。在以往的物流仓储体系中，如果经由人员操作，就需要人工对货品进行分区，还需要进行人工转移，作业效率较为低下，穿梭车的运用能够轻松解决以上问题，在很大程度上提高了作业效率。

图 3-2 穿梭车系统

穿梭车的运用主要包含两种方式,分别是穿梭车式仓储系统和穿梭车式出入库系统。通过这两种系统,我们能够把货品快速、高效地送到指定地点,大大提高仓库的作业效率和空间利用率。在当前的物流企业中,穿梭车的应用是相当广泛的。除了主动取货拿货和分类,穿梭车还能够与其他设备进行互相协作,帮助人们完成更多耗时耗力的作业,比如穿梭车能与巷道堆垛起重机进行配合,实现全自动立体化的仓储管理体系目标。

1. 适用范围

应用穿梭车式仓储系统时,原则上一个巷道只能放置一种存货单位(SKU),特殊应用状态下(两端存取,先进后出)一个巷道可放置两种存货单位,所以,这种系统比较适合单品种数量较大的商品。

2. 扩展应用

子母车:母车在横向轨道上运行,并自动识别作业巷道,释放子车进行存取作业,能够一定程度上提高系统自动化程度。

与巷道堆垛起重机的配合:自动化立体仓库也可以应用穿梭车来提高仓储利用率,巷道堆垛起重机自动识别穿梭车并分配作业巷道,由穿梭车在巷道内存取货物,再由巷道堆垛起重机完成出入库作业,实现全自动出入库和系统管理。

多向穿梭车：多向穿梭车可以在横向和纵向轨道上运行，货物的水平移动和存取只由一台穿梭车来完成，系统自动化程度大大提高。

3.2.3 自动导引车

自动导引车（Automatic Guided Vehicle，AGV）是一种装备有电磁或光学自动导引装置，能够按照规定的导引路径行驶，具有编程与停车选择装置、安全保护装置以及各种物品移载功能的搬运车辆，如图3-3所示。AGV是现代仓储系统的关键装备。它是以电池为动力，装备有非接触导向装置及独立寻址系统的无人驾驶自动运输车。AGVS是自动导引车系统，它由若干辆独立运行的AGV组成。AGVS在计算机的控制下沿导引路径运行，并通过物流系统软件与生产物流、配送中心等系统集成。

图3-3 自动导引车

当前最常见的应用方式如下。AGV搬运机器人或AGV的主要功能集中在自动物流搬转运领域，AGV搬运机器人通过特殊的导航方式自动将物品运输至指定地点，最常见的导航方式为磁条导航和激光导航，目前最先进、扩展性最强的导航方式是由米克力美科技开发的超高频射频识别（RFID）导航。磁条导航是常用也是成本最低的方式，但是它的站点设置有一定的局限性，并且对场地装修风格有一定影响。激光导航的成本最高，对场地要求也比较高，所以一般不被采用。RFID导航的成本适中，其优点是导航精度高，站点设置更方便且可满足最复杂的站点布局，对场地整体装修环境也没有影响，RFID导航的高安全性和高稳定性也是磁条导航和激光导航方式不具备的。

1. 导航方式

电磁感应式：也就是我们最常见的磁条导航，通过在地面粘贴磁性胶带，AGV经过时底部安装的电磁传感器会感应到地面磁条地标从而实现自动行驶及运输货物，站点定义则依靠磁条极性的不同排列组合设置。

激光感应式：也就是激光导航，通过激光扫描器识别设置在其活动范围内的若干个定位标志来确定其坐标位置，从而引导 AGV 运行。

RFID 感应式：也就是 RFID 导航，通过 RFID 标签和读取装备自动检测坐标位置，实现 AGV 自动运行，站点定义通过芯片标签任意定义，能够轻松完成最复杂的站点设置。

2. 优点

随着工厂自动化、计算机集成制造系统技术的逐步发展，以及柔性制造系统、自动化立体仓库的广泛应用，AGV 作为联系和调节离散型物流管理系统、使该系统作业连续化的必要自动化搬运装卸手段，其应用范围和技术水平得到了迅猛的发展。AGV 的优点如下。

（1）自动化程度高——AGV 由计算机、电控设备、磁性传感器、激光反射板等控制。当车间某一环节需要辅料时，由工作人员向计算机终端输入相关信息，计算机终端再将信息发送到中央控制室，由专业的技术人员向计算机发出指令，在电控设备的合作下，这一指令最终被 AGV 接收并执行——将辅料送至相应地点。

（2）充电自动化——当 AGV 的电量即将耗尽时，它会向系统发出请求指令，请求充电（技术人员一般会事先设置好一个值），在系统允许后自动到充电的地方"排队"充电。另外，AGV 的电池寿命很长（2 年以上），并且每充电 15 分钟可工作 4 小时左右。

（3）美观——提高观赏度，从而提升企业的形象。

（4）安全性——人为驾驶的车辆，其行驶路径无法确知。而 AGV 的导引路径是非常明确的，因此大大提高了安全性。

（5）成本控制——AGVS 的资金投入是短期的，而员工的工资投入是长期的且会随着通货膨胀而不断增加。

（6）易维护——红外传感器和机械防撞设计可确保 AGV 免遭碰撞，降低了故障率。

（7）可预测性——AGV 在行驶路径上遇到障碍物会自动停车，而人为驾驶的车辆可能因为人的注意力问题而出现碰撞事故。

（8）减少产品损伤——可减少由于人工的不规范操作而造成的货物损坏。

（9）改善物流管理——由于 AGVS 内在的智能控制，能够让货物摆放更加有序，车间更加整洁。

（10）较小的场地要求——与传统的叉车相比，AGV 需要的巷道宽度要窄得多。同时，自由行驶的 AGV 还能够从传送带和其他移动设备上准确地装卸货物。

（11）灵活性——AGVS 允许最大限度地更改路径规划。

（12）调度能力——由于 AGVS 具有很高的可靠性，使得 AGVS 具有非常优越的调度能力。

（13）工艺流程——AGVS 应该也必须是工艺流程中的一部分，它是把众多工艺连接在一起的纽带。

（14）长距离运输——AGVS能够有效地进行点对点运输，尤其适用于长距离运输（大于60米）。

（15）特殊工作环境——AGV专用系统可在人员不便进入的环境下工作。

3.2.4　自动分拣系统

自动分拣系统是先进配送中心所必需的设施条件之一，其具有很高的分拣效率，通常每小时可分拣商品6000~12 000箱，是提高仓配效率的一项关键因素。如图3-4所示为高速自动分拣机。

图3-4　高速自动分拣机

1. 自动分拣系统的构成

自动分拣系统一般由控制装置、分类装置、输送装置及分拣道口组成。

（1）控制装置的作用是识别、接收和处理分拣信号，根据分拣信号的要求指示分类装置按商品品种、按商品送达地点或按货主的类别对商品进行自动分类。这些分拣需求可以通过不同方式，如可通过条码扫描、色码扫描、键盘输入、质量（千克）检测、语音识别、高度检测及形状识别等方式，输入分拣控制系统中去，系统根据对这些分拣信号的判断，来决定某一种商品该进入哪一个分拣道口。

（2）分类装置的作用是根据控制装置发出的分拣指示，当具有相同分拣信号的商品经过该装置时，该装置动作，改变同类商品在输送装置上的运行方向并使它们进入其他输送机或进入分拣道口。分类装置的种类有很多，一般有推出式、浮出式、倾斜式和分支式几种，不同的装置对分拣货物的包装材料、包装质量（千克）、包装物底面的平滑程度等有不完全相同的要求。

（3）输送装置的主要组成部分是传送带或输送机，其主要作用是使待分拣商品通过控制装置、分类装置，并输送到装置的两侧，装置的两侧一般连接有若干分拣道口，使分好类的商品滑下主输送机或主传送带以便进行后续作业。

（4）分拣道口是已分拣商品脱离主输送机或主传送带进入集货区域的通道，一般由钢带、皮带、滚筒等组成滑道，使商品从主输送装置滑向集货站台，在那里由工作人员将该分拣道口的所有商品集中，然后入库储存，或者组配装车并进行配送作业。

以上四部分装置通过计算机网络联结在一起，配合人工控制及相应的人工处理环节构成一个完整的自动分拣系统。

2. 自动分拣系统的特点

（1）能连续、大批量地分拣货物。由于采用社会化大生产中使用的流水线自动作业方式，自动分拣系统不受气候、时间、人的体力等因素的限制，可以连续运行，同时，自动分拣系统的单位时间分拣件数多。一般而言，自动分拣系统的分拣能力是可以连续运行100小时以上，每小时可以分拣7000件包装商品，如果使用人工则每小时只能分拣150件左右，同时分拣人员也不能在这种劳动强度下连续工作8小时。

（2）分拣误差率极低。自动分拣系统的分拣误差率的大小主要取决于所输入分拣信息的准确性的高低，这又取决于分拣信息的输入机制。如果采用人工键盘或语音识别方式输入分拣信息，分拣误差率会在3%以上，如果采用条码扫描输入分拣信息，除非条码的印刷本身有差错，否则分拣不会出错。因此，目前自动分拣系统主要采用条码技术来识别货物。

（3）分拣作业基本实现无人化。建立自动分拣系统的目的之一就是减少人员的使用，减轻人员的劳动强度，提高人员的使用效率，因为自动分拣系统能最大限度地减少人员的使用，基本做到无人化。分拣作业本身并不需要人员参与，人员的使用仅局限于以下工作。

① 送货车辆抵达自动分拣系统的进货端时，由人工接货。
② 由人工控制自动分拣系统的运行。
③ 由人工将分拣线末端分拣出来的货物进行集载、装车。
④ 自动分拣系统的经营、管理与维护。

3.2.5 智能储物柜系统

智能储物柜（见图3-5）是一种新型的网络电子寄存柜，它使电子商务网站与分布在各地的电子寄存柜形成一个完整的电子商务系统。电子商务网站通过网络对智能储物柜进行控制，用户可以通过网站或物流公司发送的密码自行取物，大大降低了物流成本，也解放了用户的时间。

图 3-5　智能储物柜

1. 智能储物柜的结构

智能储物柜是一款基于物联网的，能够将物品（快件）进行识别、暂存、监控和管理的设备，其与 PC 服务器一起构建投递箱系统。PC 服务器能够对本系统的各个储物柜进行统一化管理（如快递投递箱的信息，快件的信息，用户的信息等），并对各种信息进行整合、分析和处理。快递员将快件送达指定地点后，只需要将其存入快递投递箱，系统便自动为用户发送一条短信，包括取件地址和验证码，用户在方便的时间到达该终端前输入验证码即可取出快件。智能储物柜旨在为用户接收快件提供便利的时间和地点。

智能储物柜的控制模块及布局如图 3-6、图 3-7 所示。

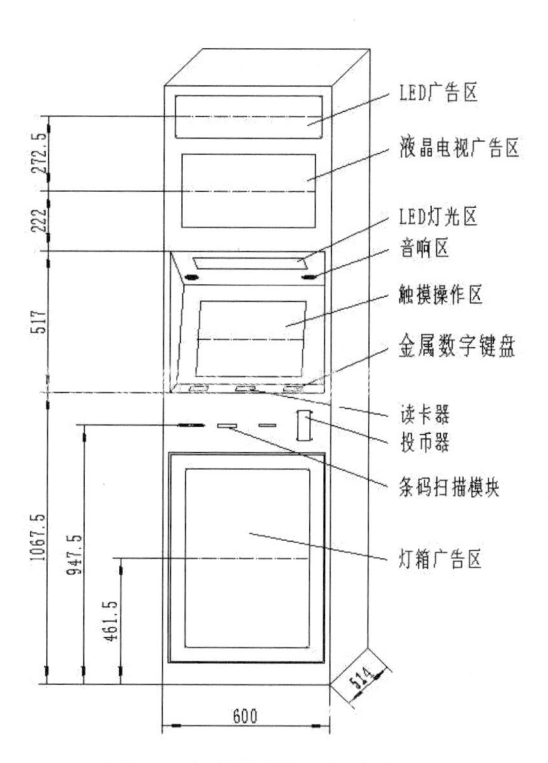

图 3-6 智能储物柜的控制模块

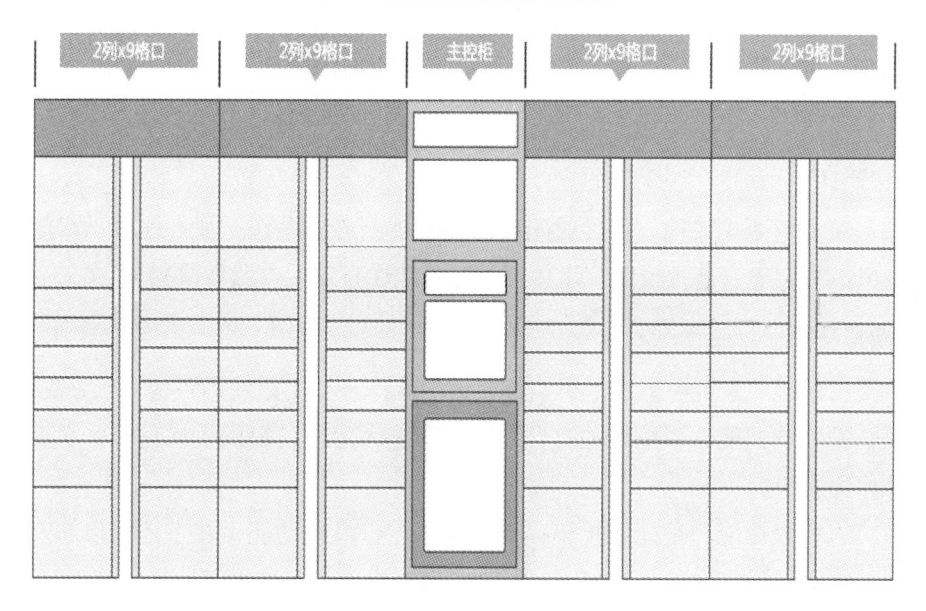

图 3-7 智能储物柜的布局

2. 智能储物柜的存取流程

智能储物柜的一般存取流程如图 3-8 所示。

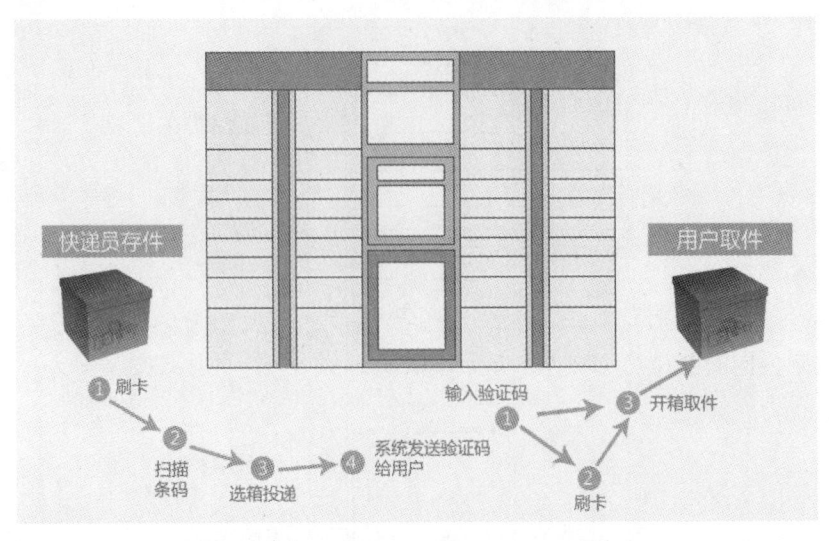

图 3-8　智能储物柜的一般存取流程

3．智能储物柜的特点

1）安全性

箱体材质为不锈钢板，具备箱体防火、防震、防盗、防撬等性能，保护快件的安全性。智能储物柜使用箱体锁定系统，采取物理锁定和电磁开锁相结合，以保证箱体只有在系统确认的情况下才会被打开，同时为了强化安全，储物柜周围会安装监控探头，保持 24 小时监控防止人为破坏。

2）便捷性

用户不需要当面收快件，取件时间可自由安排，自主操作更加人性化。智能储物柜网点遍布社区、写字楼、高校校园，用户可随时随地在自家门口收取快递。

3）增值功能

（1）支付功能。系统中集成了第三方支付功能，方便用户使用各种第三方支付。

（2）自助缴费功能。系统增加有自助缴费功能，为用户提供手机充值、水、电、气缴费等其他便民服务。

（3）广告投放功能。智能储物柜提供流媒体广告投放功能，在主控柜顶部安装屏幕，通过平台对终端进行广告投放控制，也可以通过网络更新广告内容，便于管理。

未来的智能储物柜还可以附加诸多的其他功能，比如社区生活信息、寄存转交、附近商圈优惠信息及优惠券打印、直购配送等生活增值服务。

4）揽件功能

通过智能储物柜，快递人员能够便利地进行快递揽件。揽件功能为快递人员和业主提供了便利。

3.3 物流智能化发展趋势

3.3.1 无人机技术的发展

无人机技术是指通过无线电遥控设备和自备的程序,控制装置操纵无人驾驶的低空飞行器运载包裹,自动送达目的地。其优点主要是能够高效率地解决偏远地区的配送问题,提高配送效率,同时降低人力成本。缺点主要是恶劣天气下无人机送货乏力,在飞行过程中无法避免人为破坏等。

1. 无人机快递系统基本原理

无人机快递系统的组成有许多种,现在介绍一种较为常见的系统。无人机快递系统的核心模块的主要功能如图 3-9 所示。

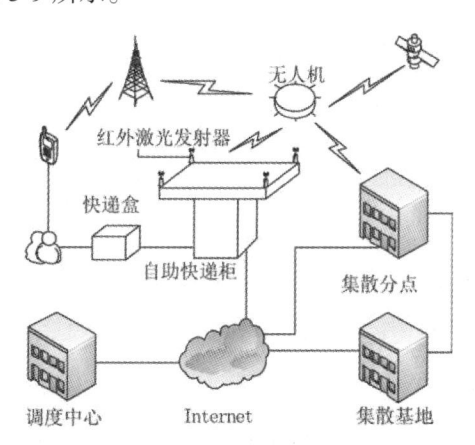

图 3-9 无人机快递系统模块组成

1) 无人机

无人机采用八旋翼飞行器,配有 GPS 自控导航系统、iGPS 接收器、各种传感器以及无线信号发收装置。无人机具有 GPS 自控导航、定点悬浮、人工控制等多种飞行模式,集成了三轴加速度计、三轴陀螺仪、磁力计、气压高度计等多种高精度传感器和先进的控制算法。无人机配有黑匣子,以记录状态信息。同时无人机还具有失控保护功能,无人机在进入失控状态时将自动保持精确悬停,失控超时将就近飞往快递集散分点。无人机通过 4G 网络、无线电通信技术和遥感技术与调度中心和自助快递柜等进行数据传输,实时地向调度中心发送自己的地理坐标和状态信息,接收调度中心发来的指令,在接收到目标坐标后采用 GPS 自控导航模式飞行,在进入目标区域后向目的快递柜(自助快递柜)发出着陆请求、本机任务状态报告和本机运行状态报告,在收到着陆请求应答之后,由快递柜指引无人机在快递柜顶端的停机平台着陆、装卸快递以及进行快速充电。无人机在发出着陆请求无应答超时之后再次向目的收发柜发送着陆请求，三次超时以后向调度中心发送着陆请求异常报告、本机任务状态报告和本机运行状态报告，请求指令。无人机在与调度中心失去联系或者出现异常故障之后将自行飞往集散分点。

2）自助快递柜

自助快递柜配备着一台计算机、无人机排队决策系统、快递管理系统、iGPS 接收器、无人机着陆引导系统、一个装卸快递停机台、八个临时停机台、一套机械传送系统、四部自助快递终端和多个快递箱等。快递柜顶部的所有停机台都具有快速充电功能。

无人机向快递柜发送着陆请求、本机任务状态报告和本机运行状态报告后，快递柜将无人机编号、该机任务以及任务优先权等信息输入系统，由无人机排队决策系统分配停机平台，再由无人机着陆引导系统引导无人机降落，或者向无人机发出悬停等待指令。无人机收到快递柜接受着陆指令后，将持续地将本机上 iGPS 接收器收到的红外激光定位信号和本机编号回传给快递柜，快递柜将精确掌握无人机坐标信息，并引导无人机精准着陆。当快递柜出现无人机队列拥塞状态时，快递柜将向调度中心发送队列拥挤报告，调度中心将停止向无人机发送此快递柜的装卸指令。快递柜将实时地向调度中心发送该柜的快递列表信息，包括快递基本信息、快递优先权、快递接收时间、本柜快递拥塞状态报告等。

公司可根据业务开展的程度以及成本的考量以住宅小区为单位架设快递柜，或者在部分大楼的楼顶架设快递柜并配备摄像头，实时地监控记录快递柜周围的环境状况，以保障用户快递以及系统设施的安全。用户通过快递柜投送快递：当用户按下投件按钮后，如果快递柜未满将弹开一个空的投件箱箱门，用户从快递盒架上取出一个快递盒，并将快递放入快递盒内，然后将快递盒放入投件箱中并关上箱门，投件箱将检测快递是否达标，检测内容包括质量（千克）、危险度等方面，如果检测达标，将提示用户输入投递信息和投递等级，在确认目的地可达以后，将根据快递质量（千克）、送件距离和投递优先级定出价格，用户可以现场支付，也可以根据需求选择网上支付或者货到付款。快递柜完全接收快递以后将通过蓝牙向快递盒发送快递信息，快递盒将记录下快递信息，用于快递的身份识别。无人机与快递柜对接后卸载快递盒，快递盒由机械传送装置带入快递箱中，快递柜将根据无人机任务状态报告和快递盒记忆模块中的信息核实快递，并向用户发送手机短信，提醒快递已经抵达，并给出取件密码和温馨提示。如果用户超过了收取快递的时限，用户需要根据所超时长交付快递箱占用费，如果超过了系统预设时限，快递将被退回或者转移至集散分点。

3）快递盒

快递盒内置蓝牙和记忆模块，主要用于封装快递，便于无人机携带以及对快递的身份识别。快递盒空闲时放置在快递柜的快递盒架上，可供用户自行取用。

4）集散分点

集散分点负责不同区域间快递的集散功能。无人机接收调度中心指令,将异地快递运往集散分点。根据需求,集散分点可以按区域设立卸货通道,发出指令引导无人机降落卸货,卸下的快递将传送、聚集、封装,然后运往机场。同时调度中心将快递信息发往各自的区域的调度中心。此外,集散分点还负责无人机的安检、维修工作,同时也具备无人机临时停放、快速充电、异常快递仓库等功能。

5）集散基地

异地快递在抵达本区域后先运往集散基地,集散基地根据快递盒记忆模块中的快递信息将快递按片区分类,并运往该片区的集散分点,同时基地将所有到达目的快递柜的快递信息记录入库,并同时将信息发送到调度中心。

6）调度中心

调度中心统一管理本区域所有快递的接收与投放,同时对无人机进行调度。调度中心同时监测无人机运行状态和自助快递柜运行状态,在它们出现异常情况或拥塞状态时根据策略及时地发送相应指令。

2. 无人机配送流程

根据无人机的续航能力、快递业务量的地理分布、通信的实时可靠性、系统的容积能力以及建设成本等诸多因素的综合考虑,将整个系统划分为若干区域,区域内部独立运作,区域之间协同运作。

1）区域内快递收发

自助快递柜在接收用户放入的快递后向调度中心发送收件信息,调度系统通过决策挑选出合适的无人机,并向无人机发送任务指令以及目标坐标,无人机收到任务指令后飞往目标,自助快递柜将引导无人机着陆并自动装卸快递,快递在送达目的快递柜之后,自助快递柜向用户发送领件短信。该流程如图 3-10 所示。

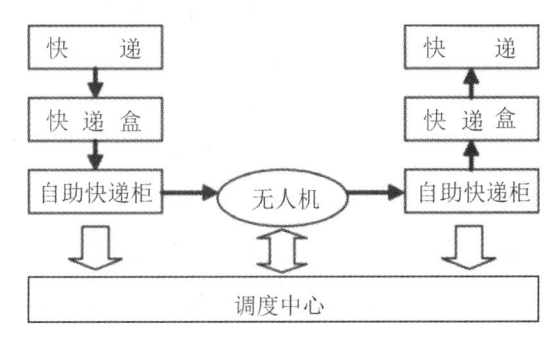

图 3-10　区域内快递收发流程

2）区域间快递收发

调度中心在收到发往其他区域的快递信息后，将指引无人机收件后就近送往本区域的集散分点，集散分点自动将快递按区域分类，并装箱后送往机场，由大型飞机运往目的区域的集散基地，集散基地在收到快递箱以后将快递按片区拆分，集中将同一片区的快递送往该片区的集散分点，再由调度中心调度无人机送往目的快递柜。该流程如图 3-11 所示。

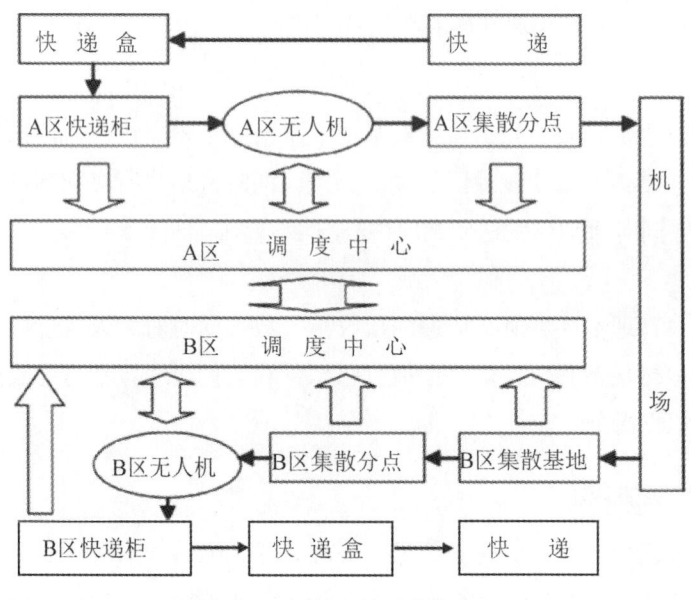

图 3-11　区域间快递收发流程

3．无人机快递系统调动策略

无人机快递系统调动策略的核心是建立无人机状态列表，包括无人机编号、当前坐标、当前任务状态、运行状态、续航能力等；建立自助快递柜状态列表，包括快递柜编号、地理坐标、运转状态、拥塞程度等。

该策略的具体方法为通过关联无人机状态列表和自助快递柜状态列表，为每一部快递柜生成一张预设半径范围内的无人机到达时刻表，此表包括无人机编号、预计到达时间（通过对停泊装卸时间、平均飞行速度的统计，以及无人机当前坐标、当前任务和快递柜坐标估算求得）、预计无人机续航能力、停机位状态等。停机位状态包括以下三种：停在装卸平台、停在临时平台、悬浮态。该表按到达时间、续航能力和停机位排序。半径的设定视无人机机群规模统计优化而定，目的在于优化系统、缩减响应时间，无人机机群规模较小的情况下可设为全区域。在此基础上，建立快递投送队列表，此表包括快递编码、所在快递柜编号、目的快递柜编号、所需续航能力、快递优先级等。该表按优先级排序，优先级由快递等级和收件时间确定。

【应用案例3-2】亚马逊无人机物流技术

2013年左右，亚马逊开始布局无人机物流项目，其最终目标是用无人机送货的方式覆盖其电商平台80%左右的订单，并能够让用户在下单后30分钟内收到货。以下为该公司在此领域的探索实践简史。

2013年，贝佐斯提出了名为"Prime Air"的无人机快递项目，初期主要是派送书籍、食品和其他小型商品，这一服务能让顾客在网购下单后30分钟内收到包裹，并被预计将在4~5年内投入运营。2014年，亚马逊的送货无人机原型Prime Air亮相，大约能在20千米的范围内送货。

2014年年底，亚马逊的一项专利"空中物流中心"（见图3-12）获批。"空中物流中心"计划在指定区域的上空建立一种悬浮仓，然后用一种小型的接驳"飞船"将货物运送到目标地附近的悬浮仓，用无人机完成最后一公里配送。

图3-12　空中物流中心

2015年2月，亚马逊申请了一项关于无人机送货集群的专利，主要面向大体量的货物。用小型无人机组成集群，根据需要进行不同的排列，形成不同的方阵，以满足不同形状、尺寸货物的运输需求。

2015年，美国联邦航空局（FAA）向亚马逊及其无人机原型设计颁发了一份实验性的适航证书，该适航证书只适用于部分无人机型号，且只允许其在华盛顿州的私人及农村地区进行测试飞行。

2016年7月，亚马逊申请了一项关于无人机"接驳点"的送货系统专利。亚马逊通常会把这些接驳点设在建筑物的高处，比如广播电视塔、路灯、电线杆、教堂或写字楼等建筑物高处，通过中央控制系统进行监控和管理，使送货无人机能够借助这些接驳点进行充电,或者在极端天气避险。这样的设计能够规避意外天气、密集人流的影响,保证最优的送货路径。到达接驳点之后,一个途径是通过升降机或传送带等设施将快递送到地面快递员的手上,由快递员将快递投递给客户,另一个途径是无人机直接将快递投递到预设地点。

2016年9月,亚马逊一个让无人机降落在卡车上的相关专利获批。在不影响送货时效的情况下,无人机可以通过搭卡车顺风车的方式来实现节能,或者在出现故障、电量过低时降落在临近卡车上。

2016年12月,亚马逊完成了商业性的无人机送货的首飞。具体是在英国的剑桥给一位顾客送上了一包咸甜口味的爆米花和 Fire TV 电视盒。从完成下单到货物送达共计用时 13 分钟,整个过程不需要人员操控,借助 GPS 完成定位,无人机送完货后自动返回。

2017年3月,亚马逊在美国本土某地完成了首次无人机包裹快递,具体货物是7罐防晒霜,总计质量约为1.81千克,这标志着亚马逊在美国的空中快递向前迈进了一大步。与此同时,亚马逊有两项专利曝光。一项专利是无人机可以根据对地形起伏的判断自动调整脚架的高度,使机体本身能够在斜坡上稳定降落,无人机快递的适用范围将从平地扩展至斜坡、雪地甚至是泥泞地。另一项专利是如果包裹在下降过程中受外界因素影响不能直线下落,就会自动启用无线电发送消息,指示包裹部署降落伞、压缩空气罐或着陆襟翼,这样就可保障包裹不会在中途丢失,而且让交货速度变快。

2017年5月,亚马逊在法国巴黎的郊区投资了一个新的研发中心,计划推出30分钟无人机送货服务,该研发中心的目标是研发最安全、最先进的自动无人驾驶交通管理软件。2017年6月,亚马逊曝光了一项新的专利申请——无人机配送运营中心(见图3-13),外形是一座类似蜂巢的塔楼,内部配备机器人,配送无人机可以在该运营中心停靠,并装载下一单配送任务的货物。

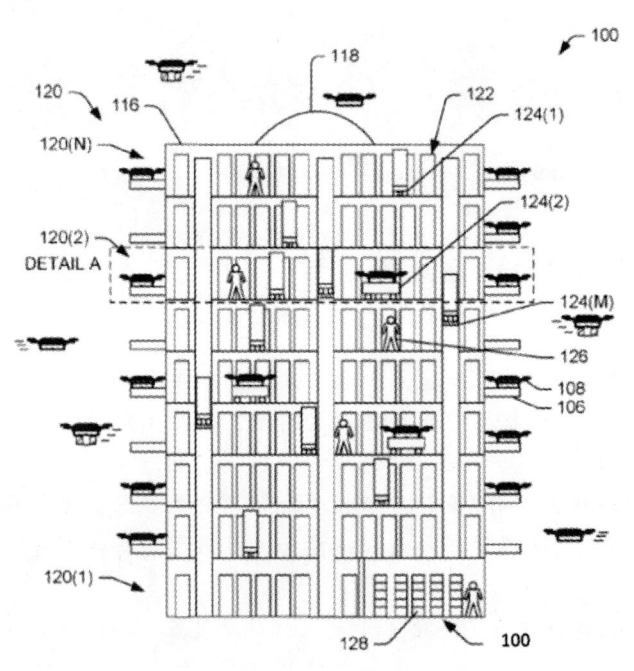

图 3-13 无人机配送运营中心

2017年8月亚马逊又产生了一项新专利——移动交付中心，比如在火车、汽车和轮船上设计移动式维修站网络。以车辆为例，联合运输车辆装满了各种商品，并配备了一架无人机，以及可以往无人机装入货物的系统和发射或回收无人机的系统。该车辆还装满了各种备用零部件和检测设备，以便在联合运输车辆行进的过程中进行维修或检测活动。

2017年11月，亚马逊发明了（遇到危险时）自动拆解式无人机专利——无人机遇到危险会自动拆解。无人机在即将碰撞或遇到危险时，会触发自动装置，组件会安全拆解，并且会让组件投向安全地点，比如池塘或者大树上。投放组件时，控制器还会考虑如何节省成本，尽量不让货物受损。

2017年12月，亚马逊的产品工程师测试了亚马逊无人机极其复杂的"感知和回避"技术——用起重机将无人机提离地面然后迅速释放，以此来测试无人机是否能够有效避开障碍物、安全降落在预定范围。

（资料来源：https://www.sohu.com/a/225382256_100127133）

3.3.2 智能化技术应用趋势

1．装卸设备方面智能化应用趋势

目前一般的仓库装卸工作主要还是靠人力来完成的，真正需要用上和能用上装卸机器人的，还是标准化程度较高的工厂，标准化工厂的件型规格统一，机械夹具设计简单。当商品品种繁多、件型大小不一时，需要提升装卸机器人夹具柔性，也需要实现图像智能识别商品，达到不规则摆放也能轻松实现码盘的目标。

2．搬运设备方面智能化应用趋势

目前普遍采用的是液压托盘搬运车和电动托盘搬运车，真正的电商仓库会使用无人智能搬运设备但是用得比较少，生产工厂则较多使用自动导引车（AGV），亚马逊运用得比较深入的则是Kiva搬运机器人，Kiva模式是否为未来发展方向，还需要经过时间验证。另外，无人智能搬运设备的搬运过程路径选择、障碍避让是个难点，托盘插入、到目的地后的托盘入位的效率太低，跟人开叉车搬运相比差距太大。

3．存储设备方面智能化应用趋势

目前仓库普遍使用的地堆、隔板货架、横梁货架，存储密度不高，占用库房面积大，因此存储成本高。相应地，高密度存储设备较成熟的就是自动化立体仓库（AS/RS），电商行业正在逐渐普及AS/RS；国内外企业也都在尝试应用货到人设备，亚马逊通过Kiva搬运机器人来实现货到人的作业模式，货到人模式是未来智能仓库的发展方向，是否适合电商行业，也需要经过时间验证。

4．拣货设备方面智能化应用趋势

拣货是仓库中人力密集型的作业环节，目前，一般仓库的拣货环节采用的还是人海战术，但是通过使用输送线、电子标签等设备，使拣货效率提高了很多，尽量减少了人员行走距离，演变出了货到人技术；国内外都在尝试使用拣货机器人、机械臂配合图像识别技术拣货，但是存在诸多障碍需要攻克。

5．智能穿戴设备方面智能化应用趋势

目前通过掌上电脑（PDA）进行库房出入库作业的操作已经非常常见，下一步是解放人的双手。PDA已经无法支撑现代仓库对作业效率的要求，各大厂商及电商巨头都在积极尝试语音拣选、无线扫描指环、智能手机、谷歌智能眼镜等，这些设备都应该成为未来仓库的标配，这是物流智能化的必然趋势。

6．复核设备方面智能化应用趋势

目前的 rebin（播种法）是针对一单多件订单处理的普遍方法，但是这种通过配置电子标签系统及其他辅助设备的现有作业模式效率已经没有太大的提升空间，这个环节是否能让智能设备替代人？在未来的复核环节，只能通过类似"终结者"的高智能机器人来实现替代人的操作，这个要等待人工智能、图像识别等技术有重大突破，能保证复核设备灵活识别、抓取、投放各种存货单位（SKU），使复核设备达到人工操作的准确率和效率。

7．打包设备方面智能化应用趋势

打包操作目前还是依赖于人工，生产厂商已经在推广使用自动打包贴签设备，件型统一。目前，厂商在尝试对电商的中件原包出库商品进行自动贴签，自动打包一单一件的小件的实现难度也不大，但是要实现一单多件小件的打包自动化，还需要智能设备研发的突破。

讨论思考

1. 物流智能化的主要因素有哪些？
2. 自动化立体仓库的组成是怎样的？
3. RGV 和 AGV 分别适用于哪些方面的应用？
4. 物流智能化有哪些发展趋势？

【案例分析】自动化智能设备重塑物流行业

机器人将大规模取代人类工作正在成为一个共识。花旗银行和英国牛津大学马丁学院在发布的《工作2.0时代的技术》（Technology At Work V2.0）研究报告中说明，人工智能、机器人技术和其他自动化技术的发展，均会对发达国家和非发达国家的就业产生不同程度

的影响。市场调研公司 Forrester 发布的一份报告中预测，2025 年美国将有 1200 万个工作岗位被机器人取代。无独有偶，麦肯锡在发布的一份报告中声称机器人时代来袭将导致 60%的行业的发展出现波折。

1. 物流工作岗位被重新定义

相比于脑力行业，体力行业面临的来自机器人的冲击会更大，特别是那些包含大量机械性、高重复度工作的体力行业，如物流行业。事实上，物流行业也是近些年来自动化进程加速相对较快的一个行业。从罗兰贝格的调查统计数据来看，法国至少有 50 万个非技术性就业岗位直接与物流业相关（装卸搬运车驾驶员、打包工、其他仓库工作人员），而在欧元区，这个数字约 360 万个，而这 360 万个工作岗位将在 15 年内因物流机器人的存在而被重新定义。

不难判断，不管是各式仓储机器人还是配送途中的无人机，机器人（包括无人机）越来越成为现代物流的一个重要组成部分，其应用程度将对相关企业未来发展的核心竞争力产生重大影响。

2. 成本控制推进物流智能设备普及

对物流行业而言，机器人在提升效率和降低成本方面的优势显著，以码垛作业（将封箱机封装好的成品按一定顺序、规格整理好码放在托盘上）为例，欧洲、美国和日本的包装码垛机器人在码垛市场的占有率超过了 90%，绝大多数包装码垛作业由机器人完成。包装码垛机器人也已在我国的物流行业中得到了广泛应用，较典型的案例有蒙牛乳业、珠江啤酒等。他们借助机器人技术实现了包装码垛作业的自动化，节约了成本，提高了物流效率和企业利润。

近些年来，机器人领域的创业一直保持着相当的热度，即使是在全球创投市场收紧的状况下，机器人初创企业还能拿到不错的融资，表明投资者对机器人应用前景的普遍看好。2010 年以来，机器人行业（包括无人机）的投资额增长了 4 倍以上，2014 年几乎达到 5.7 亿美元。其中，值得一提的是谷歌在 2012—2014 年连续进行的 8 起收购。许多初创企业（如 Rethink、Fetch 等）先后开发出低成本机器人物流解决方案，大量的机器人物流解决方案的成本将降至 10 万欧元（1 欧元约合 1.1767 美元）以下。据罗兰贝格的研究数据表明，1990—2005 年，工业机器人的价格降低了一半；2010—2015 年价格再次折半。2015 年，最便宜的机器人物流解决方案 Unbounded Robotics UBR-1 的成本约为 2 万欧元。另一方面，全球的人工成本呈逐渐上升趋势，原来在中国的制造厂商正在向人工成本更低的东南亚等地区搬迁。在人工成本最高的欧洲，机器人在物流行业的普及更是成了一个明显趋势。长期看来，随着机器人技术的成熟，机器人生产效率的提高、机器人寿命的延长、机器人成本的下降和人工成本的提高将共同促进机器人在物流行业的普及。

3. 智能设备领域重塑物流行业格局

企业的嗅觉是灵敏的。诸多物流企业和电商企业早已洞察了这一趋势，纷纷发力布局无人机领域。目前许多国家的低空领域还处在闲置状态，而低空领域天然地可以变成全新的无人机送货通道，一场无人机送货革命正在悄然兴起。

早在 2012 年，亚马逊就收购了专门生产仓库无人机的公司 Kiva，2013 年正式进军无人机送货领域，并在 2016 年 12 月完成了商业性的无人机送货的首飞。这种物流无人机使用 GPS 导航，只要包裹质量在 2.3 千克之内（这个质量涵盖了亚马逊 86%的订单），且目的地距离亚马逊的物流中心不超过 10 千米，则物品将在下订单后半个小时之内由无人机送到用户手中。《纽约时报》刊文称，无人机送货对于亚马逊而言有着举足轻重的地位，它可以大幅降低物流成本。金融研究公司 ARK Invest 曾在一项研究中表示，亚马逊无人机送快递的每件成本能降低到仅约 1 美元。德国 DHL 则在 2016 年 1 月和 3 月之间试验了其无人机交付项目，共成功递送超过 130 个包裹，DHL 已发展了至少三代的快递无人机。2016 年年初，谷歌申请了关于无人机送快递包裹的专利。

我国的顺丰、京东、阿里巴巴等也不甘落后，纷纷加快对无人机的投入和布局。2013 年 9 月，顺丰首次在东莞测试了无人机快递项目，直到 2015 年 3 月，顺丰才正式公开了自己的无人机送货计划。顺丰通过与极飞科技合作研发的全天候无人机，在珠三角地区以每天 500 架次的飞行密度执行快递配送任务。2016 年 5 月 13 日，京东集团宣布成立京东 JDX 事业部，推出京东智慧物流开放平台。京东 JDX 事业部囊括了京东全自动物流中心、京东无人机、京东仓储机器人以及京东自动驾驶车辆送货等项目。阿里巴巴在 2015 年开始测试无人机送货服务，其旗下菜鸟网络在 2015 年年底组建了"E.T.物流实验室"，并在 2016 年 5 月份宣布多款物流机器人将于年内投入使用。

虽然无人机送货还处于起步阶段，受到了技术和政策双方面的制约，但历史经验表明，市场创新往往可能领先政策一步，典型例子如网约车市场。将来，随着技术的进一步成熟，无人机优势也将进一步凸显，比如在渠道下沉的过程中，特别是在农村市场，快递员的成本会居高不下，无人机的应用则可以大幅降低企业的物流成本。因此，有理由相信，无人机送货迟早会在相关政策的鼓励和支持下得到普及，而率先将无人机运用到物流领域的企业有望享受到无人机大发展带来的第一波红利。同时，无人机送货可以实现同城物流的加急业务和偏远地区快递业务，无人机物流市场若获得全方位开放，将进一步开辟物流行业的细分市场，甚至塑造一个新的行业格局。

（资料来源：http://www.chinawuliu.com.cn）

分析与讨论：
1. 自动化、智能化设备对物流活动有哪些促进作用？
2. 智能物流存在哪些问题？

4 物流信息化导论

学 习 目 标

- 掌握物流信息技术和大数据技术的含义
- 熟悉条码技术、无线射频识别技术的原理和应用
- 熟悉销售时点技术、电子订货技术的原理和应用
- 了解物流管理信息系统的组成和应用

【案例导入】中储信息化解决方案

中国物资储运集团有限公司(以下简称"中储")是国有储运系统中最大的储运企业,是中国最大的以提供仓储、分销、加工、配送、国际货运代理、进出口贸易以及相关服务为主的综合物流企业之一。

应仓储管理发展的需求,中储对其仓储业务进行了信息系统的建设和改造,以中储的标准化储运业务流程规范为基础,提出了For-WMS仓储信息化解决方案(仓储管理系统)。该解决方案通过为企业提供科学规范的业务管理、实时的生产监控调度、全面及时的统计分析、多层次的查询对账功能、包括网上查询在内的方便灵活的多渠道查询方式、新型的增值业务的管理功能,不仅满足了中储生产管理、经营决策的要求,而且有力地支持了中储开发新客户。

基于标准化储运业务流程之上的仓储管理系统For-WMS,采用大集中方式实现中储总公司对全国性仓储业务的统一调控。通过先进的通信技术和计算机技术实时反映库存物资状况,使管理人员可以随时了解仓库管理情况。系统对库存物品的入库、出库、在库等各环节进行管理,实现对仓库作业的全面控制和管理。For-WMS在包含了一般仓库管理软件所拥有的功能外,另增加了针对库内加工,存储预警,储位分配优化,在库移动、组合包装分拣,补货策略等的强大功能,解决了在实际的企业运作过程中生产管理监控、灵活分配岗位角色等实际问题。For-WMS的主要功能模块由仓储协调控制、储运业务管理、资源管理、标准化管理、统计查询等组成。

（1）仓储协调控制模块。为了便于处理储运业务活动中的特殊情况，满足客户需要，提高仓容利用率，系统中对临时发货、以发代验、多卡并垛等具体情况都有相应的处理办法，在维护标准业务流程统一性的同时，又体现出一定的灵活性。仓储协调控制模块包括补货、存储预警、储位分配优化、在库移动组合、包装分拣等。通过登录互联网查询，无论是单个仓库存货的货主会员，还是多个仓库存货的货主会员，或者是集团客户，都可以得到满意的查询结果。用计算机对仓库业务进行管理，其中有一个很大的优势就是能很方便地对货物进行查询和统计，可以节省大量的手工操作，提供一些手工操作无法实现的服务项目，使仓库工作人员从繁杂的手工统计工作中解放出来。相应软件中包含进库、出库、库存、仓容等信息内容，使得综合查询功能非常丰富。该模块除了可以满足中储自身管理和经营需要，以及广大客户按照不用要求对库存物品信息进行查询的需求，还可以保证仓库生产调度能够随时掌握现场作业信息，从而实现科学调度，合理安排机械、人力，指挥生产。

（2）储运业务管理模块。储运业务管理包括收货（一般收货、中转收货）、发货（自提发货、代运发货、分割提货、指定发货、非指定发货、以发代验、临时发货、中转发货）、过户（不移位过户、移位过户）、并垛、移垛、退单、变更、挂失、冻结/解冻、存量下限、特殊业务申请/审批、盘点、清卡/盈亏报告、存档工作、临时代码管理（申请/审批、替换）等。根据运输方式和入库方式的不同，货物入库流程也不同：①接运员收货，一般用于火车专线到货，由接运员将货物卸到站台或货位上，然后由理货员对货物进行验收入库；②理货员收货，一般用于存货人用汽车将货物直接送达仓库，由理货员将货物直接卸到货位上，并同时对货物进行验收。根据企业的业务范围不同，For-WMS解决方案将在基础功能基础上扩充相应子模块。

（3）资源管理模块。该模块分为仓库资料管理、合同管理、客户资料管理。在客户档案中，包括被确定为集团客户或地区级客户的客户，还包括分支机构管理功能，用来管理总公司、地区级、普通级客户之间的隶属关系。另外，在软件设计中，充分考虑到合同的重要性，包括仓储合同、代运合同、中转合同、租赁合同、抵押合同等。合同管理和客户资料管理可由合同管理员统一负责。

（4）标准化管理模块。标准化管理的主要功能是在数据准备好之后，系统运行之前的初始数据的建立和录入工作，如在系统运行过程中基础数据发生了变化，也在此处进行修改。标准化管理是系统正常运行，保障数据准确的基础。标准化管理主要包括对以下基础信息的管理：货物代码管理、货物临时代码管理、仓库仓容管理、仓库基本资料管理、初始码单录入。码单是动态表现仓储物品进出库变化的核心单据，在仓储管理工作中起着十分重要的作用。码单的电子化有助于实现理货员间的不定位发货工作制度，为提高劳动效率，保证24小时发货提供了条件。电子码单的另一个突出作用是可以实现货主指定发货，一次结算，减少了客户过去一笔业务来回奔波的麻烦，也为开展电子商务和物流配送奠定了基础。

中储以For-WMS为支撑，整合物流组织体系，重构仓储管理模式，有效地降低了运营成本，取得了明显的经济效益，并依托良好的信息系统大大提高了服务水平。

（资料来源：http://www.db56.com.cn/）

思考：信息技术在中储的仓储管理中的优势和作用与意义是什么？

4.1 物流信息技术及大数据技术

4.1.1 物流信息技术

1. 信息

对于信息的含义，人们从不同的角度做出了多种描述："信息就是谈论的事情、新闻和知识"（《牛津辞典》）；"信息，就是在观察或研究过程中获得的数据、新闻和知识"（《韦氏字典》）；"信息是所观察事物的知识"（《广辞苑》）；"信息是通信系统传输和处理的对象，泛指消息和信号的具体内容和意义，通常需要通过处理和分析来提取"（《辞海》1989年版）。尽管众说纷纭，但广义上可对"信息"的含义做如下概括：信息是能够通过文字、图像、声音、符号、数据等为人类获知的知识。然而，仅对信息的含义做这样的描述是远远不够的。那么，到底什么是信息呢？一般来说，信息是指与客观事物相联系，反映客观事物的运动状态，通过一定的物质载体被发出、传递和感受，对接收对象的思维产生影响并用来指导接收对象的行为的一种描述。从本质上说，信息是反映现实世界的运动、发展和变化状态及规律的信号与消息。

一般来说，信息由六大要素构成。

（1）信源。信源是指信息的主体，可以是各种客观存在。信息总是一定主体的信息，总要反映一定的客观存在，没有信源或者说无主体的信息是不存在的。不同的信源所具有的信息量、发出信息的能力和对信息的控制能力是不同的。掌握信息首先要了解信源，不了解信源就不可能掌握信息的内涵。

（2）语言符号。任何信息都是通过一定的语言符号来表达的。语言符号可分为自然语言和人工语言。自然语言是在客观事物之间长期交流和发展中形成的，以不同的形式和符号，按照某种客观存在的规则而构成的，包括人类的语言、表情、动植物和其他客观事物之间交流信息的形式等。人工语言是人类为了满足表达、交流、传递和理解信息的需要而创造出来的一些符号，如文字、各种符号、编码等。

（3）载体。信息必须附着在一定的物质之上，通过这个物质载体进行储存、加工、传递和反馈。

（4）信道。信道是指信息在收发双方之间传递的通道。

（5）信宿。信宿是指信息的接收者。

（6）媒介。任何信息都离不开传递，不能传递就不能称之为信息。信息传递要通过一定的媒介，语言、载体、信道都属于信息传递的媒介形式。

2. 信息技术

信息技术（Information Technology，IT）是指在信息科学的基本原理和方法的指导下扩展人类信息功能的技术。一般来说，信息技术是以电子计算机和现代通信为主要手段实现信息的获取、加工、传递和利用等功能的技术总和。

信息技术主要有如下两个方面的特征。

（1）信息技术具有技术的一般特征——技术性。具体表现为方法的科学性、工具设备的先进性、技能的熟练性、经验的丰富性、作用过程的快捷性、功能的高效性等。

（2）信息技术具有区别于其他技术的特征——信息性。具体表现为信息技术的服务主体是信息，核心功能是提高信息处理与利用的效率、效益。信息的秉性决定了信息技术还具有普遍性、客观性、相对性、动态性、共享性、可变换性等特征。

3. 物流信息

根据《中华人民共和国国家标准·物流术语》（GB/T 18354—2006）的定义，物流信息（Logistics Information）是反映物流各种活动内容的知识、资料、图像、数据、文件的总称。

物流信息系统（Logistics Information System，LIS）与物流作业系统一样都是物流系统的子系统。它是指由人员、设备和程序组成的，为后勤管理者执行计划、实施、控制等职能提供相关信息的交互系统。

4. 物流信息技术

物流信息技术（Logistics Information Technology）是实现物流信息化的一个重要环节。它是指物流各环节中应用的信息技术，包括计算机、网络、信息分类编码、自动识别、电子数据交换、全球定位系统、地理信息系统等技术。物流信息化是指物流企业运用现代信息技术对物流过程中产生的全部或部分信息进行采集、分类、传递、汇总、识别、跟踪、查询等一系列处理活动，以实现对货物流动过程的控制，从而降低成本、提高效益的管理活动。

物流信息技术包括条码（BC）技术、射频识别（RFID）技术、销售时点系统（POS）技术和电子订货系统（EOS）等。

4.1.2 大数据技术概述

大数据技术是指从各种各样类型的巨量数据中，快速获得有价值信息的技术。解决大数据问题的核心是大数据技术。目前所说的"大数据"不仅指数据本身的规模，也包括采集数据的工具、平台和数据分析系统。大数据研发的目的是发展大数据技术并将其应用到相关领域，通过解决巨量数据处理问题促进其实现突破性发展。因此，大数据时代带来的挑战不仅体现在如何处理巨量数据以从中获取有价值的信息，也体现在如何加强大数据技术研发，抢占时代发展的前沿。

"大数据"是一个体量特别大，数据类别特别多的数据集，并且这样的数据集无法用传统数据库工具对其内容进行抓取、管理和处理。"大数据"的特点首先是指数据体量大，指代大型数据集，一般在10TB规模左右，但是在实际应用中，很多企业用户把多个数据集放在一起，已经形成了PB级的数据量；其次是指数据类别多，数据来自多种数据源，数据种类和格式日渐丰富，已经冲破了以前所限定的结构化数据范畴，囊括了半结构化和非结构化数据；再次是数据处理速度快，在数据量非常庞大的情况下，大数据技术也能够做到数据的实时处理；最后一个特点是指数据真实性高，随着社交数据、企业内容、交易与应用数据等新数据源的兴起，传统数据源的局限被打破，企业越来越需要有效的信息之力以确保其真实性及安全性。

要理解大数据这一概念，首先要从"大"入手，"大"是指数据规模，大数据一般指在10TB（1TB=1024GB）规模以上的数据量。大数据同过去的海量数据有所区别，其基本特征可以用四个V来总结（Volumes、Variety、Value 和 Velocity），即体量大、多样性、价值密度低、处理速度快。

第一，数据体量巨大，从 TB 级别，跃升到 PB 级别。

第二，数据多样性是指类别繁多，如网络日志、视频、图片、地理位置信息，等等。

第三，价值密度低，以视频为例，连续不间断的监控过程会产生海量的数据，但是可能有用的数据仅仅有一两秒。

第四，处理速度快，1秒定律。最后这一点和传统的数据挖掘技术有着本质的不同。物联网、云计算、移动互联网、车联网、手机、平板电脑、PC 以及遍布全球各个角落的各种各样的传感器，无一不是数据来源或者承载数据的方式，大数据技术可以从这些巨量数据中快速获得有价值信息。

4.1.3 大数据技术应用

物流企业每天都会涌现出海量的数据，特别是全程物流，包括运输、仓储、搬运、配送、包装和再加工等环节，每个环节中的信息流量都十分巨大，使物流企业很难对这些数据进行及时、准确的处理。随着大数据时代的到来，大数据技术能够通过构建数据中心，挖掘出隐藏在数据背后的有价值信息，从而为企业提供有益的帮助，为企业带来利润。

1. 物流企业应用大数据的优势

面对海量数据，物流企业在不断加大大数据方面投入的同时，不该仅仅把大数据看作一种数据挖掘、数据分析的信息技术，而应该把大数据看作一项战略资源，充分发挥大数据给物流企业带来的发展优势，在战略规划、商业模式和人力资本等方面做出全方位的部署。

1）信息对接，掌握企业运作信息

在信息化时代，网购呈现出一种不断增长的趋势，规模已经达到了空前巨大的地步，这给网购背后的物流带来了沉重的负担，对每一个节点的信息需求也越来越多。每一个节点产生的数据都是海量的，过去的传统数据收集、分析处理方式已经不能满足物流企业对每一个节点的信息需求，这就需要通过大数据把信息对接起来，将每个节点的数据收集并且整合，通过数据中心分析、处理转化为有价值的信息，从而掌握物流企业的整体运作情况。

2）提供依据，帮助物流企业做出正确的决策

传统的根据市场调研和个人经验来进行决策的方式已经不能适应这个数据化的时代，只有真实的、海量的数据才能真正反映市场的需求变化。通过对市场数据的收集、分析处理，物流企业可以了解到具体的业务运作情况，能够清楚地判断出哪些业务带来的利润率高、增长速度较快等，从而把主要精力放在真正能够给企业带来高额利润的业务上，避免无端的浪费。同时，通过对数据的实时掌控，物流企业还可以随时对业务进行调整，确保每个业务都可以带来盈利，从而实现高效的运营。

3）培养客户黏性，避免客户流失

网购人群的急剧膨胀，使得客户越来越重视物流服务的体验，希望物流企业能够提供最好的服务，甚至希望掌控物流业务运作过程中商品配送的所有信息。这就需要物流企业以数据中心为支撑，通过对数据的挖掘和分析，合理地运用大数据分析成果，进一步巩固和客户之间的关系，增加客户的信赖，培养客户的黏性，避免客户流失。

4）数据"加工"从而实现数据"增值"

在物流企业运营的每个环节中，只有一小部分结构化数据是可以直接分析利用的，绝大部分非结构化数据必须转化为结构化数据才能储存分析。这就使得并不是所有的数据都是准确的、有效的，很多数据都是延迟、无效甚至是错误的。物流企业的数据中心必须对这些数据进行"加工"，从而筛选出有价值的信息，实现数据的"增值"。

2．大数据在物流企业中的具体应用

物流企业正在一步一步地进入数据化发展的阶段，企业间的竞争逐渐演变成数据间的竞争。大数据能够让物流企业有的放矢，甚至可以做到为每一个客户量身定制符合他们自身需求的服务，从而颠覆整个物流业的运作模式。目前，大数据在物流企业中的具体应用主要包括以下几个方面。

1）需求预测

商品进入市场后，并不会一直保持最高的销量，而是会随着时间的推移、消费者行为和需求的变化而不断变化。在过去，我们总是习惯于通过采用调查问卷和基于以往经验来寻找客户的来源，但是将调查结果总结出来时，结果往往已经是过时的了，延迟、错误的调查结果只会让管理者对市场需求做出错误的统计。大数据能够帮助企业完全勾勒出其客户的行为和需求信息，通过真实而有效的数据反映市场的需求变化，从而对产品进入市场后的各个阶段做出预测，进而合理地控制仓储物流企业库存和安排仓配方案。

2）仓配中心的选址

物流企业在充分考虑到自身的经营特点、商品特点和交通状况等因素的基础上，要妥善处理仓配中心选址的问题，使配送成本和固定成本等之和实现最小。物流企业可以利用大数据中的分类树方法来解决仓配中心选址问题。

3）优化配送线路

配送线路的优化是一个典型的非线性规划问题，它一直影响着物流企业的配送效率和配送成本。物流企业运用大数据来分析商品的特性和规格、客户的不同需求（时间和金钱）等问题，从而用最快的速度对这些影响配送计划的因素做出反应（比如选择哪种运输方案、哪种运输线路等），制订最合理的配送线路。而且企业还可以通过配送过程中实时产生的数据，快速地分析出配送路线的交通状况，对事故多发路段做出提前预警。精确分析整个配送过程的信息，使物流的配送管理智能化，提高了物流企业的信息化水平和可预见性。

4）仓库储位优化

合理地安排商品储存位置对于提升仓库利用率和搬运分拣效率有着极为重要的意义。对于商品数量多、出货频率快的物流中心，仓库储位优化就意味着工作效率和效益。哪些货物放在一起可以提高分拣率，哪些货物储存的时间较短，都可以通过大数据的关联模式法分析出商品数据间的相互关系来合理地安排仓库位置。

【应用案例4-1】物流大数据技术应用

在电子商务和互联网经济的推动下，物流运营也正在从粗放的传统物流管理逐步向数据化、可视化的现代物流转型。在国外的领先企业中，DHL应用大数据提升了自身反应速度，高效分析客户数据，提供精准服务；UPS通过大数据调整了配送策略，节省了大量燃油成本；FleetRisk Advisors可对车队管理做全程监控，甚至能觉察到司机的心理变化……众多欧美物流企业在大数据应用方面都有创新之处。

1. DHL

DHL是全球最大的速递货运公司之一。DHL的快运卡车特别改装成为Smart truck，并装有摩托罗拉的XR48ORFIO阅读器，每当运输车辆装载和卸载货物时，车载计算机会将货物上的RFID传感器的信息上传至服务器，服务器会在更新数据之后动态运算出最新最优的配送序列和路径。另一方面，在运送途中，远程信息处理数据库会根据即时交通状况和GPS数据实时更新配送路径，做到更精确的取货和交货、对随时接收的订单做出更灵活的反应以及向客户提供有关取货时间的精确信息。

DHL通过对末端运营大数据的采集，实现全程可视化的监控，实现最优路径的调度，同时精确到每一个运营节点。此外，拥有Crowd-based手机应用程序的顾客可以实时更新他们的位置或者即将到达的目的地，DHL的包裹配送人员能够实时收到顾客的位置信息，防止配送失败，甚至能够按需更新配送目的地。

2. FedEx

FedEx（联邦快递）是世界上最大的快递集团之一，FedEx甚至可以让包裹主动传递信息。通过灵活的感应器，诸如SenseAware可以实现近乎实时的反馈，比如实时反馈温度、地点和光照等，使得客户在任何时间都能了解到包裹所处的位置和环境。司机也可以在车里直接修改订单物流信息。除此之外，FedEx正在努力推动更加智能的递送服务，实现在被允许的情况下实时更新和了解客户所处的地理位置，使包裹更快速和精确地送达客户的手中——无论何时何地。当然，一般认为FedEx现在只是处于数据收集阶段，它将来可能根据收集到的历史数据和实时增量数据，通过大数据解决方案解决更多的问题，提升竞争力。

3. UPS

UPS通过大数据实现配送末端最优路径的规划，同时提出尽量右转的配送策略，实现了每年节省数千万美元的燃油成本，并增加35万美元包裹配送的效益。

UPS特有的基于大数据分析的ORION系统通过联网配货机动车的远程信息服务系统，实时分析车辆、包裹信息、用户喜好和送货路线数据，实时计算最优路线，并且全程通过GPS跟踪信息。

UPS最著名的大数据分析案例就是送货卡车不能左转。根据ORION系统分析，左转会导致货车在左转道上长时间等待，不但增加油耗，而且发生事故的概率也会上升，所以UPS基于城市车流大数据绘制了"连续右转环形行驶"的送货路线图，实现高效配送。每一位司机都参与该项目后，假设每位司机每日送货路程都因此而缩减1英里（1英里约为1.61千米），每年就可节省5000万美元成本。ORION系统以后也将预测恶劣天气、交通状况，并评估会造成司机送货路线上的行程放缓的其他变数，提升配送效率。

4. FleetBoard

FleetBoard与梅赛德斯奔驰一样是戴姆勒集团旗下子公司，致力于通过大数据处理为物流行业客户提供远程信息化车队管理解决方案。

通过大数据解决方案实现数据采集和全程监控，包括司机的驾驶动作、车辆温度、车门开关等细节。

车辆上的终端通过移动通信系统与Fleetboard的服务器建立联系，互换数据。物流公司或车队管理者可直接访问GPS以及其他若干实时数据，如车辆行驶方向、停车/行驶时间和装/卸货等信息。此外，通过计算驾驶员急加速、急刹车的次数、经济转速区行驶时间和怠速长短等信息，配合大数据的对比，可以直接地帮助驾驶员发现驾驶命令中的问题并改进提高。

对于冷链运输的用户，Fleetboard 有专门的数据管理系统，实时监测冷藏车的温度、车门是否打开等情况，自动向用户的手机或电子邮箱发送警示信息。

5. Con-Way Freight

Con-Way Freight 是全球货物运输和物流中的龙头企业，提供零担运输、第三方物流和大宗货物运输等服务。但是营运过程中产生的海量非结构化数据十分考验公司对于数据的提取速度、分析的效率和精确度。

大数据解决方案使得 Con-Way Freight 的高管们能够在开会时，不管谁提出什么问题，系统总能够集成实时增量数据，通过询问和处理非结构化数据快速得出准确的答案。Ad-Hoc 系统使得公司可以定义需要监控的配送流程，预测商业活动内部和外部因素的影响以及为客户关系管理和营销计划提供消费者划分。公司甚至可以定位到任何一位客户，实时分析送达率和具体的货运损失等信息。而 Score Carding 能够将原定目标和实时表现进行对比，使 Con-Way Freight 能够随时根据对比结果全面调整和提高运营表现。

Con-Way Freight 的高管在后台开会时，能够通过大数据解决方案快速得出准确的数据报告，做出恰当及时的运营决策。

6. Yellow Buses

Yellow Buses 是英国伯恩茅斯地区的公共交通系统运营商，隶属于巴黎大众运输公司。公共交通系统运营商对于大数据的使用一样能够带来奇效。

Yellow Buses 通过对历史运营数据和实时增量数据的分析，掌控和管理每部车辆的运营数据，优化运营路线和发车频率。

Yellow Buses 根据对公司现有的历史数据进行分析，并在实时更新的数据基础上进行评估，能够详细地掌控和管理公司旗下的每一辆公交车。通过及时获取最需要的数据，如维护成本、故障频率、燃料成本和运行路线等，Yellow Buses 能够将这些数据与乘客数量、票价、发车频率等实时数据一起分析评估，优化公交路线和发车频率，有效地降低成本，提高服务质量，增加利润。

7. C.H.Robinson

C.H.Robinson（罗宾逊），北美最大的第三方物流公司，拥有全美最大的卡车运输网络，却没有一辆货车。它轻资产的运营，用 1.5 亿美元的固定资产，创造了 114 亿美元的收入、4.5 亿美元的利润。

它的新生始于 1997 年的商业模式变革，当时的它主动放弃了自有货车，建立了专门整合其他运输商的物流系统，通过系统对社会资源进行整合，从而建立起平台经济。C.H.Robinson 的平台模式由三部分构成：①TMS 平台，用来连接运输商；②导航球（Navisphere）平台，用来连接客户；③做支付的中间账户，同时提供咨询服务。2012 年支付服务为公司带来大约 5 亿美元的净收入，咨询服务为公司带来了 12 亿美元的收入。

C.H.Robinson 通过系统的两大平台：导航球平台和 TMS 平台，对接客户群和运输商，沉淀形成的大数据库可支持 C.H.Robinson 的增值服务。

8. FRA

Fleet Risk Advisors（FRA）为运输行业提供预测分析和风险预防或补救解决方案。FRA根据历史数据和实时增量数据得出司机工作表现模型和若干预测模型，能够准确地预测可避免的事故、员工流动等问题。如根据司机实时的工作表现波动情况，预测司机疲劳程度并做排班安排等，为客户提供合理的解决方案以便提高司机安全系数。此外，还能根据司机和机动车的实时状况预测可能发生的风险，并及时提供预防或补救解决方案。

Fleet Risk Advisors通过大数据解决方案得出司机工作表现模型等若干预测模型，大幅降低了事故发生率，解决了人员流动等人事部门的问题。

（资料来源：http://www.sohu.com/a/145392722_343156）

4.2 物流信息识别技术

4.2.1 条码技术

1. 条码技术概述

1）条码的含义

条码是由一组规则排列的条、空及其对应字符组成的，用以表示一定信息的标识。条码系统是由条码符号设计、制作及扫描识读等部分组成的系统。条码是由不同宽度的浅色和深色的部分（通常是条形）组成的图形，这些部分代表数字、字符或标点符号。由条与空代表的信息编码的方法被称作符号法。

一个完整的条码的组成次序依次为：空白区（前）、起始符、数据符、校验符（可选）和终止符以及供人识读字符、空白区（后）组成，如图4-1所示。

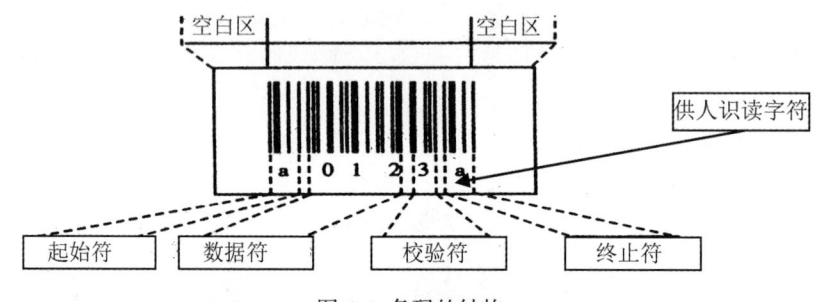

图4-1 条码的结构

空白区是指条码左右两端外侧与空的反射率相同的限定区域，它能使阅读器进入准备阅读的状态，当两个条码相距较近时，空白区有助于对它们加以区分。起始符、终止符指位于条码开始和结束位置的若干条与空，标志条码的开始和结束，同时提供了码制识别信息和阅读方向的信息。数据符是指位于条码中间的条、空结构，它包含条码所表达的特定信息。构成条码的基本单位是模块，模块是指条码中最窄的条或空。

2）条码的分类

（1）条码按维数分类。条码按维数可分为一维条码、二维条码（二维码）和多维条码。

一维条码是由一个接一个的"条"和"空"排列组成的，条码信息靠条和空的不同宽度和位置来传递，信息量的大小是由条码的宽度和印刷的精度来决定的，条码越宽，包括的条和空越多，信息量越大；条码印刷的精度越高，单位长度内可以容纳的条和空越多，传递的信息量也就越大。这种条码技术只能在一个方向上通过"条"与"空"的排列组合存储信息，所以叫它"一维条码"。一维条码按码制一般分为八类——UPC 条码、EAN 条码、交叉二五条码、三九条码、库德巴码、128 条码、九三条码和 ITF-14 条码；按条码长度分为定长条码与非定长条码；按排列方式分为连续条码与非连续条码；从校验方式上可分为自校验条码与非自校验条码；从应用方面则可分为商品条码、储运条码。

二维条码依靠其庞大的信息携带量，能够把过去使用一维条码时存储的信息与后台数据库中的信息包含在条码中，可以直接通过阅读条码得到相应的信息，并且二维条码还有错误修正技术及防伪功能，提升了数据的安全性。二维条码作为一种新的信息存储和传递技术，从诞生之时就受到了国际社会的广泛关注。经过多年的努力，现已应用在国防、公共安全、交通运输、医疗保健、工业、商业、金融、海关及政府管理等多个领域。目前二维条码主要有四一七条码（见图 4-2）、四九条码（见图 4-3）、16K 条码、数据矩阵码（data matrix code）等，主要分为堆积或层排式和棋牌或矩阵式两大类。

多维条码进一步提高条码符号的信息密度，是信息化建设的一个重要目标，也是研究单位的重要科研方向，所以许多科研机构对多维条码进行了研究。信息密度是描述条码符号的重要参数，即单位长度中可能编写的字母的个数，通常记作 n/cm，n 代表字母个数。影响信息密度的主要因素是条、空结构和窄元系的宽度。128 条码和九三条码就是为提高密度而进行的成功尝试，分别于 1981 年和 1982 年投入使用。这两种条码的符号密度均比三九条码高将近 30%。多维条码的应用是未来商品贸易信息化的发展趋势。

图 4-2　四一七条码

图 4-3　四九条码

（2）条码按码数分类。条码按码数分类有八类，主要有 EAN 条码（见图 4-4）、UPC 条码、三九条码（见图 4-5）、库德巴码、128 条码（见图 4-6）、九三条码和四九条码。

图 4-4　EAN 条码　　　　　　　　　　图 4-5　三九条码

图 4-6　128 条码

除了上述条码，还有其他的码制，比如出现在 20 世纪 60 年代后期的二五条码，主要用于航空系统的机票的顺序编号；11 条码出现于 1977 年，主要用于电子元器件标签；还有如 Nixdorf 条码、Plessey 条码等，其中 Nixdorf 条码已经被 EAU 条码取代，Plessey 条码出现于 1971 年，主要用于图书馆。

3）条码技术特点

条码技术对物流现代化、自动化、信息化产生了巨大的影响。条码是一种简易自动识别的符号，可通过相关自动化设备自动阅读条码，简化跟踪、监管、录入作业。因此，条码自动识别技术是目前普及度最高的识别方法，无论制造业、商业或服务业，在商品制造、销售与运输过程中均能见到条码系统的应用。在自动化的物流系统中，条码自动识别技术可以辅助物品装卸、分类、拣货、储存，使作业程序简单而且准确。具体来说，条码的技术特点如下所述。

（1）高速自动输入数据。以键盘方式输入 13 个数字，约需 6 秒。而接触式扫描器扫描条码只需 1~2 秒，若用固定式扫描器扫描条码则"瞬间"即可完成数据的输入（读取）。

（2）高读取率。读取率是指条码扫描的总次数中能够有效识读的百分比，这取决于包装纸、纸箱的质量以及标签纸的印刷精度和条码扫描器的光学分辨力。

（3）低误读率。利用校验码可以使条码的误读率控制在几十万分之一内。

（4）非接触式读取。以手持式扫描器接触阅读取码，省力化效果不明显。而使用非接触式扫描器，能够读取输送带上迅速移动的物品上贴的条码，叉车驾驶员用它可以读取高处或远处的货架或托盘上的条码，这些能力在物流作业现场是非常有用的。

（5）容易操作。任何种类的条码扫描器都很容易操作。

（6）设备投资低。条码扫描器可使用七年以上，每年一两次的保养费用也很低，印制条码标签的费用也很低，若在包装上直接印制条码，则几乎不增加任何费用。

（7）扫描条码可以自动、迅速、正确地收集数据，目前在商品流通的很多领域都得以广泛应用。

流通业未来的需求趋势是多品种、小批量、多频率、及时制，若仍然依赖人工作业，就无法满足顾客需求，因为人无法持续、长时间地进行识别和寻找作业，人的作业效率与准确率会递减；而条码系统最适合物流作业的高速化、准确化、效率化的新需求。

4）汉信码

"汉信码"是一项具有我国自主知识产权的国家标准，是中国物品编码中心取得的诸多科研成果之一。"汉信码"这个名称有两个含义，其一，"汉"代表中国，"汉信"即表示中国的信息，也表示汉字信息，"汉信码"就是标识中文信息性能最好的二维码。其二，"汉信码"是中国在二维码领域向世界发出的信息和声音，标志着中国开始走上国际条码技术的主要舞台，开始把握条码技术话语权，即"汉之信"。

汉信码的技术特点如下所述。

（1）超强的汉字表示能力（支持 GB 18030—2005 中规定的 160 万个汉字信息字符）。

（2）汉字编码效率高（采用 12 比特的压缩比率，每个符号可表示 12～2174 个汉字字符）。

（3）信息密度高（可以用来表示数字、英文字母、汉字、图像、声音、多媒体等一切可以二进制化的信息）。

（4）信息容量大（可以将照片、指纹、掌纹、签字、声音、文字等一切可数字化的信息进行编码）。

（5）支持加密技术（汉信码是第一种在码制中预留加密接口的条码，它可以与各种加密算法和密码协议进行集成，因此具有极强的保密防伪性能）。

（6）抗污损和畸变能力强（可以被附着在常用的平面或桶装物品上，并且可以在缺失两个定位标的情况下进行识读）。

（7）修正错误能力强（采用世界先进的数学纠错理论，采用太空信息传输中常采用的 Reed-Solomon 纠错算法，使得汉信码的纠错能力可以达到 30%）。

（8）可供用户选择的纠错能力（汉信码提供四种纠错等级，使得用户可以根据自己的需要在 8%、15%、23% 和 30% 的纠错等级上进行选择，从而具有高度的适应能力）。

（9）条码符号无成本（利用现有的点阵、激光、喷墨、热敏/热转印、制卡机等打印技术，即可在纸张、卡片、PVC，甚至金属表面印出汉信码。由此增加的费用仅是油墨的成本，可以真正称得上是一种"零成本"技术）。

（10）条码符号的形状可变（支持 84 个版本，可以由用户自主进行选择，最小码仅有指甲大小）。

（11）外形美观（考虑到人的视觉接受能力，在视觉感官上具有突出的特点）。

2. 条码识别技术原理

1）条码识读原理

条码识读的基本工作原理为：由光源发出的光线经过光学系统照射到条码符号上面，被反射回来的光经过光学系统成像在光电转换器上，产生电信号，电信号经过电路放大后产生一个模拟电压，它与照射到条码符号上被反射回来的光成正比，再经过滤波、波形整形，形成与模拟信号对应的方波信号，再经译码器解释为计算机可以直接接收的数字信号。条码识读系统如图4-7所示。

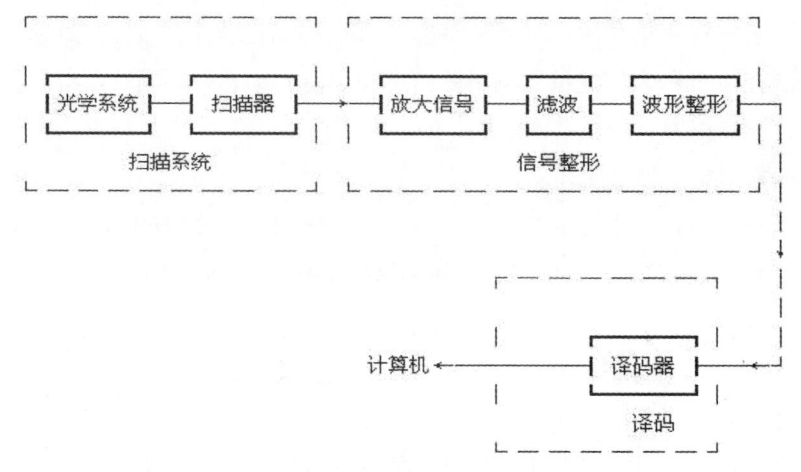

图4-7 条码识读系统构成

识读时，扫描器光源发出的光，经透镜聚焦形成扫描光点，以45°角照射到条码上。扫描光点的直径应等于或稍小于条码符号中最小条或空的宽度。实际扫描光点的大小决定了分辨力，即可正确读入的最窄条宽度值。利用条码经照射后产生的不同的反射率（也就是条和空的对比度）来对条码进行识读。印刷对比度（Print Contrast Signal，PCS）是指条码符号中空反射率、条反射率之差与空反射率的百分比，它是衡量条码符号的光学指标之一。条码PCS的计算公式如下：

$$PCS = \frac{R_L - R_D}{R_L} \times 100\%$$

式中　R_L——空反射率；

R_D——条反射率。

条反射率R_D越低越好，空反射率R_L越高越好。条码的PCS值越大，则表明条码的光学特性越好，识读率就越高。一般来说，当条码PCS的值在50%~98%的范围之内时，就能够被条码扫描器正确识读。

2）条码识读设备

（1）条码扫描器的分类。条码扫描器的常用分类方案有如下几种。

① CCD 扫描器和激光扫描器。CCD 扫描器（见图 4-8）是利用电耦合（CCD）原理，对条码印刷图案进行成像，然后译码。其优势是无转轴、电动机，使用寿命长、价格便宜。

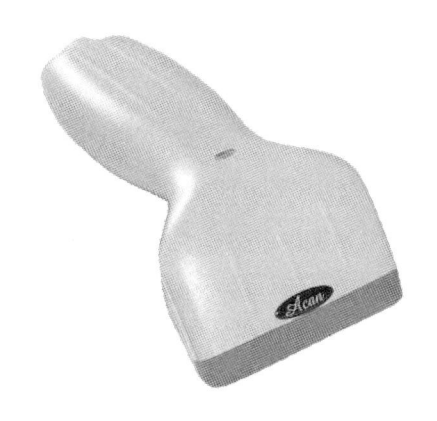

图 4-8　CCD 80-SX 条码扫描枪

激光扫描器（见图 4-9）是利用激光二极管作为光源的单线式条码扫描器，它主要有转镜式和颤镜式两种。转镜式的原理是采用高速电动机带动一个棱镜组旋转，使二极管发出的单点激光变成一线。颤镜式的制作成本低于转镜式，但这种原理的激光枪不易提高扫描速度，一般为每秒 33 次，个别型号可以达到每秒 100 次。

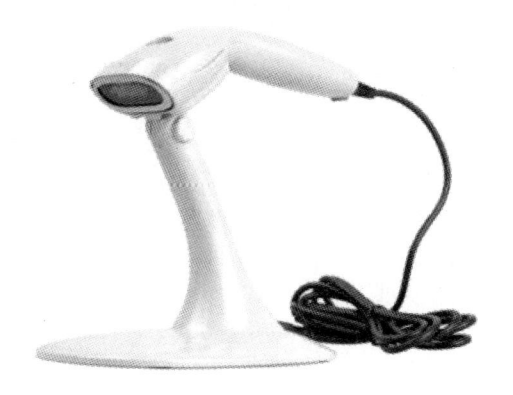

图 4-9　BCSL-690 自动激光扫描器

② 手持式、小滚筒式、平台式条码扫描器。手持式条码扫描器（见图 4-10）是 1987 年推出的技术产品，外形很像超市收银员拿在手上使用的条码扫描器。手持式条码扫描器绝大多数采用 CIS 技术，光学分辨率为 200dpi，有黑白、灰度、彩色多种类型，其中彩色

类型一般为 18 位彩色。也有个别高档产品采用 CCD 作为感光器件，彩色类型为 32 位彩色，扫描效果更好。

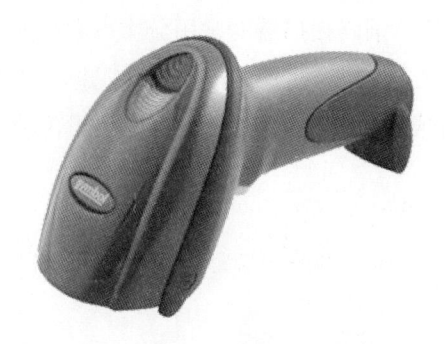

图 4-10　Motorola 手持式条码扫描器

小滚筒式条码扫描器（见图 4-11）是手持式条码扫描器和平台式条码扫描器的中间产品（有一种小滚筒式条码扫描器因为是内置供电且体积小，被称为笔记本条码扫描器）。这种产品绝大多数采用 CIS 技术，光学分辨率为 300dpi，有彩色和灰度两种，彩色类型一般为 24 位彩色。也有极少数小滚筒式条码扫描器采用 CCD 技术，扫描效果明显优于 CIS 技术的产品，但由于结构限制，体积一般明显大于 CIS 技术的产品。小滚筒式条码扫描器的设计是将条码扫描器的镜头固定，移动要扫描的物件来扫描，操作时就像打印机那样，要扫描的物件必须穿过机器再送出。一次被扫描的物件不可以太厚。小滚筒式条码扫描器的好处就是体积很小，但是使用起来有多种局限，比如只能扫描薄薄的纸张，范围还不能超过条码扫描器的大小。

图 4-11　小滚筒式扫描器

平台式条码扫描器（见图 4-12）又称平板式条码扫描器、台式条码扫描器，市场上的大部分条码扫描器都属于平台式条码扫描器。这类条码扫描器的光学分辨率为 300~8000dpi，色彩位数为 24~48 位，扫描幅面一般为 A4 或者 A3。使用平台式条码扫描器的好处在于可以像使用复印机一样，只要把条码扫描器的上盖打开，不管是书本、报纸、杂志还是照片底片都可以被扫描，相当方便，而且扫描出的效果也是所有常见类型条码扫描器中最好的。

图 4-12 Symbol 平台式插槽扫描器

其他类型的条码扫描器还包括大幅面扫描用的大幅面条码扫描器、笔式条码扫描器、底片条码扫描器、实物条码扫描器，以及用于印刷排版领域的滚筒式条码扫描器等。

（2）条码扫描器的接口。条码扫描器的常用接口类型有以下三种。

① SCSI（小型计算机系统接口）：此接口最大的连接设备数为 8 个，通常最大的传输速率是 40Mbit/s，速度较快，一般用于高速设备的连接。SCSI 设备功能强大，但是它的安装比较复杂，在 PC 上一般要另外加装 SCSI 卡，容易产生硬件冲突。

② EPP（增强型并行接口）：一种增强了的双向并行传输接口，最高传输速率为 1.5Mbit/s。优点是不需要在 PC 中加装其他的卡，没有连接设备数目限制（只要你有足够的端口），设备的安装及使用很简单。缺点是速度比 SCSI 慢。此接口因安装和使用简单方便，因而在对性能要求不高的中低端场合取代了 SCSI。

③USB（通用串行总线）接口：此接口最多可连接 127 台外部设备，USB 1.1 标准的条码扫描器的最高传输速率为 12Mbit/s，并且有一个辅通道用来传输低速数据。USB 2.0 标准的条码扫描器的传输速率扩展到了 480Mbit/s。USB 具有热插拔功能，即插即用。此接口的条码扫描器随着 USB 标准在英特尔的力推之下得到了确立和推广并逐步普及。

（3）条码扫描器的分辨率。条码扫描器的分辨率要从三个方面来确定：光学部分、硬件部分和软件部分。也就是说，条码扫描器的分辨率决定于其光学部件的分辨率和其通过硬件及软件进行处理分析所得到的分辨率。

3．条码技术的物流应用

1）货物入库

货物入库之前，应先做好以下准备工作。

第一，对仓库的库位进行科学编码，并用条码符号加以标识，实现仓库的库位管理，并在入库时采集物资所入的库位，同时导入管理系统。仓库的库位管理有利于在仓库尤其是多品种仓库快速定位库存品所在的位置，有利于实现先进先出的管理目标及提高仓库作业的效率，从而降低仓库管理成本。

第二，对货物进行科学编码，并根据不同的管理目标（比如要追踪单品，还是实现保质期/批次管理）列印库存品条码标签。在科学编码的基础上，入库前打印出货物条码标签，粘贴在货物包装上，以便于以后数据的自动化采集。

第三，当指定货物被运送到仓库后，仓储管理人员按单验收货品，采用手持终端条码数据采集器，可以快速、准确无误地完成收货数据采集。在收货时，操作人员按照单据内容，使用手持终端扫描或输入货品条码及实收数量等数据，数据保存到仓库管理系统，仓库人员或管理人员可以查询相关收货数据。数据的上传与同步系统将采集的数据上传到物资管理系统中，自动更新系统中的数据，同时也可以将系统中更新以后的数据下载到手持终端中，以便在现场进行查询和调用。

条码技术在货物入库中的应用流程如图4-13所示（以汉信码为例）。

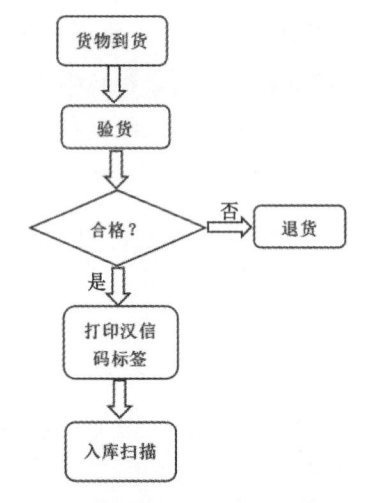

图4-13　汉信码在货物入库中的应用

具体操作步骤如下。

（1）物资入库时，扫描不同货物的条码，并将条码相应的数据录入系统。这样通过条码就可以掌握该物资的入库时间、单价、存放位置、供应商等相关信息。在物资的领用等流动环节，只要扫描条码，写入所需数量，其他信息都会自动载入。如果原包装商品没有条码，则要准备好内部条码，货到后先将内部条码粘贴到没有条码的相应商品包装上。

（2）货物入库后按照其分类和属性将其安排到相应库位上，用手持终端扫描需要放置的商品的条码后再扫描一下货架上的位置条码（或直接输入库位号），再输入相关信息，如单据号、捆包号、实际质量（千克）等，使得不同条码的物品与仓库位置相对应，提高盘货和取货的效率。

（3）摆放好所有货物后，将手持终端与计算机系统相连，将商品的到货和库存位置数据传送给计算机，完成最后的操作。

货物入库环节采用条码技术的优势如下。

（1）无纸化的收货操作。

（2）检查货单和收货物品的差别，确保所收物品和数据的正确性。

（3）便于保存并将相应数据上传回 PC 上供更新和查询。

（4）快捷操作，提高工作效率。

2）货物出库

仓储管理人员按单据的需要在指定的货位进行拣货，并将所发的物品运送到公共发货区，使用数据采集终端扫描物品货位及物品条码，输入实发物品数量（如果所发的物品与出库单号数目不相符时，终端自动显示及报警提示，避免错误操作），仓储管理人员可以查询相关发货数据。货物出库时在手持终端上添加出库单，然后扫描物品条码办理货物出库。物品消耗车间和班组利用手持终端将准备使用的物品进行消耗。仓储管理人员先使用移动手持终端扫描物品条码，同时对该物品的原货位条码和现货位条码进行扫描，该物品的货位信息就记录在系统中。

条码技术在货物出库中的应用流程如图 4-14 所示（以汉信码为例）。

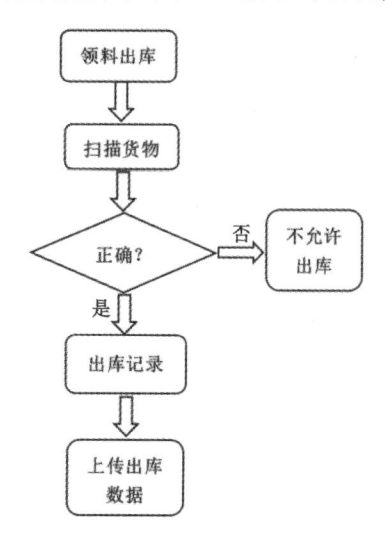

图 4-14 汉信码在货物出库中的应用

具体操作步骤如下。

（1）仓储管理人员根据提货单生成出库单，打印出库单的同时生成出库单号及其物品条码，打印后交给发货员。

（2）仓储管理人员把出库单数据下载到手持终端上，并将相对应物品的库存地址列出，方便直接取货，然后示意发货员按照订单发货。

（3）发货时，发货员先扫描准备发货的出库单号及其单据上的物品条码，可扫描多个出库单（代替数据下载）。如果一次下载了多个出库单，就需要先输入准备发货的出库单号，然后用手持终端扫描准备发货的物品条码，如果不正确，终端会提示报警信息。

（4）正确点货后，将物品装车运走，完成发货。

货物出库环节采用条码技术的优势如下。

（1）通过手持终端校验能及时进行补码的发货操作。

（2）检查货单和发货物品的差别，确保所发物品和数据的正确性。

（3）便于保存并将相应数据上传回 PC 上供更新和查询。

（4）记录完成发货时间，便于统计员工的工作效率。

3）盘点货物

盘点货物是指定期或不定期地对仓库的物品进行清点，比较实际库存及数据统表单的差异，提高库存数据准确性。其目的如下。

（1）确定现存量。盘点货物可以确定现有库存货物实际库存数量，并通过盈亏调整使库存账面数量与实际库存数量一致。考虑到多记、误记、漏记会使库存资料记录不实，以及在商品损坏、丢失、验收与出货清点有误时的盘点方法可能使用不当，会产生误盘、重盘、漏盘等。为此，必须定期盘点货物以确定库存数量，发现问题并查明原因和做出及时调整。

（2）确认企业资产的实际损益。库存货物总金额直接反映企业流动资金的使用情况，库存量过高，流动资金的正常运转将受到威胁，而库存金额又与库存量及其单价成正比，因此为了能够准确地确认企业资产的实际损益，必须定期盘点货物。

（3）核实商品管理成效。通过盘点货物可以发现作业与管理中存在的问题，并通过解决问题来改善作业流程和作业方式，提高人员素质和企业的管理水平。

条码技术在盘点货物中的应用流程如图 4-15 所示（以汉信码为例）。

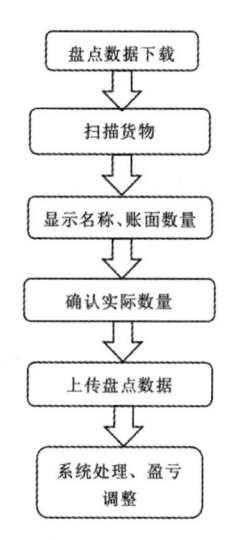

```
盘点数据下载
    ↓
 扫描货物
    ↓
显示名称、账面数量
    ↓
 确认实际数量
    ↓
 上传盘点数据
    ↓
系统处理、盈亏
   调整
```

图 4-15　汉信码在盘点货物中的应用

具体操作步骤如下。

（1）仓储管理人员使用手持终端盘点机在指定仓库区，对位于货位的货品进行盘点：扫描货位条码、货品条码，并输入货品盘点数量。

（2）所有货品盘点完毕后，即可获得实际库存数量，同时产生系统库存与实际库存的差异报表。如果库存差异在可以接受范围内并且经过了管理人员确认，系统便可以按盘点结果更新库存数据，否则需要复盘处理。

（3）盘点完毕后，根据盘点的实际库存和账面物质进行对比，形成盘亏盘盈表。根据盘亏盘盈表，进行盘盈入库和盘亏出库，使账面和实物相符。

应用条码技术盘点货物时的优势如下。

（1）无纸化的盘点操作。

（2）扫描货位条码，快速检查货架上的货品库存信息。

（3）保证系统库存与实际库存的一致性。

（4）库存数据准确，可提升库存的周转效率，降低运营成本。

4）移库管理

仓库对实物按库位进行管理，系统提供移库管理功能，可实现库位间的相互移动，以保证各库位间货物的准确性，为保管员发货提供方便。企业可以根据所需的要求进行移库操作。

具体操作步骤如下。

（1）移库前，仓库管理人员先确定要移库的货物，扫描相应的货物条码，然后输入新的库位。

（2）移库时，工作人员将相应货物扫描以后点出，并将目的仓库输入 PC 系统。

（3）移库后，仓储管理人员确定移库是否正确。如果移库不正确，则要检查出错原因并做相应改正。

移库管理采用条码技术的优势如下。

（1）数据可靠性强，近乎为零的出错率，保证扫描正确，减少人为的错误输入。

（2）节约成本：无纸化的操作，减少纸张开销。

（3）提升员工工作效率，营造快速、高效的物流环境。

（4）有效的库存空间利用率，降低营运成本。

（5）提升库存的准确率。

（6）各种当前和历史事务的统计报表，为决策者提供了准确、有用的信息。

4.2.2 射频识别技术

1. 射频识别技术概述

1）射频识别的含义

射频识别（Radio Frequency Identification，RFID），是通过射频信号识别目标对象并获取相关数据信息的一种非接触式的自动识别技术。应用了射频识别技术的应用有感应式电子晶片或近接卡、感应卡、非接触卡、电子标签、电子条码等。其原理为由扫描器发射某一特定频率的无线电波能量给接收器，用以驱动接收器电路将其内部的代码送出，此时扫描器便接收接收器的内部代码。接收器的特殊在于免用电池、免接触、免刷卡，故不怕脏污，且晶片密码具有唯一性，无法复制，安全性高、寿命长。RFID 的应用非常广泛，目前的典型应用有动物晶片、汽车晶片防盗器、门禁管制、停车场管制、生产线自动化、物料管理等。不同的 RFID 系统所实现的功能不同。RFID 系统大致可分为四种类型——EAS 系统、便携式数据采集系统、物流控制系统和定位系统。

（1）EAS 系统。EAS 系统是一种设置在需要控制物品出入的门口的 RFID 技术，在商店、图书馆、数据中心等地方广泛应用，当未被授权的人从这些地方非法取走物品时，EAS 系统就会发出警告。在应用 EAS 技术时，需要在物品上粘贴 EAS 标签。EAS 扫描装置能自动检测标签的活动性，发现异常的活动性标签，EAS 系统就会发出警告。

（2）便携式数据采集系统。便携式数据采集系统使用带有 RFID 阅读器的手持式数据采集器，采集 RFID 标签上的数据。这种系统具有比较大的灵活性，适用于不易安装固定式 RFID 系统的应用环境。手持式数据采集器（数据输入终端）可以在读取数据的同时，通过无线电波数据传输方式实时地向计算机系统传输数据，也可以暂时将数据存储在数据采集器中，再一批一批地向主计算机系统传输数据。

（3）物流控制系统。在物流控制系统中，固定布置的 RFID 阅读器分散布置在给定的区域，并且阅读器直接与数据管理信息系统相连，信号发射机是移动的，一般安装在移动的物体和人身上。当物体、人流经阅读器时，阅读器会自动扫描标签上的信息并把数据信息输入数据管理信息系统进行存储、分析、处理，达到控制物流的目的。

（4）定位系统。定位系统用于自动化加工系统中的定位以及对车辆、轮船等进行运行定位支持。阅读器放置在移动的车辆、轮船或者自动化流水线中移动的物料、半成品、成品上，信号发射机嵌入操作环境的表面之下。信号发射机上存储有位置识别信息，阅读器一般通过无线的方式或者有线的方式连接到主信息管理系统。

2）射频识别技术的特点及优势

RFID技术是一项易于操控，简单实用且特别适合用于自动化控制的灵活性的应用技术，识别工作不需要人工干预，它既可支持只读工作模式也可支持读写工作模式，且不需要接触或瞄准，可自由地在各种恶劣环境中工作。短距离射频产品不怕油渍、灰尘污染等恶劣的环境，可以替代条码，比如用在工厂的流水线上跟踪物体。长距离射频产品多用于交通上，识别距离可达几十米，比如自动收费或识别车辆身份等。RFID技术所具备的独特优势是其他识别技术无法比拟的，主要体现在以下几个方面。

（1）读取方便快捷。数据的读取不需要光源，甚至可以透过外包装来进行数据的读取。有效识别距离更长，采用自带电池或电源的主动标签时，有效识别距离可实现30米以上。

（2）识别速度快。标签一进入磁场，阅读器就可以及时读取其中的信息，而且阅读器能够同时处理多个标签，实现批量识别。

（3）数据容量大。数据容量最大的二维条码，最多也只能存储2725个数字（合2725B），若包含字母，存储量则会更少，RFID标签的数据容量则可以根据客户的需要扩充到数十KB。

（4）寿命长应用广。其所应用的无线电通信方式使其可以应用于粉尘、油污等高污染环境和放射性环境，而且封闭式包装使得它的寿命大大超过印制的条码。

（5）标签数据可动态更改。利用编程器可以向电子标签里写入数据，从而赋予RFID标签交互式便携数据文件的功能，而且写入时间比打印条码更短。

（6）更高的安全性。RFID标签不仅可以嵌入或附着在不同形状、类型的产品上，而且可以为标签数据的读写设置密码保护，从而具有更高的安全性。

（7）动态实时通信。RFID标签以每秒50~100次的频率与阅读器进行通信，所以只要附着有RFID标签的物体出现在阅读器的有效识别范围内，阅读器就可以对其位置进行动态的追踪和监控。

2. 射频识别技术原理

1）RFID系统的组成

RFID系统由电子标签（Tag）、阅读器（Reader）和天线（Antenna）三个部分组成，如图4-16所示。

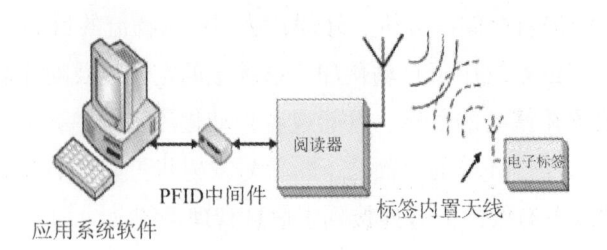

图 4-16　RFID 系统

（1）电子标签。电子标签由耦合元件及芯片组成，每个电子标签具有唯一的电子编码。高容量电子标签有用户可写入的存储空间，附着在物体上用以标识目标对象。电子标签又称射频标签、应答器、数据载体。

（2）阅读器。阅读器是读取（有时还可以写入）电子标签信息的设备，可设计为手持式或固定式。因为实际需求的原因，阅读器一般都带有与计算机连接的接口。阅读器又称为读出装置、扫描器、读头、通信器、读写器（取决于电子标签是否可以无线改写数据）。

（3）天线。天线是一种以电磁波形式接收或辐射无线电收发机的射频信号的装置，在电子标签和阅读器间传递射频信号。分为标签内置天线和阅读器天线两种，标签内置天线的目的是保障最大的能量进出标签芯片，发射时，把高频电流转换为电磁波，接收时，把电磁波转换为高频电流。阅读器天线则用来为电子标签提供工作能量或唤醒有源电子标签。

根据实际需要，有的 RFID 系统还配有计算机应用软件系统。

2）RFID 硬件系统

RFID 系统中用到的硬件设备有手持式读写器、固定式读写器、天线、电子标签等。

使用手持式读写器（见图 4-17）在电子标签中写入货物编号数据。手持式读写器的写信息距离应不小于 50cm，通过 Wi-Fi 方式与主机通信。

（a）XCRF-860 读写器　　　　　　　　　　（b）XCRF-811 读写器

图 4-17　RFID 读写器

固定式读写器具有读取电子标签用户数据区的功能，与天线配合读取电子标签用户数据区的距离不小于 3m，读写器由 PC 控制端进行读写工作，可以通过 RJ45 网口和串行接口与 PC 控制端通信。

天线（见图 4-18）采用线极化高增益天线，天线工作频段为 905MHz～928MHz。天线频率范围为 902MHz～928MHz，极化方式为圆极化，天线增益为 7.15dBi，半功率波束宽度>120°，接头方式为 N 型接头，天线罩材料为 PC 工程塑料，具有三防性能：防水、防酸、防霉菌。

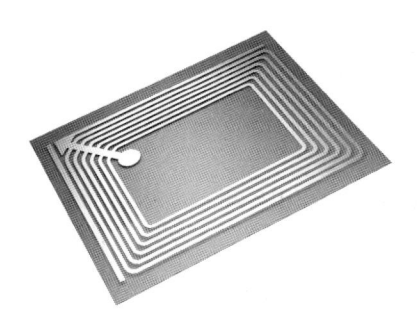

图 4-18　RFID 天线外观

电子标签（见图 4-19）支持 ISO 18000—6B 空中协议标准，具有 64 位全球唯一 ID，并且具有 216B 的用户数据区，用户数据区可以反复擦写超过 100 000 次。整个系统中的 RFID 硬件支持 ISO 18000—6B 空中接口标准，此标准的优势是协议成熟，读写距离远，标签中可以有很大的用户数据区空间。

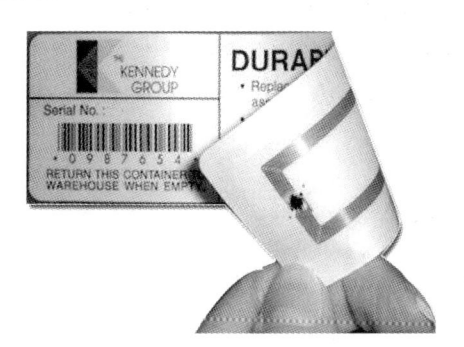

图 4-19　RFID 电子标签

3）RFID 系统的技术原理

RFID 系统的技术原理并不复杂，电子标签进入磁场后，接收读写器发出的射频信号，凭借感应电流所获得的能量发送出存储在芯片中的产品信息（Passive Tag，无源标签或被动标签），或者主动发送某一频率的信号（Active Tag，有源标签或主动标签）；读写器读取信息并解码后，送至中央信息系统（通常为计算机控制端）进行有关数据处理。RFID 系统的技术原理如图 4-20 所示。

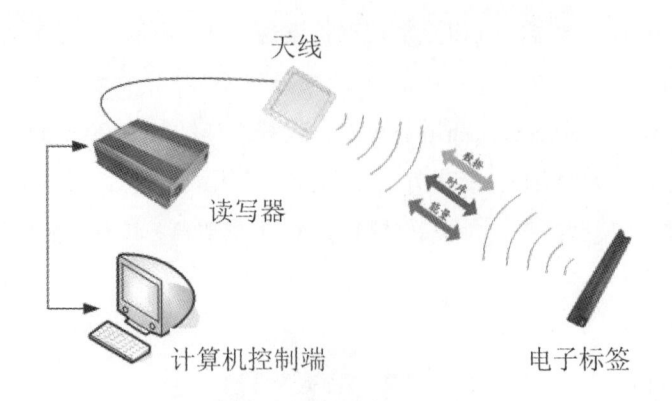

图 4-20 RFID 系统的技术原理

RFID 系统中的读写器通过天线发出电磁波，收发器（电子标签）接收这些电磁波并发送已存储的信息到读写器作为响应。实际上，这就是对存储器上的数据进行非接触读、写或删除处理。从技术上来说，电子标签包含有整合了射频部分和一个超薄天线环路的 RFID 芯片，它们再被整合在一个 RFID 电路中，天线与一个塑料薄片一起嵌入电子标签内。通常，在这个电子标签上还粘贴有一个纸标签，在纸标签上可以清晰地印上一些重要信息。当前的电子标签一般为信用卡大小，对于小的货物还有 4.5cm×4.5cm 尺寸的标签，也有 CD 和 DVD 上用的直径为 4.7cm 的圆形标签。

与条码或磁条等其他 ID 技术相比，电子标签技术的优势在于阅读器和电子标签之间的无线连接：读/写单元不需要与电子标签之间发生可视接触，因此可以完全集成到产品里面。这意味着电子标签适合应用于恶劣的环境，电子标签对潮湿、肮脏的环境和机械影响不敏感。因此，电子标签系统具有非常高的读写可靠性，具有快速数据获取性能，而且节省劳力和纸张。

3．射频识别的物流应用

射频识别技术可以用来跟踪和管理几乎所有物理对象，因此可在物流活动中发挥重要的作用。

1）在仓储中的应用

（1）仓储库存、资产管理领域。电子标签具有读写与方向无关、不易损坏、远距离读取、多物品同时读取等特点，因此采用电子标签可以提高出入库产品信息的记录采集速度和准确性，即降低库存盘点时的人为失误率，提高库存盘点的速度和准确性。

（2）产品跟踪领域。电子标签能够无接触地快速识别，在网络的支持下，可以实现对附有 RFID 标签物品的跟踪，可以清楚地了解到物品的移动位置，如 Symbol 公司为美国 McCarran 国际机场提供的行李跟踪系统和为中国国家铁路集团有限公司提供的中国铁路列车监控系统。

（3）供应链自动管理领域。电子标签自动读写和网络中信息的方便传递功能将大大提高供应链的管理水平。在供应链自动管理领域应用电子标签将显著降低库存，提高生产的有效性和效率，从而大大提高企业的核心竞争力。电子标签在零售商店中的应用领域包括电子标签货架、出入库管理、自动结算等。

2）应用的基本方法

（1）制作与安装库位标签。使用计算机和 RFID 读写器把库位编码等信息写入电子标签，该电子标签即称为库位标签。每个库位安装库位标签，进行库房管理作业时，读取该库位标签编号，就可判定当前作业的位置是否正确。

（2）制作与粘贴货物标签。在货物入库时，给库存管理物品粘贴电子标签，该电子标签即为货物标签（粘贴电子标签的物品应该是整托盘、整箱或大件货物）。在进行库房作业时，读取货物标签的编号，确定作业物品是否正确。为了节省运行成本，货物标签可重复使用。在货物出库时取下，送到入库处再重新使用。

（3）在仓库作业区建立无线网络。此举确保所有作业数据能够实现实时传输。

（4）在出入仓库的门口安装 RFID 读写设备。当运输货物的叉车或 AGV 进出仓库时，RFID 读写设备主动识别托盘或 AGV 上的货物，完成出入库确认，并安装报警装置，警示错误或不当的出入库行为。

（5）自动盘点。利用安装 RFID 设备的 AGV，自动对库房进行盘点。

3）应用的作业流程

（1）入库作业。入库作业流程如图 4-21 所示。主要步骤为：①检查实到货物与送货单是否一致；②制作与粘贴货物标签；③读取标签后，现场计算机自动分配库位；④作业人员把货物送入指定库位（如有必要，修改库位标签）；⑤把入库实况发送给现场计算机，更新库存数据。

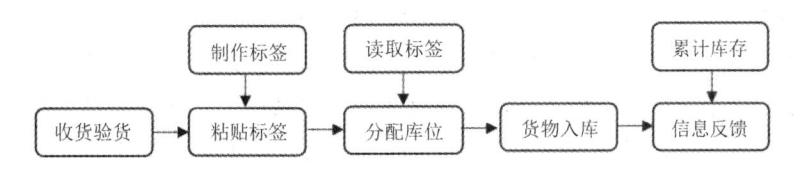

图 4-21 RFID 的入库作业流程

（2）出库作业。出库作业流程如图 4-22 所示。主要步骤为：①下达出库计划；②现场计算机编制出库指令；③作业人员到达指定库位；④从库位上取出指定货物，改写库位标签；⑤货物运送到出口处，取下货物标签；⑥把出库实况发送给现场计算机，更新库存数据。

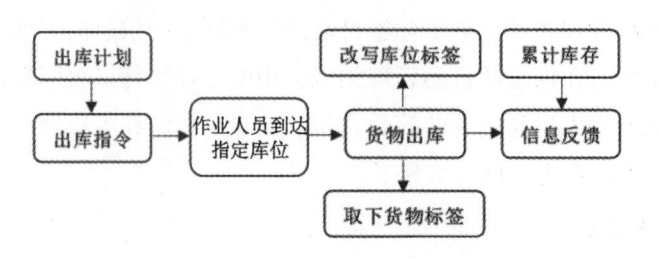

图 4-22　RFID 的出库作业流程

【应用案例 4-2】RFID 技术在配送中心的价值

如今,大多数配送中心都在配送的物品里使用了 RFID 嵌体,但是很少有人从仓库管理信息系统(WMS)中的 RFID 中受益。随着 RFID 需求的增长,大多数配送中心都部署了一些重印或编码标签的方案。有些配送中心还会对产品上的 RFID 标签进行质量检查。

如果一个配送中心使用自动化传送带发货物品,传送带上安装的 RFID 通道将帮助配送中心识别任何异常(如外包装未按产品要求包装)。另外一些配送中心则使用便捷式传送带将货物送到闸门外,最后装载到卡车里。在这种情况下,每个闸门上都会安装一个 RFID 阅读器,但这种方案的成本通常都很高且会产生很多误读问题。更好的方案则是将移动无线 RFID 通道临时放置在装卸货车的门前。

分拣包装区域是最有可能产生库存误差的区域。在这个区域,员工需要扫描一个物品,告诉系统让正在拣货的员工将货物放进包装箱。员工有可能将错误的物品放进包装箱内,但系统却无法识别出。

当然,循环技术有助于减少这类失误的发生率,但是循环计数方法也有缺陷。RFID 技术可以完美解决这类问题。例如,物流中心可以在每个员工的工作台上安装一个 RFID 阅读器。这样,如果员工将错误的物品放入包装箱,屏幕便会发出警告。如果正确的物品被放入包装箱,系统便可更新包装箱的数量并实时更新库存数据。当物流中心使用传送带将包装箱运送到配送区域,物流中心可以在传送带上安装一个 RFID 通道来检查每个包装箱。这将确保电子标签编码的正确性并检查每个 RFID 嵌体的质量。

RFID 打印机打印和编码的电子标签可以在非常短的距离内被编码及测试。尽管大多数打印机都可以通过读取 RFID 嵌体进行测试验证,但劣等的嵌体也可以在这么短的距离内通过测试过程。这样的嵌体附着到物品上时很可能损坏,这也是需要展开额外的质量检查的原因。当装入包装箱的标记物品无法读取、编码错误、ID 重复或者装错包装箱时,这个包装箱将被送到另一个区域进行纠正。

那些直接从存储区配送的包装箱,配送中心可以在所有包装箱都需要经过的传送带上安装 RFID 通道。这些通道也同样可用于货物接收流程。

(资料来源:http://www.chinawuliu.com.cn/xsyj/201507/03/302946.shtml)

4.3 物流信息处理技术

4.3.1 销售时点系统技术

1. 销售时点系统技术概述

1）销售时点系统的含义

销售时点系统（Point of Sale，POS）最早应用于零售业，如图 4-23 为超市收银处的 POS 机，之后逐渐扩展至其他金融、旅馆等服务性行业，利用 POS 技术的范围也从企业内部扩展到整个供应链。现代 POS 已不仅仅局限于电子收款技术领域，它将考虑将计算机网络、电子数据交换技术、条码技术、电子监控技术、电子收款技术、电子信息处理技术、远程通信、电子广告、自动仓储配送技术、自动售货、备货技术等一系列科技手段融为一体，从而形成一个综合性的信息资源管理系统。

图 4-23 超市收银处的 POS 机

2）销售时点系统的结构

POS 的结构主要依赖于计算机处理信息的体系，商场管理系统中 POS 的基本结构可分为：①单个收银机、收银机与微机相连；②收银机、微机与网络相连。

POS 的硬件结构主要包括系统主机、收银机、监控机等（见图 4-24）。

POS 的软件部分由前台 POS 销售系统和后台管理信息系统（MIS）组成。

前台 POS 销售系统通过自动读取设备（如收银机），在销售商品时直接读取商品销售信息（如商品名、单价、销售数量、销售时间、销售店铺、购买顾客等），实现前台销售业务的自动化，对商品交易进行实时服务和管理。通过通信网络和计算机系统将各项信息传送至后台管理信息系统，为企业管理者分析经营成果、制订经营方针提供依据，以提高企业的经营效率。

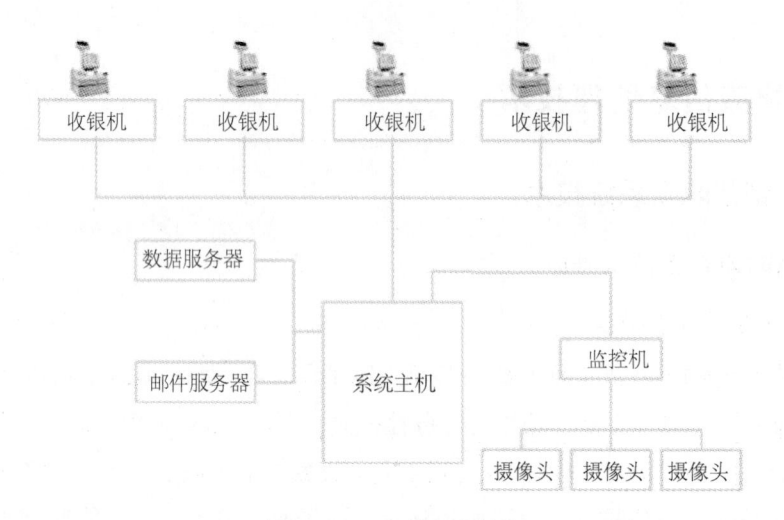

图 4-24 POS 的硬件结构

后台管理信息系统负责整个商场进、销、调、存系统的管理以及财务管理、库存管理、考勤管理等。它可根据商品进货信息对厂商进行管理，又可根据前台 POS 销售系统提供的销售数据，控制进货数量，合理周转资金，还可以分析统计各种销售报表，快速准确地计算成本与毛利，也可以对售货员、收款员的业绩进行考核，作为职工分配工资、奖金的客观依据。因此，商场管理系统中前台 POS 销售系统与后台管理信息系统是密切相关的，两者缺一不可。

3）销售时点系统的特征

（1）单品管理、职工管理和顾客管理。零售业的单品管理是指对店铺陈列销售的商品以单个商品为单位进行销售跟踪和管理的方法。由于 POS 信息反映了单个商品的销售信息，因此 POS 的应用使高效率的单品管理成为可能。职工管理是指通过 POS 终端机上的计时器的记录，依据每个职工的出勤状况和销售状况（以月、周、日甚至小时为单位）对职工进行考核管理。顾客管理是指在顾客为所购商品结账时，通过收银机自动读取零售商发行的顾客 ID 卡或顾客信用卡来把握每位顾客的购买品种和购买额，从而对顾客进行分类管理。

（2）自动读取销售时点的信息。在顾客购买商品结账时 POS 通过扫描器自动读取商品条码标签或光学字符识别（OCR）标签上的信息，在销售商品的同时获得实时的销售信息是 POS 的最大特征。

（3）信息的集中管理。在各个 POS 终端机获得的销售时点信息以在线联结方式汇总到企业总部，与其他部门发送的有关信息一起由总部的管理信息系统加以集中并进行分析加工。企业总部借此把握畅销商品以及新商品的销售倾向，对商品的销售量和销售价格、销售量和销售时间之间的相互关系进行分析,对商品店铺陈列方式、促销方式、促销期限、竞争商品的影响进行相关分析。

(4)连接供应链的有力工具。供应链参与各方合作的主要领域之一是信息共享,而销售时点信息是企业经营中的一项重要信息,因此通过 POS 能及时把握顾客需要的信息,供应链的参与各方可以利用销售时点信息并结合其他的信息来制订企业的经营计划和市场营销计划。目前,领先的零售商正在与制造商共同开发一个整合的物流系统[整合预测和库存补充系统(Collaboration Forecasting and Replenishment,CFAR)],通过该系统,它们不仅分享 POS 信息,而且一起联合进行市场预测,分享预测信息。

2. 销售时点系统技术的物流应用

以仓储式超市为例,POS 的运行步骤包括以下五步。

(1)店铺销售商品都贴有表示该商品信息的条码或光学字符识别标签。

(2)在顾客为所购商品结账时,收银员使用扫描器自动读取商品条码或 OCR 标签上的信息,通过店铺内的微型计算机确认商品的单价,计算顾客购买总金额等,同时返回收银机,打印出顾客购买清单和付款总金额。

(3)各个店铺的 POS 信息通过增值网络(VAN)以在线联结方式即时传送给总部或物流中心。

(4)在总部,物流中心和店铺利用 POS 信息来进行库存调整、配送管理、商品订货等作业。通过对 POS 信息进行加工分析来掌握消费者购买动向,找出畅销商品和滞销商品,以此为基础,进行商品品种配置、商品陈列、价格设置等方面的作业。

(5)在零售商与供应链的上游企业(批发商、生产厂商等)结成协作伙伴关系(也称为战略联盟)的条件下,零售商利用 VAN 以在线联结的方式把 POS 信息即时传送给上游企业。这样上游企业可以利用销售现场的最及时准确的销售信息制订经营计划、进行决策。例如,生产厂家利用 POS 信息进行销售预测,掌握消费者购买动向,找出畅销商品和滞销商品,把 POS 信息(销售时点信息)和 EOS 信息(电子订货系统信息)进行比较分析来把握零售商的库存水平,以此为基础制订生产计划和零售商连续库存补充计划(Continuous Replenishment Program,CRP)。

4.3.2 电子订货系统技术

1. 电子订货系统技术概述

1)电子订货系统的含义

电子订货系统(Electronic Ordering System,EOS)是指将批发、零售商场所发生的订货数据输入计算机，即通过计算机通信网络连接的方式将资料传送至总公司、批发商、商品供货商或制造商处的系统。因此，EOS 能处理从新商品资料的说明直到会计结算等所有商品交易过程中的作业，可以说 EOS 涵盖了整个物流。在寸土寸金的情况下，零售业已经没有许多仓储空间用于存放货物，在要求供货商及时补足售出商品的数量且不能有缺货的前提下，尤其需要应用 EOS。EOS 中包含了许多先进的管理手段，因此在国际上使用得非常广泛，并且越来越受到商业界的青睐。

2）电子订货系统的特点

电子订货系统具有如下特点。

（1）商业企业内部计算机网络应用功能完善，能及时产生订货信息。

（2）POS 与 EOS 高度结合，产生高质量的信息。

（3）满足零售商和供应商之间的信息传递。

（4）通过网络传输订货信息。

（5）信息传递及时、准确。

（6）EOS 是许多零售商和供应商之间的整体运作系统，而不是单个零售店和单个供应商之间的系统。

EOS 在零售商和供应商之间建立起了一条高速通道，使双方的信息及时得到沟通，使订货过程的周期大大缩短，既保障了商品的及时供应，又加速了资金的周转。

3）电子订货系统的组成

一个 EOS 包括以下部分：①供应商，商品的制造者或供应者（生产商、批发商）；②采购员，一般是零售商，采购商品用以销售；③网络，用于传输订货信息（订单、发货单、收货单、发票等）；④计算机系统，用于产生和处理订货信息。

EOS 的组成如图 4-25 所示。

4）电子订货系统的结构和配置

（1）电子订货系统的结构。EOS 的结构包括订货系统、通信网络系统和接单电脑系统。就门店而言，只要配备了订货终端机和货价卡（或订货簿），再配上电话和数据机，就可以说是具有一套完整的 EOS 配置。就供应商来说，凡能接收门店通过数据机发送的订货信息，并可利用终端机设备系统直接将订货信息作订单处理，打印出出货单和拣货单，就可以说是已具备 EOS 的功能。但是就整个社会而言，标准的 EOS 绝不是"一对一"的格局，即并非单个的零售商与单个的供应商组成的系统，它采用的是"多对多"的整体运作方式，即许多零售商和许多供货商组成的大系统的整体运作方式。

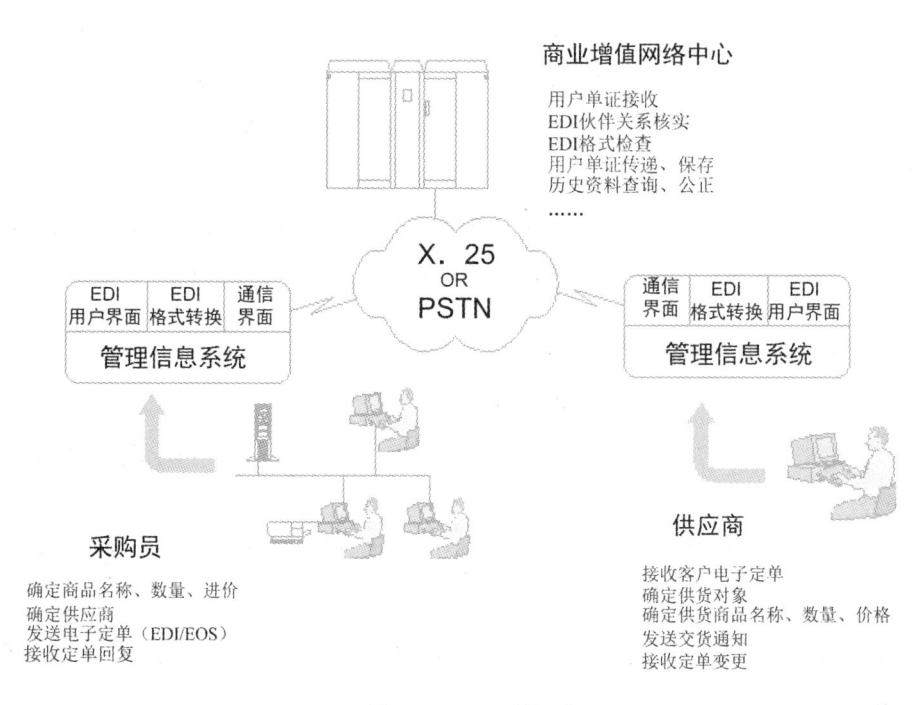

图 4-25　EOS 的组成

（2）电子订货系统的配置。EOS 的配置主要体现在两个方面。

第一，硬件设备配置。EOS 的硬件设备一般由以下三个部分组成。

① 电子订货终端机。其功能是将所需订货的商品和条码及数量以扫描和键入的方式，暂时地储存在记忆体中，当订货作业完毕时，再将电子订货终端机与后台电脑连接，取出储存在记忆体中的订货资料，存入电脑主机。电子订货终端机与手持式条码扫描器的外形有些相似，但功能却有很大差异，其主要区别是：电子订货终端机具有存储和运算等电脑的基本功能，而手持式条码扫描器只有阅读及解码功能。

② 数据机。它是传递订货主与接单主电脑信息资料的主要通信装置，其功能是将电脑内的数据转换成线性脉冲资料，通过专有数据线路，将订货信息从门店传递给商品供应商的数据机，供应商以此为依据来发送商品。

③ 其他设备。如个人电脑、价格标签及店内条码的印制设备等。

第二，确立电子订货方式。EOS 的运作除了硬件设备，还必须有记录订货情报的货架卡和电子订货簿，并确立电子订货方式。常用的电子订货方式有以下三种。

① 电子订货簿。电子订货簿是记录包括商品代码/名称、供应商代号/名称、进/售价等商品资料的书面簿式。利用电子订货簿订货就是由订货者携带电子订货簿及电子订货终端机直接在现场巡视缺货状况，再依据电子订货簿寻找商品，对条码进行扫描并输入订货数量，然后直接接上数据机，通过电话线传输订货信息。

② 电子订货终端机与货架卡并用。货架卡就是装设在货架槽上的一张商品信息记录卡，显示内容包括中文名称、商品代码、条码、售价、最高订量、最低订量、厂商名称等。利用货架卡订货，不需要携带电子订货簿，而只要手持电子订货终端机，一边巡货一边订货，订货手续完成后再直接接上数据机将订货信息传输出去。

③ 低于安全存量订货法。即将每次进货数量输入电脑，销售时电脑会自动将库存扣减，当库存量低于安全存量时，EOS 会自动打印货单或将信息直接传输出去。

2. 电子订货系统技术的物流应用

EOS 技术在物流管理中的操作流程如下。

（1）在仓库终端利用条码阅读器获取准备采购的商品条码，并在电子订货终端机上输入订货资料，利用 EDI 技术传输到批发商的计算机中。

（2）批发商开出提货传票，并根据提货传票开出拣货单，实施拣货，然后根据送货传票进行商品发货。

（3）送货传票上的资料便成为零售商店的应付账款资料及批发商的应收账款资料，并接入应收账款的系统中去。

（4）仓储管理员对送达的货物进行检验后，就可以执行货物入库了。

使用 EOS 时要注意以下方面的内容。

（1）订货业务作业的标准化，这是有效利用 EOS 的前提条件。

（2）商品代码的设计，一般采用国家统一规定的标准设计商品代码，这是应用 EOS 的基础条件。

（3）订货商品目录账册的制作和更新，订货商品目录账册的设计和运用是 EOS 成功的重要保证。

（4）计算机以及订货信息输入和输出终端设备的添置是 EOS 应用的基础条件。

（5）需要制订 EOS 应用手册并协调部门间、企业间的经营活动。

4.4 物流信息系统

4.4.1 物流信息系统概述

1. 物流信息系统的含义

物流信息系统（Logistics Information System，LIS）是指由人员、设备和程序组成的、为物流管理者执行计划、实施、控制等职能提供信息的交互系统，它与物流作业系统一样都是物流系统的子系统。

所谓的物流信息系统,实际上是物流管理软件和信息网络结合的产物,小到一个具体的物流管理软件,大到利用覆盖全球的互联网将所有相关的合作伙伴、供应链成员连接在一起提供物流信息服务的系统,都叫作物流信息系统。

对一个企业而言,物流信息系统不是独立存在的,而是企业信息系统的一部分,或者说是其中的子系统,即使对一个专门从事物流服务的企业也是如此。例如,一个企业的企业资源计划系统、物流管理信息系统等都是企业信息系统的子系统。

2. 物流信息系统的结构

物流系统包括运输系统、储存保管系统、装卸搬运、流通加工系统、物流信息系统等,其中物流信息系统是高层次的系统,是物流系统中最重要的部分之一,涉及运作体制、标准化、电子化及自动化等方面的问题。由于现代计算机及计算机网络的广泛应用,物流信息系统的发展有了一个坚实的基础,计算机技术、网络技术及相关的关系型数据库、条码技术、电子数据交换技术等的应用使得物流活动中的人工、重复劳动及错误发生率减少,效率提升,信息流转加速,使物流管理发生了巨大变化。

3. 物流信息系统的分类

按物流信息系统的功能分类可分为事物处理信息系统、办公自动化系统、管理信息系统、决策支持系统、高层支持系统、企业间信息系统。

按管理决策的层次分类可分为物流作业管理系统、物流协调控制系统、物流决策支持系统。

按物流信息系统的应用对象分类可分为面向制造企业的物流管理信息系统、面向零售商、中间商、供应商的物流管理信息系统、面向物流企业的物流管理信息系统、面向第三方物流企业的物流信息系统。

按系统采用的技术分类可分为单机系统、内部网络系统、与合作伙伴、客户互联的系统。

4.4.2 物流信息系统的功能

物流信息系统的主要功能是进行物流信息的收集、存储、传输、加工整理、维护和输出,为物流管理者及其他组织管理人员提供战略、战术及运作决策的支持,以达到组织的战略竞优目标,提高物流运作的效率与效益。物流信息系统是物流系统的神经中枢,它作为整个物流系统的指挥和控制系统,可以分为多种子系统或者多种基本功能,如图 4-26 所示。通常,可以将物流信息系统的基本功能归纳为以下几个方面。

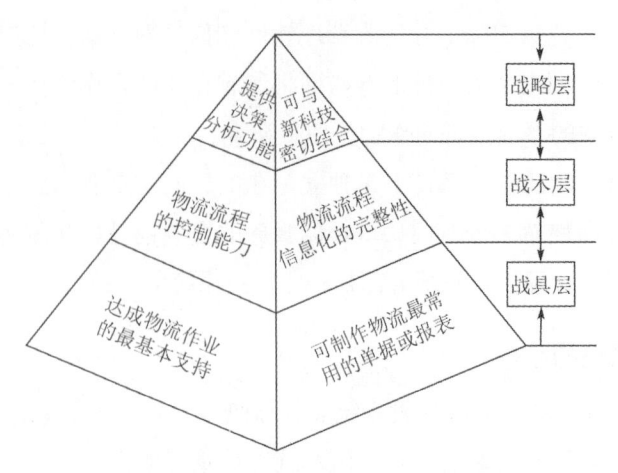

图 4-26 物流信息系统的功能结构

1. 数据收集

物流数据的收集是指首先通过收集子系统将数据从系统内部或者外部收集到预处理系统中，并整理成为系统要求的格式和形式，然后通过输入子系统输入物流信息系统中的过程。这一过程是其他功能发挥作用的前提和基础，如果一开始收集和输入的信息不完全或不正确，在接下来的过程中得到的结果就可能与实际情况完全相左，这将会导致严重的后果。因此，在衡量一个物流信息系统性能时，应注意它收集数据的完善性、准确性，以及它的校验能力及预防和抵抗破坏能力等。

2. 信息存储

物流数据经过收集和输入阶段后，在其得到处理之前，必须在系统中存储下来。即使在其得到处理之后，若信息还有利用价值，也要在系统中保存下来，以供以后使用。物流信息系统的存储功能就是要保证已得到的物流信息能够不丢失、不走样、不外泄、整理得当、随时可用。无论哪一种物流信息系统，在涉及信息的存储问题时，都要考虑到存储量、信息格式、存储方式、使用方式、存储时间、安全保密等问题。如果这些问题没有得到妥善的解决，物流信息系统是不可能投入使用的。

3. 信息传输

物流信息在物流系统中，一定要准确、及时地传输到各个职能环节，否则信息就会失去其使用价值。这就需要物流信息系统具有克服空间障碍的功能。物流信息系统在实际运行前，必须充分考虑所要传递的信息种类、数量、频率、可靠性要求等因素。只有这些因素符合物流系统的实际需要时，物流信息系统才具有实际使用价值。

4. 信息处理

物流信息系统的根本目的是将输入的数据加工处理成物流系统需要的物流信息。数据和信息是有所不同的，数据是得到信息的基础，但数据往往不能被直接利用，而信息是通过数据加工得到的，它可以被直接利用。只有得到了具有实际使用价值的物流信息，物流信息系统的功能才算得到发挥。

5. 信息输出

信息输出是物流信息系统的最后一项功能，也只有在实现了这个功能后，物流信息系统的任务才算得以完成。信息输出必须采用便于人或计算机理解的形式，在输出形式上力求易读易懂，直观醒目。

这五项功能是物流信息系统的基本功能，缺一不可。而且，只有这五项功能得到合理发挥，最后得到的物流信息才具有实际使用价值，否则将会导致严重的后果。

【讨论思考】

1. 物流信息技术有哪些？
2. 简述条码技术、射频识别技术、电子订货系统技术的原理？
3. 什么是物流信息系统？
4. 物流信息系统由哪些部分组成？

【案例分析】耐克的物流信息系统

耐克中国物流中心（CLC）在江苏太仓启用后，成为其全球第七个、第二大物流中心。当耐克在大中国区的年销售额达到 18.64 亿美元时，什么是它现在最优先和最重要的应该做的事？不是品牌，不是营销，而是一个能够高效管理库存和快速补货的强大的物流信息系统。

这个物流中心的建筑面积达 20 万平方米，拥有超过 10 万个货品托盘，年吞吐能力超过 2.4 亿件次，同时可满足 79 个集装箱货车装卸货。更重要的是，耐克将借此缩短 15%的交货时间——一件货品从门店下单到发货将只需要数小时。这里就像是一个巨型的中央处理器。所有商品分拣和管理的基础都依赖于强大的数字化采集和处理能力。所有货品都嵌入了电子标签，并逐一扫描，工人们根据电子显示屏上的信息来分拣配送货品，其信息通过专门数据端口与耐克全球连接，每天都会有完整的共享数据反馈给相关部门。海量信息如此之多，以至于计算机所需要的编码数量几乎与全球最大的购物网站亚马逊一样多。这座耐克在中国的第一家大型物流中心有两幢建筑，分别储存鞋类和服装类货品，两者之间通过传送带装置接驳。仓储区被分为整箱区和托盘区两大单元，散装托盘区分布其间。如果有大订单到来，整箱区即可直接配送；小订单补货则可以直接从托盘区内的散装货品中抽取。根据配送分拣需求，服装配送楼层被分割为三层：顶层是拥有 4.5 万个设置了独立编码的货架区，二层则是两套自动分拣系统，一层为打包和装车配送区。

出人意料的是，拥有4.5万个独立编码的顶层货架区的编码其实并无规律可言，这主要是为了避免操作员因频繁操作而熟记编码，从而产生误操作。取货操作员运用机器语音系统与计算机对话，核对存货信息——取货前自动控制系统会告知操作员取货区域，操作员到达后，通过麦克风和耳机先向电脑系统报告货架区编码以及取货数量以进行确认。这套语音识别系统由耐克独立研发，它可以识别各国语言，甚至包括方言，系统会事先采集记录每一个操作员的音频信息。耐克另外配备了一套应急装置，一旦语音识别系统发生故障，取货员可以用手持扫描设备救急，这也是货架编码的另一用途。

同时，耐克按照人体工程学设计了货架安放的角度，最大限度地避免员工腰肌劳损。耐克规定，在货架充裕的情况下货品必须先存在中间层，方便员工取货。在货架最下端，底层货架与地板的间隙可以容纳临时扩充的货架，便于其在发货高峰期存放物料。

CLC顶层的仓储区高10余米，为了最大限度地提高空间使用率、增加货品容纳量，耐克采用了窄巷道系统，货架之间的巷道宽度也被压缩到最低，与叉车的宽度相差无几。耐克在地板下方安装了用于叉车牵引的磁条导航系统。这套智能导航系统可以令驾驶员在地面磁条地标的自动引导下，以最精确的行车姿态进入取货巷道，避免任何碰撞。在自动引导取货时，叉车只能沿着地面磁条地标的分布前后直来直往，不会左右摇摆；自动导引车装运完毕，关掉磁条导航开关，货车方可左右拐弯。

CLC配送货品的一般流程是：接到订单，区分订单大小，仓储区取货。仓储区整箱订单货品通过传送带运至2楼分拣区，操作员和传送带会进行两次核对分拣；订单货品的余额件数由3楼操作员人工补货，自动分拣机验货、装箱后，再运至1楼，进行扫描核对、装车及发运。

作业过程中，最关键的要素是精确。以服装分拣为例，当3楼货架区的整箱货品通过传送装置运到2楼时，操作员会通过手持扫描设备进行标签扫描。所有货品标签的贴放位置和高度都有严格规定，以提高核对效率。核对无误后，在传送装置将货品送至1楼的过程中，沿途每隔数米均有扫描设备对包装箱条码进行扫描，记录位置信息。这些信息又与分布于物流中心各功能区的自动化分拣设备相连，使产品可以快速被传送至不同的操作区。一旦分拣有误，传送带会自动将错误货品甩出，进入特殊通道交由专人处理。

当货品经过层层校验，从分拣来到打包环节时，CLC的系统会自动打印一张货品标签单，清楚地标明货品编号和件数。电脑还能估算出货品体积，并提示操作员大概选用何种型号的包装箱最为合适。

装箱操作员除了核对货品件数和编码，另一项重要工作就是把货品发货标签贴到规定位置，便于下一个环节的机器或人工再次抽查核对。在装车发货之前，仓储管理系统再次进行信息甄别，根据订单的时间配送要求，采用不同的交通工具和多级物流网络，确保产品高效、准确、及时以及最低成本送达。

发生火灾怎么办？CLC在设计之初就做好了万全之策。这里一共安装了超过220个空气探测器，一旦失火，自动报警系统就会响应，并打开喷水灭火系统。在仓储区之外，耐克还设立了"防火墙"，即便发生火灾，楼层只会朝着特定方向倒塌，保证另一个独立区域安然无恙。在两道墙壁中央，CLC 专门设置了消防人员救援通道和避难走道，后者还有特制的正压送风系统，只会依照特定风道排放烟雾，不会伤害人身安全。

（资料来源：http://www.chinawuliu.com.cn/）

分析与讨论：

1. 耐克的物流信息系统有什么样的作用？
2. 耐克的物流信息系统是如何支持仓储作业流程的？

5 现代运输导论

学 习 目 标

- 熟悉运输和运输业的特点
- 了解互联网+运输业的发展
- 了解公路、铁路、水路、航空和管道运输方式的特点
- 熟悉多式联运与特殊运输

【案例导入】武汉的国际运输格局

随着"汉新欧"国际铁路货运班列常态化运营,江海直达、泸汉台、东盟四国、日韩等航线的不断巩固和发展,到2020年,武汉全市社会物流总额高达5万亿元左右,物流业增加值达到2000亿元,基本建成带动城市圈、引领长江经济带中游地区、联通东西部、对接全国乃至全球市场的现代物流体系,成为国际知名、国内领先、区域龙头的国家物流中心。

1. "汉新欧"国际铁路货运班列运营日趋成熟

经过15天跨欧亚大陆运行1万多千米,编组41辆、装载食品、电器、汽车配件等欧洲制造产品的X8044次中欧班列从德国杜伊斯堡顺利抵达吴家山铁路中心站。编挂在机车第一箱位的是载满东风雷诺全新科雷傲的法国进口零部件,这是东风雷诺公司成立以来首次采用汉新欧国际铁路运输法国进口件,也是其首次试水国际陆路运输。东风雷诺公司进口零部件常规情况下采用海运模式,紧急补充零件情况下采用空运模式。空运周期短但是成本高,影响物流成本,海运成本低但是周期长,通过汉新欧国际铁路货运班列,一方面所花费用比航空低廉得多,另一方面所用时间只有水路的三分之一,在大量非紧急模式下具有明显的比较优势。

在武汉首开至法国里昂的中欧班列后,中欧班列品牌渐渐为一些法国企业所熟知,同时汉新欧国际铁路法国至武汉线路日趋成熟。此次经汉新欧国际铁路大通道进口的首个集装箱顺利抵达武汉,标志着东风雷诺进口件物流网络实现了铁路、水路、公路、航空所有物流模式的全覆盖。

国家提出一带一路倡议后,中欧班列运营日趋成熟稳定,其中"汉新欧"国际铁路货运班列为武汉地区的企业和华中地区众多类型的企业提供了新的物流解决方案。其价格与交期均介于空运、海运之间，短期内可作为紧急订单的物流方案，未来运价进一步下探后，客户有望在公司的中法进出口业务中推广使用。

此外，武汉市还将加速推进东西湖汉新欧国际物流园建设，着力打造一个集货物集并、仓储、贸易、加工、分拨转运等为一体的综合物流园区，并依托该园区发展配套产业，实现汉新欧国际铁路货运班列的长远发展。

同时，调整优化班列线路，在保持汉堡、莫斯科公共班列良好运转的情况下，争取开通武汉至捷克斯洛伐克、匈牙利的公共班列以及武汉至伊朗的东风专列，努力将这些线路打造成精品线路，并建立境外集散分拨中心。积极考察调研白俄罗斯布列斯特项目，争取在俄罗斯木材主产区设立木材生产加工贸易物流综合中心。

2. 铁水联运打造无缝对接运输环线

满载135个集装箱汽车零部件的轮船从武汉市经济开发区（汉南区）港口物流园军山（纱帽）港口出发，直航至上海港集并。15天后，这批武汉制造的产品将跨越重洋，抵达伊朗。这是武汉市经济开发区开通的首条至上海的江海直达航线。

这种江海直达航线是指从武汉新港（武汉市域）列入开放口岸的港口始发至上海洋山港，中途不停靠其他港口装卸货物的航线。而武汉新港花山、金口、汉南港均已列入开放口岸，阳逻港不再是武汉市唯一的水路开放口岸。随着武汉市水运开放口岸数量增加，江海直达航线始发港口数量也进一步增加，这也令江海直达航线给企业节省物流成本的优势进一步加大。

武汉经济技术开发区江海直达航线，提供新的大运量物流运输通道，将大幅提升该区域内集装箱及商品汽车滚装的吞吐能力，降低企业物流成本。据测算，一个集装箱走公路运输，从沌口运输到阳逻港要花费1300元，再从阳逻港运到上海洋山港又需500元。若就近选择江海直达航线，在水运成本不变的情况下，公路运输单箱成本仅需600元左右。这样一个集装箱运到上海，就省了约700元物流成本。

目前武汉新港年吞吐量已达百万标箱，迈入世界一级内河港口行列，但水运货物抵达后，经转运才能经铁路到达其他地方，因此，武汉市正在促进铁路进港的基础设施建设。武汉新港江北铁路西起京广线武汉滠口站，东至京九线黄冈黄州站，正线全长76.4千米，途经五通口、香炉山、阳逻、林四房、团风五个站点。其中，在武汉市境内长39.1千米。一期黄陂滠口至新洲香炉山段为既有线路改造，已顺利完工，正在积极规划黄陂滠口至阳逻港的铁路建设，该铁路建成后，将真正实现"铁水联运"。

此外，根据湖北省政府关于加快武汉长江中游航运中心建设的实施意见，将建设多个以铁水联运、江海直达为核心的多式联运中心。其中，大力支持沪—汉—蓉集装箱铁水联运发展，全面推动中欧武汉班列与阳逻港铁水联运，打造无缝对接的闭合运输环线。同时，推动干支联通、江海直达、江洋直达航线发展，包括巩固武汉至上海天天班、沪—汉—台、武汉至东盟四国等既有的外贸集装箱品牌航线；支持发展汉江、江汉运河沿线港口至阳逻港集装箱支线快班；推动开通武汉至宁波舟山近海航线，拓展武汉至东南亚、日韩等地区和国家的集装箱近洋航线；推动发展岳阳—武汉—九江长江中三角航线。

3. 开通多条国际航线

武汉天河机场三期扩建工程新建的第二跑道正式投入使用后，这一条跑道按照满足

2020年全年旅客吞吐量3500万人次、货邮吞吐量44万吨的目标设计,可起降全球最大的客机——空客A380。它的投入使用,可令机场日起降能力由500多架次跃升至1000架次,长期制约机场发展的跑道容量瓶颈就此破除,可显著提高机场高峰时的运行容量,有望推动武汉迎来国际和地区航线的新一轮发展热潮。

随着武汉至阿联酋迪拜、马来西亚沙巴、印度孟买三条国际航线的开通,武汉的国际及地区客货运航线累计达到40条,国际地区航空客货吞吐量都实现大幅增长。武汉市计划进一步拓展国内外航线,其中包括武汉至悉尼航线、武汉至俄罗斯圣彼得堡航线、武汉至马来西亚吉隆坡、槟城的航线等,完成《武汉民航航线网络发展研究报告》《武汉航空货运发展中长期规划》的目标。

(资料来源:http://www.chinawuliu.com.cn)

思考:武汉的国际运输格局有何特点?

5.1 现代运输及运输业

5.1.1 现代运输及其功能

根据《中华人民共和国国家标准·物流术语》(GB/T 18354—2006)的定义,运输(transportation)是指用专用运输设备将物品从一个地点向另一地点运送。其中包括集货、分配、搬运、中转、装入、卸下、分散等一系列操作。运输是物流作业中最直观的要素之一,也是物流最重要的职能之一。运输提供两大功能:产品转移和产品储存。

1. 产品转移

无论产品处于哪种形式,是材料、零部件、装配件、在制品,还是制成品,也不论产品是在制造过程中,将被转移到下一阶段,还是实际上更接近最终的顾客,运输都是必不可少的。运输的主要功能就是实现产品在价值链中的来回移动。既然运输利用的是时间资源、财务资源和环境资源,那么,只有当它确实提高产品价值时,该产品的移动才是重要的。

运输的主要目的是以最低的时间、财务和环境资源成本,将产品从原产地转移到规定地点。此外,产品灭失损坏的费用也必须是最低的;同时,产品转移所采用的方式必须能满足顾客有关交付履行和装运信息的可得性等方面的要求。

2. 产品储存

对产品进行临时储存是一个不太寻常的运输功能,即将运输车辆临时作为相当昂贵的储存设施。然而,如果转移中的产品需要储存,但是在短时间内(比如几天后)又将重新转移的话,那么,该产品在仓库卸下来和再装上去的成本也许会超过储存在运输车辆中每天消耗的费用。

在仓库空间有限的情况下,利用运输车辆储存也许不失为一种可行的选择。可以采取的一种方法是,将产品装到运输车辆上去,然后采用迂回线路或间接线路运往其目的地。

在本质上，这种运输车辆将被用作一种储存设施，但它是移动的，而不是处于闲置状态。

实现产品临时储存的第二种方法是改道。这是当交付的货物处在转移之中，而原始的装运目的地被改变时才会发生。概括地说，尽管运输工具储存产品可能是昂贵的，但当需要考虑装卸成本、储存能力限制，或延长前置时间的能力时，那么从总成本或完成任务的角度来看往往却是必要的。

5.1.2 现代运输业的特征

运输业是"交通运输业"的简称，指国民经济中专门从事运送货物和旅客的社会生产部门，包括铁路、公路、水路、航空、管道运输等运输部门。

近些年来，科技的不断进步，使得交通运输工具也在不断地向前发展，运输业的发展也向着现代交通运输业的方向发展。"现代交通运输业"这一概念的出现，并非是出现了一个新的运输方式，这里的"现代"着重体现符合当前时代经济发展转型的新需求，使交通运输在服务效率、成本、质量、安全等方面达到更高的水平和层次，有别于传统交通运输业发展的内涵。有关资料显示，在人均 GDP 达到 4000 美元之前，运输需求将持续保持高速增长，在人均 GDP 达到 4000 美元后，运输需求的增长将有所放缓。据此，现代交通运输业的发展划分为快速发展阶段和稳步发展阶段，如表 5-1 所示。

表 5-1 现代交通运输业的不同阶段及特点

基 本 内 容	快速发展阶段的特点	稳步发展阶段的特点
交通基础设施建设	是经济社会发展的瓶颈，侧重于多渠道筹集建设资金	基础设施侧重于建、管、养、运协调发展
运输服务能力	有一定服务能力，但服务效率、服务质量不高	服务能力、服务效率以及服务质量达到较高水平
综合运输体系	尚未建立完善的综合运输体系	侧重各运输方式间的协调及网络功能结构的优化
现代物流业	停留在传统运输业层面上	基本形成现代物流业服务体系
客运网络体系	客运需求基本满足，多层次客运网络体系需构建健全	多层次客运网络体系基本构建，侧重于客运服务领域的进一步开拓
公共服务能力	具有基本的公共服务能力	具有较高的公共服务能力
体制机制和行业发展政策	逐步建立健全	相对健全完善
交通运输的快速发展与资源、环境	矛盾较为突出，资源利用以粗放型为主	资源利用由粗放型向集约型转变

续表

基 本 内 容	快速发展阶段的特点	稳步发展阶段的特点
科技创新体系	初步建立,交通科技创新能力不高	基本建立,侧重于强化科技成果转化和应用

运输业不同于工农业等物质生产部门的主要特征有如下几点。

1. 生产过程独特

在工农业生产过程中,改变劳动对象的属性或形态(如金属切削加工成零件),而创造出不同于劳动对象原有属性或形态的产品,这种产品是不依赖于生产过程而独立存在的。

运输业则不同,它具有独特的生产过程,它不改变劳动对象的属性或形态,而只是改变其位置。由这一特点所决定,运输业对运输过程质量的要求显得异常重要和突出,具有特定的内容和要求。因此,在客、货运输过程中,必须贯彻"安全第一"的方针,确保旅客、行人的人身安全和货物等完好无损。

2. 运输业产品具有无形性

运输劳务量的大小取决于两个因素:运量(货物以吨为单位,旅客以人次为单位)和运距(客、货运距均以千米为单位),它们的综合反映就是周转量(以吨千米、人千米为计量单位)。

人们习惯上把运输业为社会提供的效用称为"运输产品"。但"运输产品"是一种特殊"产品",它不具有实物形态,其实是一种服务,"服务"这种产品当然是具有无形性。

3. 运输业产品的生产和消费具有同时性

运输业产品的生产和消费是同一个过程。运输业所出售的东西,就是场所的变动,它产生的效用是和运输过程即运输业产品的生产过程不可分离地结合在一起的。旅客和货物是和运输工具一起运行的,而运输工具的运行,它的场所的变动,也就是它所进行的生产过程。

根据这一特点,可见运输业产品不同于一般物质产品,它不能储存,不能调拨,其生产和消费是同一个过程,只能以满足当时当地发生的运输需要为限度,多了、少了都不行。为此,必须根据社会需要,合理分布运输生产能力——输送能力和通过能力,科学地组织运输生产,并使运输生产能力留有一定的后备,以适应客、货流地区在分布和方向上、时间上波动的状况,满足国民经济发展和人民生活改善对运输增长的需要。

4. 运输业对社会再生产全过程作用重大

生产过程运输,是工农业生产的直接组成部分;流通过程运输,是生产过程的继续和完成,是社会生产领域和消费领域的中介、纽带和桥梁。

运输业在社会再生产过程中的这一特定地位，决定了它的存在和发展，必须适应工农业等生产部门的需要，并最终受社会消费所制约（包括运输业的发展规模、速度、运输量大小、构成、时间波动、劳动力数量、运输工具数量、技术装备水平等），但运输业并不始终都是被动的，它以自己出色的劳动和"先行"作用，促进了工农业生产的发展和人民物质文化生活水平的提高，从而又为自身的发展开辟道路。

离开了社会的运输需要，归根结底，离开了最大限度地满足人民物质文化生活的需要的运输业，既无存在的必要，更没有发展的可能。

5. 运输业的资本有机构成有其特殊性

运输业的资本有机构成比一般的产业要高，其固定资本所占的比重巨大，资本的周转速度相对较慢。如运输线路的修建、运河的开凿、航道的疏浚、机场的建设、港口的修建、码头的建造无不需要巨额的投资，投资后的资本回收期较长。

6. 运输业的发展对国防建设具有特殊性

运输业的发展对于国防建设而言具有特殊性，大型交通运输企业是构成国民经济动脉的主体，是国家交通运输能力的重要基础。大型交通运输企业的国防交通建设，关乎战场"生命线"的实际运作和保障能力的充分发挥，是国家安全体系和国防体系建设的重要组成部分。

5.1.3 "互联网+运输"发展

1. 传统运输行业的改造升级空间

1）物流成本高，可改造空间巨大

2019年我国物流成本占中国国内生产总值的14.7%，这一数据不仅高于众多发达国家，同时也高于亚太地区和南美洲国家平均值。在发达国家，物流成本占成品最终成本的10%到15%，我国的物流成本高达生产成本的30%到40%，其主要原因是物流中存在各种低效现象，可改造空间巨大。

2）行业过于分散，缺乏统一管理

快递连接了买家和卖家，双向关系中间过程短，可以做到标准化、规模化，信息化水平易提升。相对来说，运输市场更为复杂，从物流的整个链条来看，从上至下包括货主、物流公司、承运商、专线物流、终端客户多个环节。具体来说，货主一般会外包给一个大的物流公司，然后继续外包，这其中包含一些中型运输公司，然后是专线、司机，最后走到终端客户。这其中常常存在现有能力不能满足企业客户群成本和服务质量要求的压力。

3）传统交接方式为主导，信息化程度滞后

运输行业是年产值数万亿元人民币的大市场，传统运输链条中诸如议价、交付、支付、时效管理等问题改变难度大。尤其是在面向企业客户的运输中，大多数交互都是通过电话、邮件、传真来实现。再加上运输链条中的参与者过多，并没有一个统一有效的工具和信息平台将其串联起来。

4）空驶率高，车货不匹配

我国运输行业存在大量空驶、迂回等问题，空载率偏高，车和货不匹配造成严重的资源浪费。交易形成多基于家族、同乡、圈内好友之间的相互介绍，甚至与物流企业交易也是基于熟人模式。这些现象都激化了货找不到车，车找不到货的矛盾。司机在返程时找到合适的货也很困难。为了避免返程空驶，货车主往往会通过信息中介获取货源信息，这进一步增加了成本、摊薄利润。

2. 货运O2O模式分析

1）点对点对接型

此类型模式移植了打车软件的模式，点对点对接货车司机和货源，如罗计物流、物流小秘等。罗计物流面向货主和车主推出了两款不同的软件："罗计找车"和"罗计找货"。货车司机打开"罗计找货"，点击"货源一览"，就能看到货源地理位置、货物类型、质量、发货时间、车辆需求等需求。车主可根据要求对接发货方。

该模式的优势体现在借助移动互联网提高了供（货主或货源）需（货车车主）信息匹配效率；绕过信息中介环节，降低货车司机获取货源信息的成本；提前预订返程运输的货物，降低货车空驶率、提高司机收入；通过软件的评价体系，可建立较为完善的信用保障机制。

该模式的难点为复杂程度高，难以标准化。货物本身受诸多条件的限制，比如货物的体积、尺寸对车厢长度、货车载重、是否具备冷藏条件等具有特殊要求。货物、货车、司机三者匹配是很复杂的事情，每多一个维度都会使这种模式难度呈指数级增长，比如该模式没有触及运输优化的本质，无法实现不同货源的同路拼车；用户黏性低，容易受补贴的影响而转化到其他平台；货主发信息动力不足。因为多是熟人圈子，且车多货少，不愁找不到车；找专线物流或者物流公司，而非直接对接货车车主。

2）提供运输管理系统服务型

此类型模式主要面向企业提供运输管理系统（Transportation Management System, TMS）服务，偏工具属性，如oTMS。以oTMS为例，其以软件为主导，不对货物做运营，基于系统改造传统的运输交接方式，通过"SaaS平台+物流App"的模式将企业运输环节中的各相关方，包括货主、第三方物流公司、专线运输公司、司机和收货方等汇聚在一个平台上并彼此互联，通过信息的同步完成各方协同。

该模式的优势体现在用户一旦使用该管理系统就很难转化至其他系统或平台，用户黏性高；从企业端入手，无论货源还是货主都有所保障；可从本质上实现运输链条的优化，如可以实现不同货源的同路拼车。

该模式的难点为对于企业来说，通过一个软件或系统改变现有业务流程，相当于改变用户的工作习惯，这个过程会更为缓慢；对服务标准化要求高，因为要降低用户接受和改变习惯的难度，缩短接受时间。

3）泛点对点对接型

泛点对点对接型与点对点类型相似，但对货车车主和货源的定义更为广泛：针对物流链条中的多个环节，对接承运方（物流公司、专线物流、货车车队、货车车主）和托运方（物流公司、货主、中小企业）。例如，在"快货"中，可看到对接对象在运输链条中所处的具体环节（如厂家、物流公司、个人、专线、其他货主），货车车主还可选择整车货源或拼车货源。

该模式的优势体现在对接物流中的各个环节，实现信息流的双向流通；可实现不同货源的货运拼车，避免返程空驶。

该模式的难点为后续需要更为深入地做增值服务，比如对票据的精细化处理等。

运输行业具有巨大的长尾，其涉及的诸多环节均有改善之处。当上述几种模式的互联运输商业网络搭建起来之后，其中产生的数据积累会激发更大的想象空间。平台上面可衍生出保险服务、加油服务、汽车修理、保养服务、社交等，具备潜在的增值空间。此外，以移动端支付为核心提供金融服务，也是可发展的收入模式。

【应用案例5-1】"互联网+运输"监控冷链运输全过程

冷链物流是一个对运输实力、运输效率有极大要求的行业，"互联网+"的介入可以发挥运输追踪这一冷链运输链条上最有价值的一环的最大价值。对此，oTMS运用"互联网+运输"的物流系统，将它的"SaaS平台+物流App"的模式应用于冷链运输中，有效地解决了企业冷链运输的追踪问题，让冷链物流的价值大幅提升。

涉及冷链物流的主要为医药、食品等行业，这类产品本身具有储存时间短、储存条件多、易损耗等特点，而且现代物流要求多点运输，分散的仓库和运输终端之间交错纵横，形成了非常复杂的运输网络，给冷链运输的规模化、专业化带来很大困难。

冷链运输的重点管理环节在于以下几点。一、配送频率的保证。现代低温物流储运体系中，位于通路末端的零售业者为减少资金的占用、为客户提供多样化以及尽可能新鲜的生鲜食品，势必减少各种生鲜食品的库存量，同时又为了保证不缺货、为客户提供更好的服务品质，而会增加生鲜食品的配送次数，生鲜食品的配送频率要求由原先的多日一配，提高到一日一配或一日多配，这就对物流公司冷链运输的效率有更高的要求。二、运输途中的商品品质的保证。这取决于低温运输车辆的温控质量水平，车箱体内应有温度感应装置，并配有自动温度记录装置。三、温度记录与跟踪。运输追踪中的温度记录与跟踪是冷链管理的关键环节。温度记录是货品交接的质量保证依据，也是货品保险与索赔的证据。如何完整、真实、低成本地记录产品的运输温度是冷链运输管理的首要任务。

oTMS 一站式运输服务平台用互联网管理和各种技术手段，为冷链物流搭建了一个基于 SaaS 模式的供应链和价值链，实现运输管控全流程覆盖，通过标准化流程，提高效率、节省人力；配送频次高，当天订货当天送货；实时生成大数据报表，实现成本合规可控，承运商关键业绩指标一目了然，助力找到优化空间；交接拍照，留存证据，门店后续补充汇报收货情况；通过对接 GPS 温控设备数据，追踪监控运输全程温度，管理异常情况，消除盲点。针对冷链运输重点管理环节，保证配送频率和运输途中的商品品质，进行实时的温度记录与跟踪。

oTMS 一站式运输服务平台使门店、销售、财务、物流供应商、司机等各个角色都参与 oTMS 系统的实施和使用，让运输各方协同连接，充分发挥其优越性，完成运输管理、运作和监督全覆盖，使得这一体系中的每一个角色都成为直接或间接的受益人。

（资料来源：http://www.otms.com/news/cold-chain-transportation/）

5.2 基本运输方式

按照不同的标准，运输方式有着不同的分类方法，按照货物和旅客承载的工具的不同，运输方式可以划分为公路运输、铁路运输、水路运输、航空运输和管道运输五类。

5.2.1 公路运输

公路运输是指在公共道路上使用汽车或其他运输工具，使旅客或货物发生位移的活动。公路运输是区别于铁路、水路、航空、管道运输的一种运输方式，是除铁路外的一切陆上运输组成的完整运输范畴。这里的公共道路既包括公路部门管理的公路，也包括城市道路、专用公路和乡村道路。公路运输如图 5-1 所示。

图 5-1 公路运输

公路运输的组织形式与其他运输方式不同。它由不同特点的公司组成，这些公司有不同的特点，承运不同类别的商品，提供不同性质的服务。公路运输具有"门到门"运输的灵活特点，随着道路系统的扩展和完善，包括高速公路的不断发展，公路运输的作用将会越来越明显。

公路运输的技术经济特征如下。

（1）动力性能好。由于汽车工业不断采用新技术和改进汽车结构，汽车技术水平有很大提高，主要表现在动力性能的提高和燃料消耗的降低。

（2）安全性、舒适性好。一方面，使用汽车运输货物能保证运输过程质量，及时送达。同时，公路等级不断提高，汽车的技术性能与安全装置也大为改善，因此，公路运输的安全性也得到了很大的提高。此外，随着高速公路客运的大力发展，旅客运输的舒适性也大大改善。

（3）快速、直达。快速就是汽车运输的运送速度比较快，运输途中不需要中转。据国外资料统计，在中短途运输中，汽车运输的运送速度平均比铁路运输快4~6倍，比水路运输快10倍。汽车除了可以沿公路网运行，还可以深入工厂、矿山、车站、码头、农村、山区、城镇街道及居民区，空间活动范围大，这一特点是其他任何现代运输工具所不具备的，因而汽车运输在直达性上有明显的优势。由于公路运输灵活方便，可以实现"门到门"的直达运输，一般不需要中途倒装，因而其送达快，有利于保持货物的质量和提高旅客、货物的时间价值，加速流动资金的周转。

（4）原始投资少，资金周转快，回收期短。汽车购置费低，原始投资回收期短。据相关资料介绍，一般公路运输的投资每年可以周转1~3次，而铁路运输的投资3~4年才周转一次。我国有些汽车运输企业的经验表明，若经营得好，一年左右即可收回购车费。尽管高速公路的造价高，原始投资要比普通公路高出十几倍，但是，高昂的造价也可在短期内得到补偿。例如，某些发达国家利用大吨位汽车通过高速公路运输的方式助力原始投资的回收，在中短途运距内，高速公路运输的运送速度和经济效益均较普通公路和铁路运输优越，高速公路的建设费用一般7~8年即可收回。

（5）灵活、方便。汽车运输具有机动灵活、运输方便的特点。首先汽车运输既可以成为其他运输方式的接运方式，又可以自成体系，机动灵活。其次是汽车的载重量可大可小，小的只有0.25吨，大的有几十吨、几百吨，特种车辆的载重量甚至可达上千吨。汽车运输对旅客、货物批量的大小具有很强的适应性，既可以单车运输，也可以拖挂运输。

（6）驾驶技术容易掌握。培养汽车驾驶员一般只需要半年左右的时间，而培养火车、轮船及飞机驾驶员则需要数年的时间。相较而言，汽车驾驶技术比较容易掌握。

（7）能灵活制订运营时间表，货运的伸缩性极大。

（8）汽车公路运输中货物的碰撞少，几乎没有中转装卸作业，因而货物包装比较简单。

由于公路运输具有上述优点，因此在世界范围内公路运输迅速发展，并超过铁路和其他运输方式。但是公路运输也存在一些问题，主要是大部分运输工具装载量小，不适宜大批量运输；长距离运输运费相对昂贵；易污染环境，发生事故及失窃等意外较多；能量消耗大。另外，公路运输虽然发展较快，但是受到劳动力不足、劳动时间缩短、公路交通效率下降、环境污染、紧急救灾运输等因素的制约。今后为了发展公路运输，应提高运输效率，加强联运（公路、铁路集装箱联运），提高协同配送、计划配送等配送效率，采用托盘、集装箱等单元货载系统。同时还应注意提高社会效益，采用低公害车，保护环境；防止超载，提高安全性；采取措施缩短劳动时间等。

另外，公路运输在生产组织、经营管理等方面有其特殊性。

（1）车路所有权分离。我国公路属于国家所有，机动车辆则属于运输企业或个人所有。公路的建设和养护，通常由汽车运输企业、机动车辆使用者燃油税来承担。

（2）可实现"门到门"的运输服务。汽车可进出一切有公路的地方，既可承担全程运输任务，也可以辅助其他运输方式，实现"门到门"运输。

综上所述，汽车运输的适用范围主要是中短距离运输、鲜活易腐货物的运输、作为联运体系衔接工具（集装箱多式联运、大陆桥运输等）。

5.2.2 铁路运输

铁路运输是使用机车牵引列车在铁路上行驶、运送旅客和货物的一种运输方式，铁路运输如图 5-2 所示。

图 5-2 铁路运输

铁路运输的技术经济特征主要表现为以下内容。

（1）适应性强。铁路可以全年、全天候不停止地运输，受地理和气候条件的限制很小，有较好的连续性。

（2）运输能力大。铁路是大宗货物、通用的运输方式，能够承担大量的运输任务。铁路运输能力取决于列车质量和每昼夜线路通过的列车对数。

（3）安全性好。随着铁路广泛采用了电子计算机和自动控制等高新技术，安装了列车自动停车、列车自动操纵、设备故障和道口故障报警、灾害防护报警等装置，有效地防止了列车冲突事件和旅客伤亡事故的发生，大大减轻了行车事故的损害程度。

（4）列车运行速度较快。常规铁路的列车运行速度一般为 60～80km/h，提速后，铁路运行速度可高达 200km/h 以上，2009 年通车的武汉至广州的高速铁路，时速达到 300～

350km/h，武汉至广州在 4 小时以内即可到达。磁悬浮列车的速度可达 400km/h 及以上。

（5）能耗小。能源是国家重要战略物资，从单位运输量的能源消耗量看，轨道交通系统仅为公共汽车的 3/5、私人用车的 1/6，具有明显的节能效果。

（6）环境污染程度小。铁路运输对环境和生态平衡的影响程度较小，从单位运输量产生的大气污染物排放量分析，若采用内燃机车牵引，铁路交通氮氧化合物排放量为私人用车的 70%，而碳氧化合物排放量为私人用车的 4%，如果采用电力机车牵引，则基本没有废气污染。

（7）运输成本较低。在运输成本中，固定资产的折旧费所占比重较大，其与铁路运输距离长短密切相关。一般来说，铁路的单位运输成本比公路运输和航空运输要低得多，有的甚至比内河航运还要低。

另外，铁路运输在生产组织和经营管理方面也有其特殊性，如铁路的线路和车辆同属于铁路运输企业，以列车为基本输送单元等。

从铁路运输的适用范围看，其主要承担中长距离的旅客运输、长距离大宗货物运输，在联合运输中发挥着重要作用。

5.2.3 水路运输

水路运输是指由船舶、航道和港口等组成的交通运输系统。水路运输按航行区域可分为远洋运输、沿海运输和内河运输三种类型。远洋运输通常指无限航区的国际间运输；沿海运输指在国内沿海区域各港口间进行的运输；内河运输则指在江、河、湖泊以及人工水道上进行的运输。远洋运输和沿海运输又统称为海上运输。水路运输如图 5-3 所示。

图 5-3 水路运输

水路运输的技术经济特征如下。

（1）运输能力大。在运输条件良好的航道，水路运输的通过能力几乎不受限制。

（2）运输成本低。尽管水路运输的站场费用很高，但因其运载量大，运输距离较远，因而单位成本较低。有些地区的沿海运输成本只有铁路的 1/8。

（3）投资少。海上运输航道的开发几乎不需要投资，内河虽然有时需要花费一定的费用来疏浚河道，但比修筑铁路的费用少得多。而且，航道建设还可配合水利和电站建设，具有明显的综合效益。

（4）劳动生产率高。由于船舶运载量大，配备船员少，因而其劳动生产率较高。

（5）航速低。由于大型船舶体积大，水流阻力大，因此航速一般较低。

另外，水路运输在生产组织、经营管理方面具有特殊性，主要表现为便于利用、不受海洋阻隔、国际竞争激烈等。

水路运输是最经济的运输方式，在大宗原料性物资的运输领域具有明显优势，其适用范围主要是国际货物运输、长途大宗货物的运输。水路运输在综合运输体系中发挥骨干作用。

5.2.4　航空运输

在运输市场上，航空公司提供的运输产品的最突出的特点就是时间短、速度快。现在，世界范围内大多数区间的航空飞行不超过一昼夜，可以说，航空运输把地球变成了一个"村落"。速度快是航空运输的特点，也是它能够获得快速发展的重要原因。航空运输如图5-4所示。

图5-4　航空运输

航空运输的技术经济特征如下。

（1）高科技性。航空运输作为一个高科技行业，它的发展水平反映了一个国家科学技术和国民经济的发展水平。

（2）高速性。高速性是航空运输与其他运输方式相比最明显的特征。现代喷气式飞机的速度一般为800~900km/h，比火车快5~10倍，比轮船快20~30倍。

（3）高度的机动灵活性。航空运输不受地形地貌、山川河流的限制。飞机空中飞行，受航线条件限制的程度比汽车、火车、轮船小得多。它可以将地面上任何距离的两个地方连接起来,可以定期或者不定期飞行。尤其是在对灾区的救援、供应,对边远地区的急救等紧急任务方面,航空运输已经成为必不可少的手段。

(4)安全可靠性和舒适性。科学技术的发展和先进飞机的出现,为旅客创造了舒适、安全的旅行环境。

(5)建设周期短、投资少、回收快。一般来说,修建机场比修建铁路和公路的建设周期要短、投资少,若经营得好,投资回收也快。

(6)运输成本高。在各种交通运输方式中,航空运输的成本最高。

另外,航空运输在生产组织、经营管理方面有特殊性,主要表现为飞机与飞机场分离、适用范围广泛、具有国际性等。

航空运输主要适用于长距离、对时间敏感性要求高的旅客、货物以及抢险救灾的运输。

5.2.5 管道运输

管道运输指为运送某些特殊产品,如石油、天然气、煤等而建立起来的特殊运输系统,它是一种地下运输方式。通常情况下,公众很少意识到它的存在,所以,管道运输又称为"藏起来的巨人",如图5-5所示。

图 5-5　管道运输

美国在1859年发现石油后不久,就在宾夕法尼亚州兴建了第一条输油管道,并于1865年成功地投入运行。随着石油的大量开采,管道运输逐渐成为运输体系的重要组成部分。管道运输的进一步发展是从20世纪开始的,随着石油工业的发展,管道运输的建设进入了一个新的阶段,各产油国竞相兴建了大量的石油及油田管道。

20世纪60年代以后,输油管道向大管径、长距离方向发展,并逐渐建成了成品油输送的管网系统,同时开始了用管道输送煤浆的尝试。目前全球的管道运输承担着很大比例的能源物资运输，包括原油、成品油、天然气、煤浆等，其完成的运量常常超过人们的想象（如在美国，管道运输的运量接近于汽车运输的运量）。近些年来，管道运输也被进一步研究用于解决散状物料、成件货物、集装物料的运输，开始发展容器式管道输送系统。

5.3 复合运输方式

5.3.1 国际多式联运

1. 含义与特征

一般而言，国际多式联运是指根据一个多式联运合同，采用两种或两种以上的运输方式，由多式联运经营人把货物从一国境内接管货物地点运到另一国境内指定交付货物地点的行为。

上述定义反映了国际多式联运具有以下特点。

（1）由国际多式联运经营人承担或组织完成全程运输工作。

（2）签订一个运输合同，对货物运输的全程负责。

（3）采用两种或两种以上的不同运输方式来完成运输工作。

（4）执行一次托运、一次付费、一票到底、统一理赔、全程负责的运输业务。

（5）可实现"门到门"运输。

上述有关国际多式联运的定义，对运输方式的种类、国际多式联运合同的适用规章、货物的种类以及发货地与交货地等构成要素并无任何限制。但是在有关的运输规章或实际业务中，则会根据其需要，对国际多式联运中涉及的上述要素加以必要的限定，从而使得在不同的运输规章或条件下有关国际多式联运的定义有所不同。下面对上述各构成要素予以简要说明。

1）运输方式的种类

（1）国际多式联运对运输方式的种类未做限制。在《联合国国际货物多式联运公约》等专门规范各种运输方式之间的国际多式联运的国际公约或国内立法中，对国际多式联运所涉及的运输方式种类无特殊的限制，可以由陆海、陆空、海空等运输方式组成。

（2）国际多式联运对运输方式的种类加以限制。在规范某种运输方式的国际公约或国内立法中所定义的国际多式联运中将其规范的运输方式作为国际多式联运中必不可少的运输方式之一。例如，《中华人民共和国海商法》中所定义的国际多式联运仅是指海运与其他运输方式之间的多式联运。又如，考虑国际集装箱多式联运中采用空运方式的极少，我国《国际集装箱多式联运管理规则》中所称的国际多式联运将航空运输方式排除在外。

（3）在特定情况下，某些单一方式下的联运也被视为多式联运。例如，考虑到国际海运与国内水运实行不同的管理和责任制度，出于管理上的需要，国际商会的《联合运输单证统一规则》和我国《国际集装箱多式联运管理规则》将国际海运与国内水运视为两种不同的运输方式，即将国际海运与国内水运之间的水水联运也视为多式联运。

2）国际多式联运合同的适用规章

国际多式联运合同应当适用于专门规范国际多式联运方面的国际公约或惯例，比如《联合国国际货物多式联运公约》、国际商会的《联合运输单证统一规则》等专门规范某种或多种运输方式的国际公约或国内立法。例如，在履行航空特快专递、机场至机场航空运输或者港至港海上集装箱运输过程中，都会涉及汽车运输或铁路运输的接送，但这种"陆空联运"或"陆海联运"已明确规定适用于单一运输方式的国际公约或国内立法（即航空运输或海上运输方面的国际公约或国内立法），因而这种特殊的"多式联运"可以直接由其适用的某种运输方式的国际公约或国内立法予以调整，并不需要对不同运输方式之间的法律规范在责任期限、责任限制等方面所存在的冲突进行协调，因此，在《联合国国际货物多式联运公约》和国际商会的《联合运输单证统一规则》中均把这种"多式联运"排除在外。

3）货物的种类

目前，绝大多数国际公约或国内立法对国际多式联运货物的种类通常并无限制，国际多式联运货物既可以是集装箱货物、成组托盘货物，也可以是一般的散杂货等。然而，由于采用集装箱运输的效果最好，故国际多式联运货物通常是指集装箱货物。而且有些国际多式联运法规或惯例专门对国际多式联运货物的种类予以限定。例如，西伯利亚大陆桥运输中的货物仅限于国际集装箱货物，我国《国际集装箱多式联运管理规则》中的国际多式联运货物仅限于国际集装箱货物。

4）发货地与交货地

国际多式联运要求发货地与交货地位于不同国家，国际多式联运与国内多式联运在组织形式、适用规章、操作规程等诸多方面均存在很多差异。

2．国际多式联运的特点

国际多式联运是一种较高级的运输组织方式，它集中了各种运输方式的特点，扬长避短，融合一体，组成直达连贯运输，达到简化货运环节、加速周转、减少货损货差、降低运输成本、实现合理运输的目的。相对于单一运输方式，国际多式联运具有较大的优越性，主要表现在如下几个方面。

1）提高运输组织水平

国际多式联运开展以前，各种运输方式都是自成体系，因此其经营的范围是有限的，承运的数量也是有限的。国际多式联运的开展，实现了运输的合理化，改善了不同运输的衔接协作，从而提高了运输的组织和管理水平。

2）综合利用各种运输的优势

国际多式联运通过各种运输方式的合理搭配，充分发挥了各类运输工具的效能，提高了运输效率，减少了货物的库存时间和费用，降低了运输成本。

3）实现"门到门"运输的有效途径

国际多式联运综合了各种运输方式的特点，组成了直达连贯运输，可以把货物从发货人的内地工厂或仓库，直接运到收货人的内地工厂或仓库，还可以运到收货人指定的任何适宜的地点。

4）手续简便、提早结汇

在国际多式联运方式下，不论全程运输距离有多远，不论需要使用多少种不同运输工具，也不论中途需要经过多少装卸转换，所有运输事宜均由多式联运经营人统一负责办理。对货主而言，只需要办理一次托运手续，指定目的地，多式联运经营人就会以此为基础，把海、陆、空组织起来，设定最佳路线，提供统一单证和至目的地的统一费率，承担运输的全部责任。这样做较货主自己选择运输路线、安排运输，不仅具有降低库存费用的优点，而且在减少一般管理费用的同时还可以获得多式联运经营人的优惠运价。货物在启运地装上第一程运输工具后，货主即可取得多式联运单据，并可凭此向银行办理收汇手续。这较之过去从内地发货，需要在到达港口装船后才可取得装船提单收汇要快，因而，国际多式联运也有利于加速资金周转，节省利息支出。

5）安全迅速

整个国际多式联运过程由多式联运经营人统一组织与管理，加之多式联运经营人与各区段承运人一般采用包干费率，因而，各个环节配合密切，衔接紧凑，中转迅速而及时，中途停留时间短。此外，国际多式联运以集装箱为主体，货物封闭在集装箱内，虽经长途运输，但不需要拆箱，这样既减少了货损货差，还可以防止货物污染和被盗，能够较好地保证货物安全，迅速、准确、及时地将货物运到目的地。

6）降低运输成本，节约运杂费用

国际多式联运可以从多方面节约费用，降低成本，对货主而言是优惠的运价，对承运人而言是高利润。

3．国际多式联运的基本形式

为了更好地理解国际多式联运与国内多式联运的异同，此处对多式联运的基本形式的划分并不仅限于国际多式联运，也包括国内多式联运。

1）法定联运与协议联运

法定联运，是指与多式联运有关的运输票据、联运范围、联运受理的条件与程序、运输衔接、货物交付、货物索赔程序以及承运人之间的费用清算等均应符合有关国际公约和国家颁布的有关规章的规定，并实行计划运输。这种多式联运的最基本特征在于其强制性，即承运人与托运人双方并不需要对国际多式联运合同的条款予以协商，仅需要按照规定办理即可。法定联运实际上属于协作式联运，参与联运的承运人共同承运这种联运形式，对货主承担连带责任。这种联运形式无疑有利于保护货主的权利和保证联运生产的顺利进行，但缺点是灵活性较差，适用范围较窄，它在从事联运的运输企业资格、联运路线、货物种类与数量及受理地/换装地点等方面均做出了限制。此外，由于货主托运前需要报批运输计划，因此，这种联运形式也给货主带来了一定程度的不便。

协议联运，是指法定联运以外的联运，协议联运的最基本特征在于联运的非强制性。在这种联运形式下，联运采用的运输方式、运输票据、联运范围、联运受理的条件与程序、运输衔接、货物交付、货物索赔程序以及承运人之间的利益分配与风险承担等均由双方通过友好协商而定。在实践中，货主往往处于劣势，并不具备与联运经营人协商修改联运协议的能力。因此，为了避免联运经营人损害货主的利益，无论是国际还是国内都制定了规范这种联运形式的国际公约或法律法规，凡联运协议中与这些国际公约或法律法规相抵触的内容均属无效。根据是否存在负责全程运输组织工作的联运经营人，这种联运形式可分成协作式多式联运和衔接式多式联运两种类型。国际航空联运即属于协作式多式联运。

2）协作式多式联运与衔接式多式联运

根据联运组织方式和体制的不同，联运可分成协作式多式联运和衔接式多式联运两大类。

协作式多式联运，是指两种或两种以上运输方式的不同运输企业按照统一的公约、规章或商定的协议，共同将货物从接管货物的地点运到指定交付货物的地点的联运。

在协作式多式联运下，参与联运的承运人均可受理托运的申请、接收货物、签署全程运输单据，并负责自己区段的运输生产，后续承运人除了负责自己区段的运输生产，还需要承担运输衔接工作，而最后承运人则需要承担货物交付以及受埋收货人的货损货差索赔。在这种体制下，参与联运的每个承运人均具有双重身份，对外而言，他们是共同承运人，其中一个承运人，或代表所有承运人的联运机构与发货人订立运输合同，并对其他承运人均有约束力，即每个承运人均视为与货主存在运输合同关系；对内而言，每个承运人不但有义务完成自己区段的实际运输和有关的货运组织工作，还应根据规章或约定协议的规定承担风险和利益分配。

衔接式多式联运是指由一个多式联运经营人综合组织两种或两种以上运输方式的不同运输企业，将货物从接管货物的地点运到指定交付货物的地点的联运。

在实践中，多式联运经营人既可能由不拥有任何运输工具的国际货运代理、场站经营人、仓储经营人担任，也可能由从事某一区段的实际承运人担任。但无论如何，承运人都必须持有国家有关主管部门核准的许可证书，能独立承担责任。

在衔接式多式联运下，运输组织工作与实际运输生产实现了分离，多式联运经营人负责全程运输组织工作，各区段的实际承运人负责实际运输生产。在这种体制下，多式联运经营人也具有双重身份，对于货主而言，他是全程承运人，与货主订立全程运输合同，向货主收取全程运费及其他费用，并承担承运人的义务；对于各区段实际承运人而言，他是托运人，他与各区段实际承运人订立分运合同，向实际承运人支付运费及其他必要的费用。很明显，这种运输组织与运输生产相互分离的形式，符合分工专业化的原则，不但方便了货主和实际承运人，也有利于运输的衔接工作。因此，它是联运的主要形式。

3）海陆联运、海空联运、陆空联运

海运与其他运输方式，尤其是与铁路、公路的联运在多式联运中占绝对的主导地位。其中的大陆桥运输、小陆桥运输及微桥运输等所谓的陆桥运输即是最典型的海陆联运。

海空联运不同于海陆联运，空运在运力、运输上有其特点，而且，绝大多数飞机无法实现海空货箱互换，海空联运货物的目的地是机场，货物运抵后是以航空货物处理的。如何在中转时快速、安全地处理货物以及如直接空运那样按时抵达目的地已成为海空联运的关键。正因为如此，海空联运是以航空运输为核心的多式联运，通常由航空公司或航空运输转运人，或者专门从事海空联运的代理人来制订计划，以便满足许多货主对于海空联运货物的抵达时间要与直接空运一样精确到"日、时、分"的要求。

陆空联运，这种联运包括陆空联运和陆空陆联运。

【应用案例5-2】长安号开通"铁海联运"班列

2019年3月25日下午，随着"西安—宁波"、"西安—青岛"陆海联运班列从西安国际港务区首发，不仅标志着西安港联合全国多个城市、港口、口岸共建陆海联运大通道方面迈出实质性步伐，也为这座城市建设中欧班列集结中心奠定了更坚实的基础。

西安国际港务区管委会主任孙艺民认为，随着中欧班列长安号的集结效应日益凸显，西安作为全国地理几何中心的地缘优势也进一步显现，由长安号、陆海联运、空铁联运共同形成的立体物流大通道，正在加速商贸物流产业的聚集，对区域经济发展的贡献也与日俱增。

西安正在将过去的古丝绸之路中心城市，变为当前的"一带一路"倡议中心城市——西安正在加快贯彻落实陕西省委、省政府关于加快建设"门户经济、枢纽经济、流动经济"的决策部署、着力打造中国对外开放"门户城市"。

而从西安驶出的中欧班列长安号，则延续了古老驼队的运输、沟通交流作用，成为上述目标的推动力量之一。

以2018年为例，在中国铁路总公司的大力支持下，西安市委、市政府积极与中省相关部门加强对接，与"一带一路"沿线、沿海、沿边的城市和港口展开磋商合作，通过政府引导、市场运作,高质量、高效率推进了中欧班列长安号的运营。2018年长安号的年开行量达到1235列,取得了货运量、重载率和实载开行量全国第一的成绩。

中欧班列长安号在上述三个方面的突破,同时也是西安大力发展开放型经济所取得的成效之一。2018年,西安进出口总值达到3303.87亿元,占全省94.03%,增长29.58%。

西安国际港务区管委会副主任苏国峰认为,作为中国发展领先的内陆港——西安国际港务区,自2008年成立以来,始终坚守着为中国内陆地区造港的使命,创立了"港口内移、就地办单、海铁联运、无缝对接"的内陆港模式,形成了门类齐全的现代服务业体系,正在成为"一带一路"上极具吸引力的内陆型国际中转枢纽港、商贸物流集散地和国家中心城市新中心。

数据显示,中欧班列长安号已经成熟开行十余条国际线路,运输覆盖整个中亚和欧洲地区,并形成了直达德国杜伊斯堡、汉堡、匈牙利布达佩斯、芬兰等的多条精品线路,同时澳大利亚墨尔本至西安港陆海联运的航线,荷兰阿姆斯特丹直飞西安的国内首条陆空联运的跨境电商货运航线均已正式开通,韩国首尔至西安的多式联运通道也相继投运,以西安港为中心的多式联运通道不断完善,海陆空立体化的国际开放体系初具规模。

西安地处中国地理几何中心,是古丝绸之路的起点,自古以来就是亚欧大通道的核心枢纽和世界文明的交汇地,西安到全国各大城市平均距离相对较短、平均成本相对较低,有着承东启西、连通南北、集散八方、辐射全国的独特区位优势。西安国际陆港投资发展集团总经理屈锦薇表示,随着中欧班列长安号十余条国际线路的成熟开行,以及更加紧密的与国内多个重要的城市、港口、口岸的合作,西安正将"通道优势"转换为能够更加服务于地方经济发展的"枢纽优势"。

"中欧班列长安号经过多年运营,市场化水平高、班列渠道多元,定时、定点、定线发班,其时效性和便利性受到众多出口企业青睐",西安国际陆港投资发展集团有限公司副总经理翟若鹏表示。

进一步讲,2018年中欧班列长安号沃尔沃整车进口专列的顺利开行,让西安港成了沃尔沃在中国内陆唯一的整车进境港。另外西安港也是在华日资企业重要的货物集散港,一批全球领军的货物以及加工制造企业也由此看到了西安内陆港的集散优势,开始以西安港为枢纽打造更多的国际货物集散中转模式。

(资料来源:http://www.chinawuliu.com.cn/zixun/201903/28/339492.shtml)

5.3.2 大陆桥运输

大陆桥是指以横贯大陆的铁路、公路为桥梁,以铁路两端的海港为桥头堡的运输通道。目前主要有西伯利亚大陆桥运输、北美大陆桥运输、小陆桥运输、微陆桥运输,这些都是国际贸易运输的重要渠道。

大陆桥运输(Land Bridge Transport)是指以横贯大陆上的铁路、公路系统作为中间桥梁,把大陆与海洋连接起来形成的海陆联运的连贯运输。大陆桥运输是一种主要采用集装箱技术,由海上运输、铁路运输、公路运输、航空运输组成的现代化多式联合运输方式,是一个大的系统工程。

1）大陆桥运输产生的背景

20世纪50年代初，日本的运输公司将集装箱经太平洋运至美国西海岸，再利用横贯美国东西部的铁路运至美国东海岸，然后装船继续运往欧洲，由此产生了世界上大陆桥的雏形——美国大陆桥。

大陆桥的正式应用是在1967年，当时因第三次中东战争苏伊士运河被迫关闭，又赶上巴拿马运河拥挤堵塞，远东与欧洲之间的海上货船不得不改道绕航非洲好望角或南美洲得雷克海峡，导致航程和运输时间大大延长。当时又逢油价猛涨，海运成本增加，又正值集装箱兴起，大陆桥运输便应运而生，产生了两条远东、日本至欧洲的大陆桥路线。

第一条大陆桥路线为远东、日本经海路运至美国西海岸港口，换装到铁路专用列车，横跨北美大陆至美国东海岸港口，然后经海路运至欧洲。

第二条大陆桥路线为日本和东南亚经海路运至俄罗斯太平洋沿岸港口，转西伯利亚铁路，横跨欧亚大陆，然后由海路、铁路和公路运至欧洲各国。国际贸易货物使用大陆桥运输具有运费低廉、运输时间短、货损货差率小、手续简便等特点，大陆桥运输是一种经济迅速、高效的现代化的新型的物流运输方式。

2）西伯利亚大陆桥

西伯利亚大陆桥（Siberian Land Bridge，SLB）是指使用国际标准集装箱，将货物由远东海运到俄罗斯太平洋沿岸港口，再经跨越亚欧大陆的西伯利亚铁路运至波罗的海沿岸如爱沙尼亚的塔林或拉脱维亚的里加等港口，然后采用铁路、公路或海路运输方式运到欧洲各地的国际多式联运的运输路线。

西伯利亚大陆桥是目前世界上最长的一条大陆桥运输线。它大大缩短了从日本、远东、东南亚及大洋洲到欧洲的运输距离，并因此而节省了运输时间。从远东经俄罗斯太平洋沿岸港口去欧洲的大陆桥运输线全程陆路运输距离为13 000千米，而相应的全程水路运输距离（经苏伊士运河）约为20 000千米。从日本横滨到欧洲鹿特丹，采用大陆桥运输不仅可使运距缩短约1/3，运输时间也可节省1/2。

3）北美大陆桥

北美大陆桥（North American Bridge，NAB）是指利用北美的大铁路从远东到欧洲的"海陆海"的国际多式联运的运输路线。该大陆桥运输包括美国大陆桥运输和加拿大大陆桥运输。美国有两条大陆桥运输线，一条是从西部太平洋口岸至东部大西洋口岸的铁路（公路）运输系统，全长约3200千米；另一条是西部太平洋口岸至南部墨西哥港口岸的铁路（公路）运输系统，长500～1000千米。

北美大陆桥是世界上最悠久、影响最大、服务范围最广的大陆桥运输线。据统计，从远东到北美东海岸的货物有大约50%以上是采用双层列车运输的，采用这种大陆桥运输方式比采用全程水运方式通常要快 1~2 周。例如，集装箱货从日本东京到欧洲鹿特丹港，采用全程水运（经巴拿马运河或苏伊士运河）通常约需 5~6 周时间，而采用北美大陆桥运输仅需 3 周左右的时间。

4）关于 O.C.P 运输

O.C.P（Overland Common Points）是我国对美国签订贸易合同，在运输条款中经常见到，用来说明海上运输目的地的术语，译作"陆路共通点"。

所谓"陆路共通点"，是指美国西海岸有陆路交通工具与内陆区域相连通的港口。美国内陆区域，是以落基山脉为界，即除了紧邻太平洋的美国西部九个州，落基山脉以东地区均为适用 O.C.P 的地区范围。O.C.P 的运输过程就是我国出口到美国的货物海运到美国西部港口（旧金山、西雅图）卸货，再通过陆路（主要是铁路）向东至指定的内陆地点。

O.C.P 运输是一种特殊的国际运输方式。它虽然由海运、陆运两种运输形式来完成，但它并不属于国际多式联运。国际多式联运是由一个承运人负责的自始至终的全程运输，而 O.C.P 运输，海运、陆运分别由两个承运人签发单据，运输与责任风险也是分段负责。因此，它并不符合国际多式联运的含义，它是一种国际多式的联营运输。总之，O.C.P 运输是"为履行单一方式运输合同而进行的该合同所规定货物的接送业务，不应视为国际多式联运"（《联合国国际货物多式联运公约》）。

5）新亚欧大陆桥

1990 年 9 月 11 日我国陇海—兰新铁路的最西段乌鲁木齐至阿拉山口的北疆铁路与哈萨克斯坦德塔鲁贝巴站接轨，第二座亚欧大陆桥运输线即新亚欧大陆桥全线贯通，于 1992 年 9 月正式通车。此条运输线东起我国连云港（大连、天津、上海、广州等港口也可），西至荷兰鹿特丹港，跨亚欧两大洲，连接太平洋和大西洋，穿越中国、哈萨克斯坦、俄罗斯，经白俄罗斯、波兰、德国到荷兰，辐射 20 多个国家和地区，全长 10 800 千米，在我国境内全长 4134 千米。该大陆桥为亚欧开展国际多式联运提供了便捷的国际通道。远东至西欧，经新亚欧大陆桥比经苏伊士运河的全程海运航线，缩短运距 8000 千米，比通过巴拿马运河缩短运距 11 000 千米。远东至中亚、中东、近东，经新亚欧大陆桥比经西伯利亚大陆桥，缩短运距 2700~3300 千米。该大陆桥运输线的开通将有助于缓解西伯利亚大陆桥运力紧张的状况。

亚欧大陆桥铁路线路，除了部分中断区间，大部分铁路网已经连接或在近期内有连接的可能性。另外，从东北亚地区到欧洲主要城市的铁路线具有能连接的优点，因而适合于区域国家之间的贸易或货物运输。

【讨论思考】

1. 运输供给和运输需求的特点是什么？
2. 五种运输方式各有什么样的特点？请对它们进行比较分析。
3. 什么是多式联运？多式联运有何特点？
4. 什么是大陆桥运输？世界范围内有哪些大陆桥？

【案例分析】沃尔玛的低成本运输管理

沃尔玛公司是世界上最大的商业零售企业，在物流运营过程中，尽可能地降低成本是其经营的哲学。

沃尔玛有时采用空运，有时采用船运，还有一些货物采用卡车公路运输。在中国，沃尔玛百分之百地采用公路运输，所以如何降低卡车运输成本，是沃尔玛物流管理面临的一个重要问题，为此他们主要采取了以下措施。

（1）沃尔玛使用一种尽可能大的卡车，大约为16米的加长货柜，比集装箱运输卡车更长或更高。沃尔玛把货柜装得非常满，产品从车厢的底部一直装到最高，这样非常有助于节约成本。

（2）沃尔玛的车辆都是自有的，司机也是它的员工。沃尔玛的车队大约有5000名非司机员工，还有3700多名司机，车队每周每一次运输可以达7000~8000千米。

沃尔玛知道，卡车运输是比较危险的，有可能发生交通事故。因此，对于运输车队来说，保证安全是节约成本最重要的环节。沃尔玛的口号是"安全第一，礼貌第一"，而不是"速度第一"。在运输过程中，卡车司机们都非常遵守交通规则。沃尔玛定期在公路上对运输车队进行调查，卡车上面都带有公司的号码，如果发现司机违章驾驶，调查人员就可以根据车上的号码向上报告，以便于进行惩处。沃尔玛认为，卡车不出事故，就是节省公司的费用，就是最大限度地降低物流成本。由于狠抓了安全驾驶，运输车队已经创造了300万千米无事故的纪录。

（3）沃尔玛采用全球定位系统对车辆进行定位，因此在任何时候，调度中心都可以知道这些车辆在什么地方，离商店有多远，还需要多长时间才能运到商店，这种估算可以精确到小时。沃尔玛知道卡车在哪里，产品在哪里，可以提高整个物流系统的效率，有助于降低成本。

（4）沃尔玛的连锁商场的物流部门，24小时进行工作，无论白天或夜晚，都能为卡车及时卸货。另外，沃尔玛的运输车队利用夜间进行从出发地到目的地的运输，从而做到了当日下午进行集货，夜间进行异地运输，次日上午即可送货上门，保证在15~18小时内完成整个运输过程的效率，这是沃尔玛在物流速度上取得优势的重要措施。

（5）沃尔玛的卡车把产品运到商场后，商场可以把货柜整个地卸下来，而不用对每个产品逐个检查，这样就可以节省很多时间和精力，加快了沃尔玛物流的循环过程，从而降低了成本。这里有一个非常重要的先决条件，就是沃尔玛的物流系统能够确保商场所得到的产品是与发货单完全一致的产品。

（6）沃尔玛的运输成本比供货厂商自己运输产品的运输成本要低，所以厂商也使用沃尔玛的卡车来运输货物，从而做到了把产品从工厂直接运送到商场，大大节省了产品流通过程中的仓储成本和转运成本。

沃尔玛的集中配送中心把上述措施有机地组合在一起，做出了最为经济合理的安排，从而使沃尔玛的运输车队能以最低的成本高效率地运行。

（资料来源：http://www.wal-martchina.com/）

分析与讨论：

1. 沃尔玛的运输管理有何特点？
2. 沃尔玛的运输采用哪些方式和途径进行成本控制？

6 现代仓储导论

学 习 目 标

- 熟悉仓储的概念及仓储管理的内容
- 了解现代仓储的新应用
- 熟悉现代仓储业的新趋势
- 了解云仓储的模式

【案例导入】京东商城的仓储管理

1. 入库：商品进入京东的第一个环节

入库是京东商城仓储的第一个环节，供货商按照采购协议，将商品运送到京东的商品仓储库，入货员会根据采货单收货验货，严格核对商品的品种、数量、规格、型号等信息。这一步表面看起来无关紧要，但事实上却与用户体验直接相关。

2. 拣货：商品海洋里准确捞"针"

当用户提交订单和付款后，订单的信息会直接反馈到京东的物流仓储后台，由拣货员从浩如烟海的商品货架上，将订单上的商品准确无误地放到扫描台上。京东商城每个拣货员都配备射频识别扫描枪和掌上电脑设备，在扫描完集合单的批次号后，逐一核对订单及货架上的商品信息。

3. 复合扫描：确保商品出货准确

作为商品出库前的关键一步，复合扫描环节任务艰巨，需要扫描员拥有耐心、责任感，复核每一个订单对应的商品型号、颜色，以确保出库商品的准确性，并进行批量的集合单和发票打印。高峰期日均处理订单8万个以上。

4. 打包：把好商品出库前最后一关

打包工作是商品出库前的最后一个环节。打包员的操作过程令人眼花缭乱，可谓"粗中有细"，在完成包装并贴好外包装标签后，商品就被依次放到传送带上，即将开启出库的旅程。

5. 分拣发货：与时间赛跑

对已打包好的商品进行分拣，是物流体系中很重要的环节。京东商城拥有全自动的分

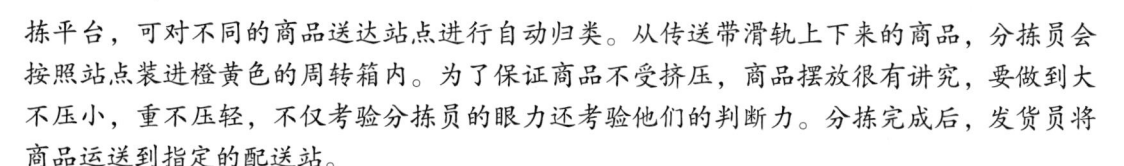

拣平台，可对不同的商品送达站点进行自动归类。从传送带滑轨上下来的商品，分拣员会按照站点装进橙黄色的周转箱内。为了保证商品不受挤压，商品摆放很有讲究，要做到大不压小，重不压轻，不仅考验分拣员的眼力还考验他们的判断力。分拣完成后，发货员将商品运送到指定的配送站。

6. 配送员：最后一公里体验保障

在商品到达配送站点后，京东商城配送员先用掌上电脑对商品进行扫描认领，然后将商品按照大小件和配送地址的远近，装进送货箱，保证每件商品到站时有条不紊地取放，提升配送效率。

（案例来源：http://www.jd.com/）

思考：仓储管理在京东商城及京东物流的运营中具有什么样的地位和作用？

6.1 现代仓储管理内涵

6.1.1 仓储管理的概念

仓储（warehousing）是指通过仓库对暂时不用的物品进行储存和保管。根据《中华人民共和国国家标准·物流术语》（GB/T 18354—2006）的定义，仓储是利用仓库及相关设施设备进行物品的入库、存贮、出库的活动。"仓"即仓库，为存放物品的建筑物和场地，可以是房屋建筑、大型容器或特定的场地等，具有存放和保护物品的功能。"储"即储存、储备，表示收存以备使用，具有收存、保管、交付使用的意思。

从物流系统观念上看，仓储是其基本要素之一，仓储承担物流系统的存储功能。仓储是产品生产的持续，创造着产品的价值；仓储具有静态和动态两种，既有静态的物品储存，也包含动态的物品存取。仓储是物品保管控制的过程；仓储活动发生在仓库等特定的场所，仓储的对象既可以是生产资料，也可以是生活资料，但必须是实物动产；仓储具有生产性质，但与物品资料的生产活动有很大的区别，即仓储不创造实用价值也不增加产品价值，具有不均衡、不连续性和服务性。

仓储管理（warehousing management）就是对仓库及仓库内的物品所进行的管理，根据《中华人民共和国国家标准·物流术语》（GB/T 18354—2006）的定义，仓储管理是指对仓储设施布局和设计以及仓储作业所进行的计划、组织、协调与控制。

仓储管理是一门经济管理科学，同时也涉及应用技术科学，故属于边缘性学科。仓储管理的内涵随着其在社会经济领域中的作用的不断增强而扩大。

6.1.2 仓储与物流的关系

1. 仓储在物流中的地位

在社会生产与生活中，由于生产与消费节奏的不一致，总会存在现在用不上或用不了或有必要留待以后使用的东西。如何在生产与消费或供给与需求的时间差上妥善保持物资实体的有用性，是物流系统中仓储环节所要解决的问题。

仓储是物流系统中唯一的静态环节，也有人称之为时速为零的运输。随着经济的发展，需求方出现了个性化、多样化的改变，生产方式也变为多品种、小批量的柔性生产方式。物流的特征由少品种、大批量变为多品种、小批量或多批次、小批量，仓储的功能也从重视保管效率逐渐变为重视流通功能的实现。仓储是物流系统中的一个节点，在这里，物资实体在化解其供求之间的时间上的矛盾的同时，也创造了新的时间上的效益（如时令上的差值）。因此，仓储是物流中的中心要素，储存功能相对于整个物流系统来说，既有缓冲与调节的作用，也有创值与增效的功能。

仓储在物流中的地位如图 6-1 所示。

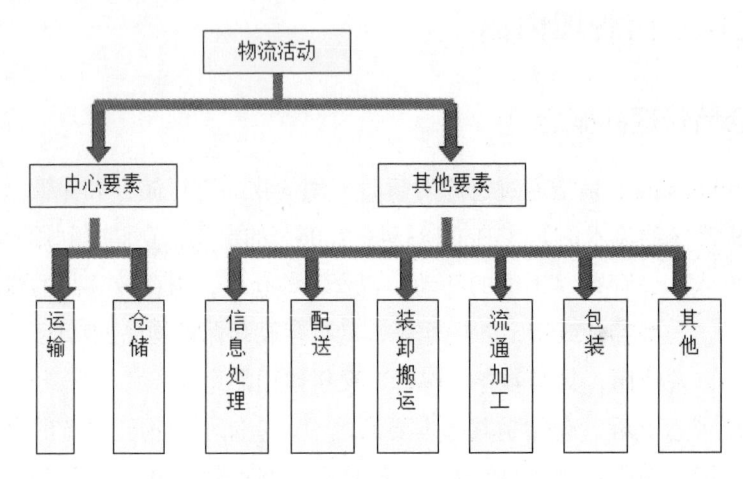

图 6-1　仓储在物流中的地位

2．仓储在物流中的意义

1）仓储是现代物流系统的不可缺少的重要环节

我们还可以从供应链的角度来进一步认识仓储对于物流系统的重要意义。从供应链的角度，物流过程可以看作由一系列的"供给"和"需求"组成，当供给和需求节奏不一致，也就是两个过程不能够很好地衔接，出现生产的产品不能即时消费或者存在需求却没有产品满足的时候，就需要建立产品的储备，将不能即时消费的产品储存起来以备满足后来的需求。供给和需求之间既存在实物的"流动"，同时也存在实物的"静止"，静止状态即将实物进行储存，实物处于静止状态是为了更好地衔接供给和需求这两个动态的过程。

2）仓储对货物进入下一物流环节前的质量起保证作用

在仓储环节对产品质量进行检验能够有效地防止伪劣产品流入市场，这既保护了消费者权益，也在一定程度上保护了生产厂家的信誉。通过仓储来保证产品质量主要通过两个

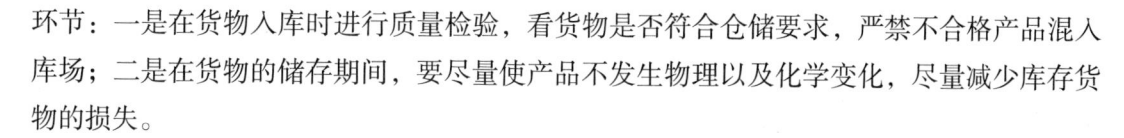

环节：一是在货物入库时进行质量检验，看货物是否符合仓储要求，严禁不合格产品混入库场；二是在货物的储存期间，要尽量使产品不发生物理以及化学变化，尽量减少库存货物的损失。

3）仓储是加快物流进程和节约物流成本的重要手段

虽然货物在仓库中进行储存时，是处于静止的状态，会带来时间成本和财务成本的增加，但是从宏观上而言，仓储不仅不会带来时间的损耗和财务成本的增加，相反它能够帮助加快货物流通，并且节约运营成本。仓储能够有效地降低运输和生产成本，从而实现总成本的降低。

6.1.3 仓储管理的内容

仓储业作为社会经济活动中的一个行业，既具有一般企业管理的共性，也体现出其本身的管理特点。从研究和实物角度来看，仓储管理涉及以下内容。仓储网点的布置和选址，仓储设施的选择，仓储规模的确定，仓储商务管理，特殊物品的仓储管理，库存货源组织，仓储计划，仓储作业，物品包装和养护，仓库治安、消防和生产安全，仓储经济效益分析，仓储物品的保税制度和政策，库存管理与控制，仓储管理中信息技术的应用以及仓储系统的优化等。

仓储管理研究的对象是物品流通过程中对物品储存环节的经营和管理，即研究物品流通过程中物品储存环节的经营活动，以及为提高经营绩效而进行的计划、组织、指挥、监督以及调节活动。因此，仓储管理研究的对象涉及以下内容。从整个物品流通中的购、销、储、运各个环节的相关关系中，研究物品的收、管、发和与之相关的加工经营活动，以及围绕物品储存业务所展开的对人、财、物的运用与管理。

6.1.4 仓储管理的任务

仓储管理的基本任务是物品存储、流通调控、数量管理、质量管理、交易中介、流通加工、配送和配载。通过仓储活动可开展多种服务，从而提升仓储附加值、促进物品流通、提高社会资源效益。

1. 物品存储

物品存储是指在特定的场所，将物品收存并进行妥善的保管，确保被存储的物品不受损害。物品存储也是仓储的基本任务，是仓储产生的根本原因。因为有了物品剩余，需要将物品剩余收存，才形成了仓储。物品存储的对象是有价值的物品，物品存储要在特定的场地进行，物品存储必须将存储物品移到存储地进行，物品存储的目的是确保存储物品的价值不受损害，保管人有绝对的义务妥善保管存储物品，存储物品属于存货人所有，存货人有权控制存储物品。

物品存储可能是长期存储，也可能是短时间的周转存储。进行物品存储既是仓储活动的表征，也是仓储的基本任务。

2. 流通调控

仓储既可以长期进行，也可以短期开展。存期的控制自然形成了对流通的调控，或者反言之，流通中的需要决定了物品是存储还是流通，即当交易不利时，将物品储存，等待有利的交易机会，这就是仓储的"蓄水池"功能。

流通调控的任务就是对物品是存储还是流通做出安排，确定储存时机、计划存放时间，当然还包括储存地点的选择。

3. 数量管理

仓储的数量管理包括两个方面：一方面是存货人交付保管的仓储物品的数量和提取仓储物品的数量必须一致；另一方面是保管人可以按照存货人的要求，分批进货和分批出货，对储存的物品进行数量控制，配合物流管理的有效实施，同时向存货人提供存货数量的信息服务，以便客户控制存货。

4. 质量管理

根据收货时仓储物品的质量，交还仓储物品是保管人的基本义务。为了保证仓储物品的质量不发生变化，保管人需要采用先进的技术、合理的保管措施，妥善和勤勉地保管仓储物品。仓储物品发生危险时，保管人不仅要及时通知存货人，还要及时地采取有效措施减少损失。

5. 交易中介

仓储经营人在利用大量存放在仓库的有形资产，利用与物品使用部门广泛的业务联系开展现货交易中介方面，具有较为便利的条件，交易中介也有利于加速仓储物品的周转和吸引仓储。仓储经营人利用仓储物品开展交易活动不仅会给仓储经营人带来收益，还能充分利用社会资源，加快社会资金周转，减少资金沉淀。交易中介功能的开发是仓储经营发展的重要方向。

6. 流通加工

加工本是生产的环节，但是随着满足消费多样化、个性化、变化快的产品的发展，又为了严格控制物流成本的需要，生产企业将产品的定型、分装、组装、装潢等留到最接近销售的仓储环节进行，使得仓储成为流通加工的重要环节。

7. 配送

对于设置在生产和消费集中地区附近的从事生产原材料、零部件或商品的仓库来说,对生产车间和销售时点的配送是其仓储的基本业务。根据生产的速度和销售的需要,由仓库不间断地、小批量地将仓储物品送到生产线、零售商或店主的手里。仓储配送业务的发展,有利于生产企业降低存货、减少固定资金投入,实现准时制生产,也有利于商店减少存货,降低流动资金使用量,且能保证销售。

8. 配载

大多数运输转换仓储都具有配载的任务。物品在仓库集中集货,按照运输的方向进行分类仓储,当运输工具到达时出库装运。而在配送中心,则是在不断地对运输工具进行配载,确保配送的及时进行和运输工具的充分运用。

【应用案例6-1】电商B2C下的第三方仓储运营

阿里巴巴上市了,数百万阿里商家被带动起来,也让电子商务发展进入巅峰时期,在这种时候,单靠传统的运营模式已经无法满足不断增加的订单量,只能将发货期一推再推,甚至只能无奈地放弃。有需求就有发展,一种新的电商仓储管理模式兴起,引起便捷化、高科技化、精细化的管理模式变革,被各路大型电商企业接受。

作为这批新生军团的佼佼者,电商仓储运营企业——亚誉实业,充分利用亚星物流的庞大运输管理资源,加上先进的管理系统,充分发挥大、中、小电商企业的中转站作用,帮助电商企业由订单整理到快递(物流)发货这一流程顺利完成。

是什么让电商仓储一推出就如此受欢迎?

大到B2B企业批发,小到B2C电商(包括天猫商城、京东商城、淘宝C店),都有两大难题,一是前期运营,二是后期发货。电商仓储主要负责的就是后期发货,这里我们只分析电商B2C。后期发货有以下三大部分是比较烦琐,又是容易出错却不能够出错的。

1. 订单整理打印

对于B2C商铺,款式多数量少,订单整理比较烦琐,没有一整套的系统流程很容易出错,而一旦整理出错,则会直接影响到后期发货,以及客户评价。

2. 包装整理发货

速成打包,不管是成千上万件货物的批发,还是零售的小单子,打包也是一个耗费体力和脑力的工作,需要反复检查,确认发货是否正确,包装是否安全。

3. 后期物流跟踪

货物安全到达买家手里,买家确认收货后一笔交易才算真正成功,因此从发货到客户收到货,这段时间大部分买家都可能有跟踪查件、催件,问题件处理等要求。而电商仓储所负责的就是这些,商家本身只需要把货物送到仓储企业,运营接单就行了,后期的一切都不用管,全部由电商仓储负责,后期任何物流问题也都由电商仓储解决。

通过亚誉实业，我们来看电商仓储都是如何工作的。浙江亚誉实业有限公司下属有四家子公司，分别涵盖仓储、物流、进出口贸易、物业管理。亚誉实业坚持科学发展观，努力转变经济增长方式，以"产业清晰、经营稳健、创新发展、富有社会责任感的一流企业"为目标，实施"三步走"发展新战略，实现了资源优化和最佳配置，提高了主业的竞争能力和经济效益，增强了企业自主创新能力和发展后劲。

亚誉实业使用国内先进的企业资源计划（ERP）软件系统、仓库管理系统(TMS)、订单管理系统（OMS），精细化分工，条码科学扫描确认。这种电商仓储的出现，将给电商企业带来巨大的便利。

1. 亚誉实业——企业对接服务流程

亚誉实业采用了如下的企业对接服务流程：天猫商家接单→下单后，数据同步到亚誉实业的工作部门（OMS）→自动推送选单（确定订单详情，用什么快递），打印单子→通过系统定位货物位置→扫码→打包，放置流水线上→送到指定快递提货点→同步数据，商家点发货→完成交易。

2. 亚誉实业——电商仓储服务流程

亚誉实业采用的电商仓储服务流程如下：货物到仓库门口→工作人员上货点数→外观质检→货物存放暂存区→获得系统库存数量上架指令→贴条码，扫条码入库→货架补满→存储等待发货指令。

是什么让亚誉实业成为电商仓储这一新生军团的主力军？

（1）先进、系统的管理模式，流水线式的发货流程，一切运行得井然有序，不易出错。

（2）运用先进的系统软件，每款产品由数量到位置都由软件精确定位，保证准确快速发货。

（3）工作人员三次确认检验，确保无误，订单打印时确认、包装时检验、发货前检验。

（4）常年从事物流行业，实力强，资源广，人脉全。

（5）拥有40 000平方米以上规模的专业大仓库，物流成本低。

（6）仓库选址于交通便利、物流服务便捷的地区。

（7）团队服务，分工细致，各尽其职，所有员工均具有3年以上仓储管理经验。

（资料来源：http://www.19lou.com/forum-464653-thread-6951413728671026-1-1.html）

6.2 现代仓储业的新应用

6.2.1 亚马逊的仓储技术

亚马逊是最早应用物流大数据的电商企业，亚马逊在业内率先使用了大数据、人工智能和云技术进行仓储物流的管理，创新地推出了看预测性调拨、跨区域配送、跨国境配送等服务，不断给全球电商和物流行业带来惊喜。

1. 智能机器人

亚马逊于2012年出资7.75亿美元收购了Kiva Systems，大大改进了亚马逊的物流系统。

根据相关数据，2015年时亚马逊已经将智能机器人数量增至10 000台，用于北美的各大运转中心。Kiva Systems的作业效率相比传统的物流作业提升了2～4倍，智能机器人每小时可拣选1000个左右的货物，行走速度为5～6千米/时，准确率达到99.99%。

智能机器人作业颠覆了传统电商物流中心作业"人找货、人找货位"模式，通过作业计划调动智能机器人，实现了"货找人、货位找人"的模式，整个物流中心库区实现了无人化，各个库位在Kiva智能机器人驱动下自动排序到作业岗位。

2. 无人机送货

早在2013年12月，亚马逊就发布了Prime Air无人快递，顾客在网上下单，如果质量在5磅（注：1磅约合0.454千克）以下，可以选择无人机配送，在30分钟内快递即可送到家。整个过程实现了无人化，无人机在物流中心流水线末端自动取件，直接飞向顾客。亚马逊还在设计更高级别送货无人机，比如采用无人机为AmazonFresh提供生鲜配送服务。

3. 大数据应用

亚马逊是第一个将大数据推广到电商物流平台运作领域的企业。电商完整端到端的服务可分为五大类，即浏览、购物、仓配、送货和客户服务。

（1）浏览。亚马逊有一套基于大数据分析的技术来精准分析客户的需求。具体方法是，后台系统会记录客户的浏览历史，随后会把顾客感兴趣的库存放在离他们最近的运营中心，这样方便客户下单。

（2）购物。亚马逊在购物方面可以帮助客户不管在哪个角落，都可以快速下单，通过大数据分析，亚马逊也可以很快知道客户喜欢什么样的商品。

（3）仓配。大数据驱动的仓储订单运营非常高效，在中国，亚马逊运营中心最快可以在30分钟之内完成整个订单处理，也就是在下单之后30分钟内可以把订单处理完并实现出库，订单处理、快速拣选、快速包装、分拣等一切环节都由大数据驱动，且全程可视化。亚马逊后台的系统分析能力非常强大，因此能够在仓配环节实现快速分解和订单处理。

（4）送货。精准送达对于当前电商物流来说，绝对是一个技术活，真正高技术的电商物流服务，就是精准的物流配送。亚马逊的物流体系会根据客户的具体需求时间进行科学配载，调整配送计划，实现用户定义的时间范围内的精准送达，亚马逊还可以根据大数据的预测，提前发货，实现与线下零售的相对竞争优势。

（5）客户服务。亚马逊客户服务由大数据驱动，据悉，亚马逊中国提供的是7×24小时不间断的客户服务，首次创建了识别和预测客户需求的技术系统，根据用户的浏览记录、订单信息、来电问题，定制化地向用户推送不同的自助服务工具，大数据可以保证客户可以随时随地地电话联系对应的客户服务团队。

4. 智能入库技术

在亚马逊的全球运营中心，可以说是把大数据技术应用得淋漓尽致，从入库这一环节就开始了。

（1）在入库方面，亚马逊采用独特的采购入库监控策略，基于自身过去的经验和所有历史数据的收集，了解什么样的品类容易坏，坏在哪里，然后给它们进行预包装。这都是在收货环节提供的增值服务。

（2）在商品测量方面，亚马逊的 Cubi Scan 仪器会对新入库的中小体积商品进行长宽高和体积的测量，根据这些商品信息优化入库。比如鞋服类、百货等都可以直接送过来通过 Cubi Scan 测量直接入库。这给供应商提供了很大便利。客户不需要自己测量新品，这样能够大大提升它们的新品的上市速度；同时有了这些尺寸之后，亚马逊数据库可以存储下这些数据，在全系统范围内共享，这样其他仓库就可以直接利用这些后台数据，再把这些数据放到合适的货物里就可以实现相关信息的整合，有利于系统的后续的优化、设计和区域规划。

5. 智能拣货技术

（1）智能算法驱动物流作业，保障最优路径。在亚马逊的运营中心，不管是什么时间点，基本上在任何一个区域、任何一个通道里面，都不会看到很多人围在一起，为什么？因为亚马逊的后台有一套数据算法，它会给每个人随机地优化拣货路径。拣货的员工只需要朝前走，不需要走回头路。系统会向拣货员智能推荐下一个要拣的货在哪儿，保证拣货员不会走回头路。系统会确保货物全部拣选完了之后，拣货行走路径最少，可以把传统作业模式的拣货行走路程减少至少 60%。实现方式是拣货的时候，系统会指示拣货员，拿着扫描枪，下一个应该去哪个货位检货，走的路是最少的，效率是最高的。

（2）图书仓的复杂的作业方法。图书仓采用的是加强版监控，会保证那些相似品尽量不要放在同一个货位，图书穿插摆放。批量的图书的进货量很大，因为它的需求很大。亚马逊通过数据的分析发现，通过穿插摆放的作业方法，可以保证每个员工拣货的任务比较平均。

（3）畅销品的运营策略。比如奶粉，有些是放在货架上的，有些是放在托拍位上的。畅销品的托拍位会离发货区比较近，亚马逊根据后台的大数据，知道它的需求量也比较高，所以亚马逊都是整批整批地进货，然后会把它放在离发货区比较近的地方，这样可以减少员工的拣货行走路程。

6. 随机存储技术

（1）随机存储的运营原则。随机存储是亚马逊运营的重要技术，但需要说明的是，亚马逊的随机存储不是随便存储，是有一定的原则性的，特别是对畅销商品与非畅销商品，会考虑先进先出的原则，同时随机存储还与最佳路径也有重要关系。

（2）随机存储与系统管理。亚马逊的随机存储核心是 Bin 系统，将货品、货位、数量的绑定关系发挥到了极致。具体环节包括以下内容。收货：Bin 系统把订单看成一个货位，运货车是另一个货位，收货即货位移动；上架：Bin 系统绑定货位与货品后随意存放；盘点：与 Bin 系统同步，不影响作业；拣货：Bin 系统生成批次，指定库位，给出作业路径；出货：订单生成包裹。

（3）随机存储运营特色。亚马逊的运营中心有两大特色，第一个特色就是随机上架，应用的是见缝插针的最佳存储方式。第二个特色是看似杂乱，实则乱中有序。实际上这个"乱"不是真正的乱，这里的"乱"是说可以打破品类和品类之间的界线，可以把它们放在一起。"有序"是说，库位的标签就是该库位所有货物的定位信息，意味着这个库位里面的所有货物非常精准地被记录在了相应的区域。

7. 智能分仓技术

亚马逊作为全球大云仓储平台，智能分仓和智能调拨拥有独特的技术含量。亚马逊在中国的所有平行仓的调拨完全是在精准的供应链计划的驱动下进行的。

（1）通过亚马逊独特的供应链智能大数据管理体系，亚马逊实现了智能分仓、就近备货和预测式调拨。这不仅仅是应用在自营电商平台，在开放的"亚马逊物流+"平台中应用得更加有效果。

（2）智能化调拨库存。亚马逊全国各个省市包括各大运营中心之间有干线的运输调配，以确保库存已经提前调拨到离客户最近的运营中心。整个智能化全国调拨运输网络很好地支持了平行仓的概念，全国范围内只要有货就可以下单购买，这是大数据体系支持全国运输调拨网络的充分表现。

8. 精准预测技术

（1）精准的库存信息。亚马逊的智能仓储管理技术能够实现连续动态盘点，库存精准率达到 99.99%。

（2）精准预测库存，分配库存。在业务高峰期，亚马逊通过大数据分析可以做到对库存需求精准预测，在配货规划、运力调配，以及末端配送等方面做好准备，平衡了订单运营能力，大大降低了爆仓的风险。

（3）亚马逊全球运营中心中，每一个库位都有一个独特的编码。二维码是每一个货位的身份证，就是一个定位信息，可以在系统里快速查出商品的定位信息，亚马逊的精准的库位管理可以实现全球库存精准定位。

9. 可视化技术

（1）全球云仓库存共享。亚马逊在中国就能掌握来自大洋彼岸的库存信息，实现了全球百货直供中国，这是亚马逊在全球电商供应链可视化领域中的独特的运营能力。亚马逊在中国独一无二地实现了全球可视化的供应链管理。

（2）国内运作方面。亚马逊平台可以让消费者、合作商和亚马逊的工作人员全程监控货物、包裹位置和订单状态。例如，昆山运营中心品类包罗万象，任何客户的订单执行，从前端的预约到收货，内部存储管理、库存调拨、拣货、包装，到配送发货，送到客户手中，等等，每个流程都有数据的支持，并通过系统实现全订单的可视化管理。

10. 发货拣货技术

亚马逊运营中心大量采用"八爪鱼"技术。会根据客户的送货地址，设计出来不同的送货路线。货物会在不同的时间点经过不同的线路，分配到不同的流水线方向。在"八爪鱼"作业台操作的员工，像八爪鱼一样，主要是负责把在前面已经运作完的货品，分配到专门的路由上去。

在这种运营模式下，一个员工站在分拣线的末端就可以非常高效地将所有包裹通过"八爪鱼"工作台分配到各个路由上面。站在工作台的中间位置，作业人员可以眼观六路，发货拣货作业可以通达八方，没有人员的冗余，效率非常高。而且，"八爪鱼"工作台上全部是滚珠式的琉璃架，没有任何的板台，员工的作业很轻松。

11. 其他重要技术

（1）物联网技术。在亚马逊的运营中心，安全标准设定得很高，人和车、物要分离，所以会有反射镜帮助工作人员了解周围路况，防止发生碰撞。另外，司机有安全带，员工有安全帽，安全帽里有芯片，各类信息通过物联网整合起来，如果工作车探测到一定范围内有人，就会停下来。

（2）双库联动模式。亚马逊昆山运营中心有一个类似于天桥的传送带，全封闭式，其作用是完成不同品类的合单，可以通过传送带将一个库的货物转到另一个库中，这种作业叫作双库联动。昆山运营中心是超大库，在两个超大库之间进行双库联动作业对效率有非常高的要求，对时间点的把控也很严格。

6.2.2 京东亚洲一号上海库

京东一直是在不惜巨资、不遗余力地自建物流体系，京东抓住国务院发布《物流业调整和振兴规划》的重要商机，在全国范围内布局仓储物流园区。

以京东亚洲一号上海库为例，如图6-2所示。上海库（一期）定位为中件商品仓库，总建筑面积约为10万平方米，分为自动化立体库区（见图6-3）、多层阁楼拣货区、生产作业区和出货分拣区四个区域。

图 6-2　京东亚洲一号上海库

图 6-3　自动化立体库区

多层阁楼拣货区采用了各种现代化设备，实现了自动补货、快速拣货、多重复核手段、多层阁楼自动输送，具备京东巨量存货单位的高密度存储和快速准确的拣货和输送能力。生产作业区采用京东自主开发的任务分配系统和自动化的输送设备，实现了每一个生产工位任务分配的自动化和合理化，保证了每一个生产工位的满负荷运转，避免了任务分配不均情况的发生，极大地提高了劳动效率。

出货分拣区采用了自动化的输送系统和代表全球最高水平的分拣系统，解决了传统人工分拣效率差和分拣准确率低的问题。物流中心的作业瓶颈很多时候出现在出货分拣区，特别是在分波次拆单作业，最后合单打包物流的时候，这是考验后台信息系统与前台作业系统协同的关键。速度方面，京东已经实现了 16 000 件/时的快速分拣。京东仓库的自动入库运输线如图 6-4 所示。图 6-5 为其自动高速堆垛系统，图 6-6 为其自动高速分拣系统。

图 6-4　自动入库运输线

图 6-5　自动高速堆垛系统　　　　　　图 6-6　自动高速分拣系统

京东的物流系统分为两大核心。①玄武系统。玄武系统是物流中心运作系统，涉及多项功能的集成。②青龙系统。青龙系统主要是全国全网的配送运营系统，是国内最早实现可视化追踪的电商自建物流系统。青龙系统于 2013 年完成搭建，涉及 14 大核心模块，它是物流信息处理的核心，综合了业务操作、站点管理、各部门协同、强大的数据收集和处理、基于销售数据的 GIS 应用等。高度自动化的京东亚洲一号上海库的投入运行，标志着京东仓储建设能力和运营能力质的提升。图 6-7 是京东仓库的拣货出库商品运输线。

图 6-7　拣货出库商品运输线

6.3　现代仓储业的新趋势

6.3.1　仓储业发展方向

借鉴国际仓储行业的发展方向，未来我国仓储业的发展将朝着仓配一体化、仓储社会化、仓储产业化、仓储标准化以及仓储现代化的目标发展。

1. 仓配一体化

仓配一体化以前叫作供应链一体化或一站式服务。在电商行业，仓配一体化这个概念比较新,这是因为电商改变了传统的配送模式,由 B2B 转向了 B2C,但是电商企业又大多不具备做好仓储配送的能力。因此,电商行业新兴了很多的物流商和配送商,它们根据自己的优势和特长,切入仓储配送这一领域。

仓配一体化即订单后的一体化解决方案。电商企业只需要将订单抛给提供仓配一体化服务的企业,后续的合单、转码、库内作业、发运配送、拒收返回以及上下游的账务清分等全部由仓配企业来做,电商企业专攻市场销售。现在的仓配一体化实际上是在互联网下的仓配一体化,原来的简单的进、销、存管理已经满足不了现在电商的需求,单点、单仓也无法满足电商物流的下一步发展。目前,传统的仓储和传统的第三方物流公司都面临着转型的形势。

2. 仓储社会化

我国仓储的管理模式长期以来具有条块分割、地区分割、"小而全,大而全"的特点,这样不仅占用了大量土地,而且还占用了大量劳动力和设备,利用状况却并不乐观。我国仓库平均利用率还不到 40%,但是也有些部门的仓库不够用,如在农业丰收季节,粮食、棉花等的仓库就比较紧张。这种小生产方式的仓储业远远不能适应现代生产、流通发展的需要。

随着改革开放和社会主义市场经济的进一步发展,不少储运企业以及仓库相继向社会开放,逐渐打破了系统内与系统外的界限,打破了生产资料的界限,储运企业相互展开竞争,基本上形成了一个分散型的储运市场。这种形式的储运市场与条块分割、地区分割的封闭式的储运市场相比有了很大发展,它打破了部门与地区的框框,使仓库从附属型向经营型转化,面向社会,开展竞争,优胜劣汰,使我国的仓储业得到了进一步的发展。但是真正要解决我国仓储业的社会化问题,应做好以下两方面的工作。

首先,解决宏观问题。根据市场经济发展的要求和仓储业的特点,需要打破部门、条块分割的局面,广泛开展部门间仓储业的横向联合,实现仓储全行业的管理系统,以避免条块管理只顾本部门的经济利益,忽视社会经济效益的弊病,有利于全行业整体功能的发挥。同时,可以按照专业分工原则统一规划,合理布局,形成全国统一的储运市场。以有利于普及和推广仓储管理的"作业标准化、行业规范化、工作程序化、管理现代化"的原则,取得政策与制度上的统一,提高仓储业专业技术和管理水平。

其次,建立多功能综合性仓库,发展物流技术,促使物流、商流实现协调运行与发展。为适应市场经济发展的需要,仓库应从单纯储存型向综合型发展,从以物品的储存保管为中心,转变到以加快物品周转为中心。集储存、加工、配送、信息处理为一体的多功能综合仓库,能够成为能吞吐、高效率、低费用、快进快出的物流中心,能够全面提高仓储运输的服务水平。

3. 仓储产业化

仓储业要想真正同工业、农业一样，成为一个独立的行业，必须发展自己的产业。虽然仓储活动还不能脱离保管业务而去单纯地开展生产加工业务，但是仓储业完全有条件利用自身的优势去发展流通加工业务。

流通加工是商品从生产领域向消费领域流通过程中，为促进销售，提高物流效率以及商品利用率而采取的加工活动，它是流通企业唯一创造价值的经营方式。世界上许多国家和地区的物流中心或仓储经营中心都大量存在着流通加工业务。例如，从日本的东京、大阪、名古屋等地区选取的90家物流公司中有一半以上具有流通加工业务，流通加工业务为企业带来了巨大的经济利益，也产生了较好的社会效益。仓储部门储存着大量商品，又拥有一定的设备和技术人员，只要再增加一些流通加工设备和工具，就可以从事流通加工业务，因此，仓储业发展流通加工业务是最有发展前途的。

4. 仓储标准化

仓储标准化是物流标准化的重要组成部分。为了提高物流效率，保证物流的统一性与各种物流环节的有机联系，并与国际接轨，必须指定物流标准。

仓储标准化是一项基础性工作。由于仓储分散在商业、外贸、运输等部门，因此，更有必要从标准入手，推进仓储行业的整体发展。仓储标准化需要完善很多方面的内容，例如，全国通用性标准（包括仓库种类与基本条件标准、仓库技术经济指标以及考核办法标准、仓储业标准体系、仓储服务规范、仓库档案管理标准、仓库单证标准、仓储安全管理标准等）、仓储技术通用标准（包括仓库建筑标准、物品入出库标准、储存物品保管标准、包装标准、物品装卸搬运标准等）、仓储设施标准、仓库信息管理标准、仓库人员标准等。

5. 仓储现代化

实现仓储现代化的关键在于科学技术，而发展科学技术的关键在于人。因此，仓储现代化应从以下几个方面做起。

一是仓储人员的专业化。在生产力高度发展的今天，科学技术越来越进步，机器设备的数量和种类也越来越多，人在操纵现代化生产设备中的作用也越来越大，各行各业需要有一大批既懂管理，又有专业知识，并掌握现代化管理方法和手段的高素质管理人才。而对仓储业来说，普遍存在人员素质不高，技术和管理水平偏低的现象。因此，对仓储人员的培训就显得十分迫切和重要。必须按照现代化管理的要求，加强对仓储人员的培训、教育，尽快培养出一批具有现代科学知识和管理技术、责任心强、素质高的仓储专业人员。

二是仓储技术的现代化。当前仓储技术是整个物流技术中的薄弱环节，因此仓储技术的发展与更新，是仓储现代化的重要内容。仓储技术的现代化首先要解决信息的现代化，包括信息的自动识别、自动交换和自动处理。仓储技术的现代化应从以下几个方面抓起。

①实现物品出入库和储存保管的机械化和自动化。从中国的国情出发，重点发展物品存储过程中所需要的各种装卸搬运机械、工具等，例如，研制并推广作业效率高、性能好、能耗低的装卸搬运机械；发展自动检测和计量机具；改进分货、加工、配送等作业的方法和手段等。②存储设备的多样化。存储设备朝着省地、省力、多功能的方向发展，推行集装化、托盘化，发展各类集合包装以及结构先进的实用货架，实现包装标准化、一体化。③适当发展自动化仓库。有重点地建设一批自动化仓库，加强老仓库的技术改造，尽快提高老仓库的技术和管理水平，充分发挥老仓库的规模效益。

三是仓储管理方法的科学化和管理手段的自动化。根据现代化生产的特点，按照仓储客观规律的要求和最新科学技术成就来进行仓储管理，实现仓储管理的科学化，是促进仓储合理化的重要步骤。运用电子计算机辅助仓储管理，进行仓储业务管理、库存控制、作业自动化控制以及信息处理等，以实现快速、准确和高效的目标。

6.3.2 现代仓配新形态

1. 物流园区

物流园区（logistics park）是仓储业最为常见的一种形态，根据《中华人民共和国国家标准·物流术语》（GB/T 18354—2006）的定义，物流园区是指为了实现物流设施集约化和物流运作共同化，或者出于城市物流设施空间布局合理化的目的而在城市周边等各区域，集中建设的物流设施群与众多物流业者在地域上的物理集结地。

物流园区将众多物流企业聚集在一起，实行专业化和规模化经营，发挥整体优势，促进物流技术和服务水平的提高，共享相关设施，降低运营成本，提高规模效益。其内涵可归纳为以下三点。

（1）物流园区是由分布相对集中的多个物流组织设施和不同的专业化物流企业构成的具有产业组织、经济运行等物流组织功能的规模化、功能化的区域。这首先是一个空间概念，与工业园区、经济开发区、高新技术开发区等概念一样，具有产业一致性或相关性，拥有集中连片的物流用地空间。

（2）物流园区是对物流组织管理节点进行相对集中建设与发展的具有经济开发性质的城市物流功能区。作为城市物流功能区，物流园区包括物流中心、配送中心、运输枢纽设施、运输组织及管理中心和物流信息管理中心等适应城市物流管理与运作需要的物流基础设施。

（3）物流园区也是依托相关物流服务设施，进行与降低物流成本、提高物流运作效率和改善企业服务有关的流通加工、原材料采购和便于与消费地直接联系的生产等活动的具有产业发展性质的经济功能区。作为经济功能区，其主要任务是开展满足城市居民消费、就近生产、区域生产组织所需要的企业生产、经营活动。

2. 配送中心

配送中心（distribution center）是接受并处理末端用户的订货信息，对上游运来的多品种物品进行分拣，根据用户订货要求进行拣选、加工、组配等作业，并进行送货的设施和机构。或指从供应者手中接受多种大量的物品，进行倒装、分类、保管、流通加工和情报处理等作业，然后按照众多需要者的订货要求备齐物品，以令人满意的服务水平进行配送的设施。

1）配送中心的定义

根据《中华人民共和国国家标准·物流术语》（GB/T18354—2006）的定义，配送中心是指从事配送业务的且具有完善信息网络的场所或组织，应符合下列要求。

（1）主要为特定客户或末端客户提供服务。

（2）配送功能健全。

（3）辐射范围小。

（4）提供高频率、小批量、多批次配送服务。

2）配送中心的作用

（1）减少交易次数和流通环节。

（2）产生规模效益。

（3）减少客户库存，提高库存保证程度。

（4）与多家厂商建立业务合作关系，能有效而迅速地反馈信息，控制商品质量。

（5）配送中心是现代电子商务活动中开展配送活动的物质技术基础。

3）配送中心的地位

无论是从现代物流学科建设方面还是从经济发展的要求方面来讲，都需要对配送中心这种经济形态有一个明确的界定。

（1）层次定位。在整个物流系统中，流通中心定位于商流、物流、信息流、资金流的综合汇集地，具有非常完善的功能；物流中心定位于物流、信息流、资金流的综合设施或场所，其涵盖面比流通中心要低，属于第二个层次的中心。配送中心如果具有商流职能，则属于流通中心的一种类型，如果只有物流职能则属于物流中心的一个类型，如果其可以被流通中心或物流中心所覆盖，则它属于第三个层次的中心。

（2）横向定位。从横向来看，和配送中心作用大体相当的物流设施有仓库、货栈、货运站，等等。这些设施都可以处于末端物流的位置，实现资源的最终配置。不同的是，配送中心是实行配送的专门设施；其他设施则可以实行取货、一般送货，但是不一定有完善组织和设备的专业化流通设施。

（3）纵向定位。配送中心在物流系统中的纵向定位应该是，如果将物流过程按纵向顺序划分为物流准备过程、首端物流过程、干线物流过程、末端物流过程，那么配送中心是处于末端物流过程的起点。配送中心所处的位置是直接面向用户的位置，因此，它不仅承担直接服务用户的功能，而且根据用户的要求，起着指导全物流过程的作用。

（4）系统定位。配送中心在整个物流系统中的位置，是提高整个物流系统的运行水平。现代物流中出现了很多利用集装方式实现"门到门"服务的物流，这些物流将可以利用集装方式提高整个物流系统效率的物流对象做了很大的分流，所剩下的主要是多批量、多品种和（或）小批量、多批次的物品，这些类型的物品是传统物流系统难以提高物流效率的对象。在包含着配送中心的物流系统中，配送中心对整个物流系统的效率提高起着决定性的作用。所以，在包含了配送系统的大物流系统中，配送中心处于重要的位置。

（5）功能定位。配送中心的功能，是通过配货和送货完成资源的最终配置。配送中心的主要功能是围绕配货和送货确定的，比如有关的信息活动、交易活动、结算活动，等等，虽然也是配送中心不可缺少的功能，但是它们必然服务和服从于配货和送货这两项主要的功能。因此，配送中心是一种末端物流过程的结点设施，通过有效地组织配货和送货，使资源的末端配置得以完成。

3. 物流中心

物流中心（logistics center）是物流网络的节点，具有物流网络节点的系列功能。把握物流中心的含义、类型、功能与地位，是依托不同层次物流设施展开物流活动，指导物流运营与管理的基础。

根据《中华人民共和国国家标准·物流术语》（GB/T 18354—2006）的定义，物流中心是从事物流活动且具有完善信息网络的场所或组织，应基本符合以下要求：主要面向社会提供公共物流服务；物流功能健全；集聚辐射范围大；存储、吞吐能力强；对下游配送中心客户提供物流服务。

物流中心一词是政府部门、行业、企业在不同层次物流系统化中应用得十分频繁，而不同部门、行业、企业的人们对其理解又不尽一致的重要概念。概括起来，物流中心的含义可以表述为以下几种。

（1）物流中心是从国民经济系统要求出发，所建立的以城市为依托、开放型的物品储存、运输、包装、装卸等综合性的物流业务基础设施。这种物流中心通常由集团化组织经营，一般称之为社会物流中心。

（2）物流中心是为了实现物流系统化、效率化，在社会物流中心下所设置的物品配送中心。这种物流中心从供应者手中受理大量的多种类型物品，进行分类、包装、保管、流通加工、信息处理，并按众多用户要求完成配货、送货等作业。

（3）物流中心是组织、衔接、调节、管理物流活动的较大的物流据点。物流据点的种类很多，但大都可以看作以仓库为基础，在各物流环节方面提供延伸服务的依托点。为了与传统的静态管理的仓库概念相区别，将涉及物流动态管理的新型物流据点称之为物流中心。这种含义下的物流中心数目较多、分布也较广。

（4）物流中心是以交通运输枢纽为依托建立起来的经营社会物流业务的物品集散场所。由于货运枢纽是一些货运站场构成的联网运作体系，实际上也是构成社会物流网络的节点，当它们具有实现订货、咨询、取货、包装、仓储、装卸、中转、配载、送货等物流服务的基础设施、移动设备、通信设备、控制设备，以及相应的组织结构和经营方式时，就具备成为物流中心的条件。这类物流中心也是构筑区域物流系统的重要组成部分。

（5）国际物流中心是指以国际货运枢纽（如国际港口）为依托建立起来的经营开放型的物品储存、包装、装卸、运输等物流作业活动的大型集散场所。国际物流中心必须做到物流、商流、信息流的有机统一。当代电子信息技术的迅速发展，能够对国际物流中心的"三流"有机统一提供重要的技术支持，这样可以大大减少文件数量及文件处理成本，提高"三流"效率。

综上所述，在更一般的意义上，可以将物流中心理解为，处于枢纽或重要地位的、具有较完整物流环节，并能将物流集散、信息和控制等功能实现一体化运作的物流据点。将物流中心的含义放在物流系统化或物流网络体系中考察才更有理论和实践意义。物流系统是分为若干层次的系统，依物流系统化的对象、范围、要求和运作主体的不同，对应的物流中心的概念的侧重点也就有所不同。此外，社会、经济、地理、体制及其他因素，都可能对物流中心的组织设计、组建与运作产生影响，因而对物流中心做进一步分析是很有必要的。

4．物流基地

目前，物流基地的概念在国内还没有一个明晰和准确的界定。一般情况下，人们是把它和综合物流中心等而视之的。日本的物流团地似乎与物流基地有一些相似的地方，按照《现代汉语词典》的解释，所谓基地，是指作为某种事业基础的地区，或者是指有特定用途的或开展某种活动的专用场所或机构。由此推论，所谓物流基地就是有物流功能的或开展物流活动的一个特定区域。

1）物流基地的产生

在德国乃至于整个欧洲，日益激烈的市场竞争迫使各个企业在生产及销售环节尽力降低成本及费用支出。尤其是在定购原材料到向客户分发最终产品的供应链环节，节约成本的强烈要求带来了发展物流产业的巨大机遇。随着物流产业的兴起，原来相互分割，缺乏合作的仓储、运输、批发等传统企业逐渐走向联合，专业性的物流配送经营实体及基地——物品配送转运中心应运而生。

伴随着物流业的进一步发展，各个企业都逐渐意识到物品配送转运中心分散建设、各自为战带来的资源浪费，各级政府也发现这种方式不利于充分发挥城市的总体规划功能。物流基地作为物流业发展到一定阶段的必然产物，在日本、德国等物流业较为发达的国家和地区相继出现。物流基地在日本称为物流团地，在德国称为货运村，虽然名称不同，各国的定义表述也不完全一样,但是它们的建设目的、服务功能是基本相同的。

2)物流基地的界定

界定物流基地的概念,还应考虑它具有的个别与其他的特殊个性,即它的独立专业性和公共性。随着经济的发展和社会的进步,物流领域与生产领域逐步分离,一些大的生产厂家,已经很难明确产品的集中生产基地,某一种产品可能有许多不同的零件生产地,出现了分类生产的倾向,为了使物品能在生产基地和部件引进地之间及时和准确地运送,必须有专业物流企业来支撑。物流基地的产生适应了这种社会分工的需求。一般来讲,物流基地的独立专业性体现在以下两个方面:一方面,在物流基地中,原则上不单独发展制造业;另一方面,在物流基地的服务半径内,原则上不应该再发展分散的自用型物流业,在充分发挥物流基地的整体功能的条件下,尽可能地减少重复投资造成的浪费。

3)物流基地的功能

(1)综合功能。物流基地具有综合各种物流方式和物流形态的作用,可以全面处理包装、装卸、储存、搬运、流通加工、不同运输方式转换、信息、调度等工作。

(2)集约功能。物流基地集约了物流主体设施和有关的管理、通信、商贸等设施,规模大,集约化程度高,是流通领域大生产的一种代表,是具有规模效益的流通设施。

(3)转运功能。物流基地可以有效集约铁路、公路、水路、航空等运输方式,实现综合运输、多式联运的最有效转化。

(4)集中库存功能。物流基地可以通过集中库存或降低库存总量,实现有效库存调度。

(5)指挥功能。物流基地是整个物流系统的集中信息汇集地和指挥地。

(6)调节优化功能。物流基地具有调节优化整个物流系统的功能。

5. 物流园区、配送中心、物流中心和物流基地的区别

根据前文论述,物流园区、配送中心、物流中心和物流基地在很多方面有类似之处。它们的区别是物流园区、配送中心、物流中心和物流基地是不同规模层次的物流结点。它们的主要区别体现在以下三个方面。

第一,从规模上来看,物流基地是巨型物流设施,规模最大,物流园区次之,物流中心再次之,配送中心最小。

第二,从流通物品来看,物流基地和物流园区的综合性较强,专业性较弱。物流中心在某个领域综合性、专业性较强,具有这个领域的专业性。配送中心则主要面向城市生活或某一类型生产企业,其专业性很强。

第三,从结点功能来看,物流基地和物流园区的功能十分全面,存储能力强,调节功能强。物流中心的功能健全,具有一定的存储能力和调节功能。配送中心的功能较为单一,以配送功能为主,存储功能为辅。

【应用案例 6-2】我国快递物流园区的发展态势

近年来，随着网络经济的发展，国内市场对物流的需求迅速增长，对物流企业的要求也越来越高。在庞大的需求刺激下，各大企业和投资人纷纷进入物流行业，以期在新经济红利下分一杯羹。

另一方面，基于全国经济的发展和产业布局，国家出台多项政策措施扶持现代信息化物流园区的建设与发展。2015 年 12 月国务院办公厅出台《国家标准化体系建设发展规划（2016-2020 年）》，明确提出加快物流运输、仓储、邮政建设，推动物流园区发展。同时，国家出台补贴政策，根据不同的园区规模，给予不等的资金补贴。多重政策刺激，庞大的市场需求，使中国物流园区的发展进入爆发期。

1. 现代化智慧物流园区是发展趋势

国内的物流园区，大致分为两种。①传统物流园区，更像运输企业聚集地，园区管理方更多的是充当物业管理的角色，没有为入驻企业提供有价值、有竞争力的附加服务，没有起到产业经济促进作用。②新型物流园区，不仅可以实现生产、销售、仓储、运输等一条龙服务，还大幅提升了园区的综合服务水平，园区内部以及园区之间，各企业可以有效互动，互通有无，实现交易、办公、金融等功能便捷化、网络化，提高整体运营效率。

两种物流园区差别较大，新型物流园区投入大、建设周期长，但是从市场需求、发展前景、政府导向等方面看，现代化智慧物流园区已成为物流园区的发展趋势。

2. 互联是建设现代化智慧物流园区的关键

目前国内传统的物流园区，只能提供简单的物品位移服务，实行的是单环节、人工管理控制，效率低；无统一服务标准管理。

现代物流的发展则应包含以下几个方面：全球化、多功能化、系统化、信息化和标准化。现代化智慧物流园区的四个特征为：①物流过程的可视化智能管理；②智能化物流配送；③产品的智能可追溯管理；④智慧的供应链。

现代化智慧物流园区规模较大，管理半径与管理纵深相应变大，做出准确决策的难度大大增加。现代物流企业面对的是供应链管理环境，园区管理单位不仅要负责整个物流园区的信息化管理，同时还要负责物流园区的产业推进、招商引资、应急处置、内部服务等各种服务与管理工作。

因此，建设一个现代化智慧物流园区，互联是关键，通过搭建一个智能化信息服务平台，建设一个统一的指挥调度中心，大幅提高整个物流园区的工作效率，促进物流园区的管理部门、企业、合作单位良性互动，实现"足不出户"即可完成缴费、交易、金融、仓储、货运等业务，提高物流园区及园区内企业的运营效率、管理水平。

3. 互联，助物流园区摆脱"孤岛"困境

目前全国各地的物流园区很多为孤立运作，并且各个系统相互独立，信息缺乏共享，陷入了"孤岛"困境，游离的信息无法产生价值。

要打造新型现代化智慧物流园区，必然要实现互联互通。互联主要有两个方面。一是园区内部各个功能子系统之间的信息交换与处理；二是物流园区与园区之间全网信息同步交互互换，通过物流、车流、资金流、信息流的联动，摆脱"孤岛"困境，让资源得到有效整合。

（资料来源：http://www.chinawuliu.com.cn/xsyj/201611/01/316499.shtml）

6.3.3 "海外仓"的兴起

1. 海外仓并非简单"仓库"

在传统出口模式下,跨境电商在货物出关后,要经过外国进口商、外国批发商、外国零售商三个中间环节才能到消费者手中,中间环节往往提价两三倍,渠道一直牢牢掌握在外国贸易公司手中。不仅如此,商户担心的还有骗货的情况,骗货现象时有发生。市场逐渐陷入一个悖论:企业在避免被骗货的同时,却也把一些真正想做生意的外商也排挤出去,这导致它们的业务量无法做大做强。

通过跨境电商海外仓,企业便能直接绕过中间环节,生产商通过网络平台直接与国外采购商面对面接触。海外仓不是简单租一个仓库,而是展示品牌、售后、咨询甚至维修服务的窗口。同时,海外仓可以有效地缩减物流时间。在传统出口模式下,每件商品从国内发出到欧美,大概要一个月左右。但是因为各国清关政策不同,经常会出现物流时效无法保证现象,常常会出现客户需要两个月以上的时间才能拿到商品的情况。以圣诞节为例,全球六成的圣诞饰品来自中国义乌,外国商客往往要提早半年就开始来义乌采购。如果采用海外仓模式,就可以按往年同期销售或者销售预计来预算一段未来时间的销售量,将部分货量提前发货至海外仓库,有效地缩短了物流时间,延长了外商的采购时间。

2. 政策支持让海外仓升温

近年来,"市场采购贸易+海外仓"发展模式下,多家跨境电商在海外设立了海外仓,仓储涵盖美国、澳大利亚、德国、西班牙、俄罗斯等国家,服务范围覆盖了世界各地,尤其是"一带一路"倡议以及"中欧"班列沿线国家,为跨境电商发展奠定了良好的基础。

海外仓的建设将会大大解决跨境电商的种种痛点,保障市场经营户大宗交易的货物安全。商户把货物运送到海外仓,外商只有交纳货款才可以提货,这样不仅保障了货物安全,避免被骗货,同时对于外商来说也节约了资金流,它们不需要一次性支付货款,可以分批支付分批提取,这就意味着市场将被前"移",在各地催生了无数个小型国际商贸城。

6.4 云仓储管理模式

6.4.1 云仓储的兴起

电子商务的兴起直接带动了快递、仓储业的大发展。在电商物流链条上,快递业在前端,直接面向终端消费者,作为快递支撑和配套的仓储在后端,后端的运营是否流畅科学直接影响到了前端的派送。面对电商的蓬勃发展,快递业和仓储业喜忧参半,喜的是爆发的营业额,忧的是频频出现的"爆仓"难题。

传统仓储面对电商时倍感压力，传统仓储转型升级紧迫感与日倍增。在电子商务领域，资金流、信息流链条日益完善，仓储物流再也不能故步自封地"拖后腿"了。在这一背景下，服务于电商物流的自动分拣与智能化仓库越来越受到大型电商的青睐与追捧，已成为商家的必争之地。传统的仓储更像是一个临时的仓库，是产品的寄存地，以叉车进行入出库作业，而配套电商的仓储，库存品种多，单品库存少，在库品管理方面要求高。如今电商对物流的要求不再是简单的快递，而是全供应链的优化，至少也是仓配一体化。传统商业的仓储，重点在储存而非流通，主要着眼于货物的安全保存。而现在的电子商务的仓储是通过式仓储，本质上是分拣中心加临时仓储，货物流动性很高，要配备高速、高效的物流设施。

传统仓储如何转型？"互联网+"指出了方向。在电商模式下，商品出库、入库要复杂得多，这使得电商企业对电商物流仓库以及配套设施的要求非常高，对仓储的信息化、智能化提出了更高要求。互联网平台、信息通信技术大量涌入传统物流业，会给传统物流业带来巨大的冲击，能够创造一种新的互联网物流生态。国家鼓励在各级仓储单元积极推广应用二维码、无线射频识别等物联网感知技术和大数据技术，实现仓储设施与货物的实时跟踪、网络化管理以及库存信息的高度共享，提高货物调度效率；鼓励应用智能化物流装备提升仓储、运输、分拣、包装等作业效率，提高各类复杂订单的出货处理能力。

未来传统仓库的转型，信息化、自动化和智能化将是重要方向。国务院印发的《物流业发展中长期规划（2014—2020年）》指出，创新加快关键技术装备的研发应用，既要提升物流业信息化和智能化水平，又要鼓励采用节能环保的技术、装备，提高物流运作的组织化、网络化水平，降低物流业的总体能耗和污染物排放水平。

"互联网+物流"将与智能制造、金融相结合，产生更高的附加值，而充分利用互联网、物联网打造全新的商业模式则会成为产业链上各关联企业升级的驱动力，必将推动仓储物流的整体发展。

6.4.2 云仓储的模式

实行仓运配一体化协同，打造扁平化的供应链，在效率上就会提高很多。尤其是仓配环节，随着电子商务与O2O的发展，企业和消费者也越来越重视前后端的客户体验。电商企业如何才能把货物越快越好地送到客户的手中呢？此时，云仓储的建立便可以很好地解决这个问题。云仓储即利用云技术和现代管理方式，依托仓储设施实现在线交易、交割、融资、支付、结算等一体化的服务。

云仓储和传统仓储的主要区别如下。

1. 仓储品类的不同

传统仓储储存的货物品类是相对单一的,而云仓储则不同,它是多品类的集中。以往我们接到企业的订单后,可能需要到不同的仓库去分别取货,最后集中到一起,这样的结果是取货出库的时间即流通的时间比较长。云仓储的订单货物集中在同一仓库的不同库位上,改变了以往仓储的方式。云仓储通过订单或自动或人工拣选,形成最终包裹。也是由于电商货物体积较小且质量相对较轻,使得云仓储方案可以实施。

2. 管理方式与要求的不同

传统仓储与云仓储最大的区别,是管理方式与要求上的不同。传统仓储主要的管控集中于库内的安全和库存的数量。云仓储的管理方式和要求则要比传统仓储大很多。除了必须满足的库内安全和库存数量,云仓储更讲求仓内作业的时效以及精细化的管理。

不难想象,如果云仓储的作业流程中入库的速度变慢则会影响电商前端的销售速度;如果出库的速度变慢则会影响到客户的整体体验。我们可以参考在京东自营商品上购物的经历,提交订单之后,系统会从距离客户最近的仓库进行发货,拣货到待出库的时间基本在十分钟左右,而且每一步都会在后台给予显示,这个过程对消费者而言就是一个极佳的购物体验。云仓储的速度快,而且准确率高。

3. 装备与技术的不同

除了管理要求精益化,如何才能提高整体流程的效率呢?自然就要应用到云仓储的自动化的装备和信息化的软件。和传统仓储不同,云仓储由于发货的特点是多批次小批量,所以为了保证其整体的正确率,需要通过软件系统和硬件装备来共同完成。软件方面,包括仓库管理系统(WMS)以及射频识别(RFID)的条码信息化处理;硬件方面,包括自动分拣机、巷道堆垛起重机等一系列自动化设备。这些都是传统仓储所不完全具备的,也是二者主要的差异所在。

按照不同公司所进行的云仓储来分类,云仓储主要包含以下三大类。

1. 平台类云仓储——京东、亚马逊等

此类云仓储为电商企业自建云仓储,主要通过多区域的协同仓储实现整体效率最优化,保证电商平台的客户体验,从而提高用户的黏性。京东通过建立云仓储,通过大数据发掘不同地区不同品类的消费者的消费情况,进而更好地进行预测从而快速反应。

2. 物流快递企业所建立的云仓储——顺丰、EMS、百世等

由物流快递企业所建立的云仓储,大多数是为了更好地进行仓配一体化。建仓不是优势,但确实是战略的一部分。以顺丰云仓为例,据分析,顺丰的云仓网络的构成主要是"信

息网+仓储网+干线网+零担网+宅配网"。顺丰云仓正是通过多仓组合实现了全网协同,通过大数据驱动全网的调拨,提高效率。顺丰云仓涉足的品类除了传统的服装、电子产品等,还囊括了生鲜冷链领域、汽车事业部、金融事业部等相对行业专业程度高的品类。从中也不难发现,顺丰的整体供应链的策略,即"空陆铁的干线网络+全网的云仓+多温快物流的支持"也体现出了顺丰的商业形态,表明顺丰的云仓也在慢慢向专业仓和品类仓发展。此类由物流快递企业建立的云仓储有两点值得关注。第一点是建仓的合作伙伴,即软件与硬件服务支持的提供商;第二点就是云仓储的布局,云仓储是全网协同的形式,创新的分析加上区域战略的布局会带来新的发展。

3. 第三方物流服务商所建云仓储——发网、中联网仓等

在"双11"时,部分电商企业爆仓现象严重,即使没有发生大规模的爆仓现象,货物仍可能滞后几天后才发出,商家还需要面对各种扫尾问题:漏发、错发和商品破损。相应的问题也出现在快递公司,尽管增派了人手和车辆,但爆仓仍会成为最常见的局面。相比之下,京东和亚马逊的自建物流似乎很少遇到这样的窘境,但它们却因为身份所限,无法将优质的物流提供给电商的中小卖家使用。由此,第三方物流服务商应运而生。第三方物流服务商所建云仓储的成长是迅速的,同时能够提供自动化、信息化和可视化的服务。虽然其配送环节相对不足,但是这可以通过采取必要的措施保证与快递企业的配送对接无缝化来克服。

6.4.3 云仓储的实施

云的概念来源于云计算,是一种基于因特网的超级计算模式,在远程的数据中心里,成千上万台电脑和服务器连接成一片电脑云。云仓储正是基于这种思路,在全国各区域中心建立分仓,由公司总部建立一体化的信息系统,通过信息系统将全国各分拣中心联网,分仓为云,信息系统作为服务器,实现配送网络的快速反应。"云仓储"是一种全新的仓库体系模式,它主要依托科技信息平台,充分运用全社会的资源,做到迅速、快捷、经济地选择理想的仓储服务。在这一模式下,快件可直接在仓库到同城快递物流公司的公共分拨点之间实现就近配送,极大地减少配送时间,提升用户体验,这就给那些对物流水平要求极高的企业带来了新的机遇。"云仓储"实施的关键在于预测消费者的需求分布特征。只有把握了需求分布,才能确定出最佳仓库规模,并进行合理的库存决策,从而有效降低物流成本,获得良好的效益,达到较高的服务水平。

1. "云仓储"的实施条件

云仓储的实施首先需要技术的支撑,需要一个能连接电商信息平台的云仓储平台。当订单下达时,能够迅速汇总并传达到云仓储平台,然后由各仓储中心处理客户的订单需求,经过信息的汇总再下达最终的配送指令直至抵达客户终端。其次,云仓储的实施需要专业

的仓储人员。构建云仓储平台的同时就应着手相关人员的培养或者招募。一旦云仓储平台搭建完成即可安排仓储人员到岗分工作业，使之各尽其责。再次，云仓储的实施还需要政府的大力扶植，需要相关部门调动相关资源，并推广宣传，使更多企业入驻云仓储平台，极大降低成本，提高资源利用率。最后，云仓储的实施需要有一个信息反馈和监督运行机制和相应的组织，以监控云仓储的运行和协调处理突发问题，并且进行系统的改进。

2. "云仓储"适用的企业

"云仓储"平台搭建后，会惠及物流行业、仓储行业以及电商行业等相关行业。电商企业们只要有需求就可以登录云仓储平台查询，寻找自己需要的资源，相对的仓储行业的信息也都会整合在这个数据库里，所以不会遗漏或闲置社会资源。当云仓储模式出现时，规模经济的效益必然催生一个适应这种需求的物流模式，要么是第三方物流服务商，要么是电商企业自己打造的物流系统。

3. "云仓储"下的效益分析

云仓储的效益主要来源于以下十四个方面。第一，节约物流成本。因为云仓储模式下的物流是规模订单的集合，所以在配送方面就避免了同一个地方因为多次重复配送而产生额外费用。第二，通过闲散资源的集成，减少了固定成本的投入。第三，云仓储模式下可以帮助提升企业形象，进而吸引更多回头客，从而增加营业收入。第四，云仓储模式可以帮助更多的第三方物流服务商寻找到客户，利于第三方物流服务商发挥自身资源的最大效用。第五，云仓储消除了外包情况下一库难求的局面，汇集了社会闲散琐碎的仓库资源。第六，云仓储利用对这种模式的掌控，减少了以往外包下服务质量难以把控的局面。第七，云仓储降低了自建模式的风险。第八，云仓储进行了社会资源整合，优化了资源配置。第九，云仓储开辟了行业新局面，走上了规模经济之路。第十，云仓储进行了行业重组，优胜劣汰，促进了产业升级。第十一，云仓储能够快速响应客户需求，提升社会物流的整体效率。第十二，云仓储缩短了行业间的距离，促进了跨行业间的互利共赢。第十三，线路的规划设计、拼车、共同配送等方案在云仓储系统中会得到一个最优决策，从而确保物流系统的可靠性。第十四，"云仓储"是一种虚拟的仓库，是一种移动仓储，所有的经营活动都是靠庞大的网络资源去调配的，所以比较便捷。

4. "云仓储"的实施思路

云仓储的实施思路就是在全国区域中心建立分仓，形成公共仓储平台，可以使商家就近安排仓储，从而就近配送，实现信息流和物流重新结合。这种模式的实施思路如下。

1）建立实体分仓，实现就近配送

在全国区域中心城市建立实体分仓。建立分仓能够实现货物的就近配送。例如，从上

海发往西安的货物，如果客户拒收，质量没问题的货物就会被暂时寄存在西安的中转站，但是要通知上海的企业，寄存日期可以根据实物性质而定，如果在寄存期限内另有客户要购买此货物，就将寄存在西安的货物调拨出去，这样可以实现短时间内的再次配送，减少不必要的周转。

2）完善社会化的物流信息系统，实现货物信息共享

建立了实体分仓，就要解决资源整合的问题，即通过社会化的物流信息系统把全国的区域中心城市串联起来，通过共享货物信息实现各种物流资源的完全共享，尽可能地降低信息失灵所带来的成本增加或者其他的损失。通过完善社会化物流信息系统和公共分仓，实现全社会的货畅其流。

3）云仓储中的技术处理

"云仓储"的基本问题和一般的仓库体系是一样的，主要包括仓库选址、仓库数量及规模、库存决策等问题。所以要实施好"云仓储"战略，首先必须解决好这些基本问题。

通过"云物流"平台，我们可以把握各个需求点之间的需求流量，从而可以规划各个需求点的需求量，然后建设一定数量的配送中心，从而建立新的仓储配送体系。

4）整合物流企业，形成物流品牌

在云仓储平台搭建的过程中，仓储物流企业的成长需要一个过程，它不可能全部包揽云仓储模式下的庞大的业务量，所以需要与其他仓储物流企业合作。那么，怎样建设一个与云仓储相适宜的物流配送队伍呢？这就需要仓储物流企业对物流资源进行公平公正的、有标准可依的选择和评估，从而形成物流品牌。

5. 未来云仓储的定位

云仓储的未来趋势是最大限度上满足客户的需求。客户需求主要是两点：高效且准确。下单后货物直接出库，通过快物流系统以预约的时间送至消费者面前。今后的云仓储一定是向综合转运中心的模式发展的。商品的购买时间和批次均会通过大数据系统确定，同时云仓储的智能化会提升到一定的水平，从而满足消费者的需求。

【讨论思考】

1. 仓储在物流管理中有怎样的作用与地位？
2. 仓储管理有哪些内容？
3. 现代仓配有哪些新形态？
4. 云仓储与传统仓储有何区别与联系？

【案例分析】"互联网+"下的百世云仓储

作为物流行业的"领头羊"——全供应链服务商百世集团，目前已有百世云、百世供应链、百世快递、百世快运、百世国际、百世金融与百世店七大品牌。百世云仓储，正是百世供应链旗下的明星产品。百世云仓储成为贯穿线上线下物流产业链条的"中心枢纽"，自2010年"问世"并上线后，与电商销售品牌企业建立合作关系，电商企业根据消费者的购买订单接入云平台，按照相应需求分配快递企业。

百世云仓储与天猫超市、唯品会等购物平台合作，经过入库、拣选、打包、发运四个环节将货物送至用户，提供从工厂到仓库、经销商、门店和消费者的全链路供应链方案。仓储大数据排放与自动化分拣线，是百世云仓储的最大亮点。

1. 大数据设仓体验——卫生巾与蜂蜜柚子茶并排排放

百世云仓储几乎可以称为大数据的"实践者"。成立初期便对物流数据进行分析，根据商品热销度由近至远排列，系统再根据用户下的订单形成拣货任务。所以会出现在百世云仓储中，卫生巾与蜂蜜柚子茶、口香糖和口罩并排排放的情景，这便是百世云仓储通过对消费者购买习惯进行统计研究，将同时购买率较高的商品放置在一起的结果。这有效提升了物流效率。

商品的摆放也是有一定规律的，百世云仓储会根据货架承重值，分析商品外包装、质量（千克）来合理摆放商品，实现空间的最大利用。

百世云仓储特地建立了理货团队，根据分析结果动态优化商品拣货位置、预估未来12个小时内的热销商品。

百世云仓覆盖了全国40多个重点城市，建立了超过85个云仓服务网络，服务面积超过100万平方米，分为标准仓、定制仓和加盟仓。在南北仓储设置中，会根据商品发货情况设计商品排放标准，比如北京与杭州仓储的康师傅产品的排放标准便不尽相同。

2. 自动化拣货生产线——解放人工的"秘密武器"

为提高"双11"的物流效率，百世设立了自动分拣线。一条自动分拣线占地面积不足75平方米，拥有70台分拣小车、50个装包袋。系统启动后，通过自动拍照扫描仪识别货物信息条码，经电脑处理后将货物送至对应的站点包装袋，最后再由工作人员打包。自动拍照扫描仪每秒能够拍摄15张照片，平均每次拍摄可以识别200个条码，错误率小于十万分之一。

相比于沉重的人工分拣，轻量级的自动分拣线大大提高了工作效率。传统分拣线上7个人平均每小时只能分拣出2400个货物，自动化分拣线则能每小时分拣7200个，是人工作业的3倍。

（资料来源：http://www.chinawuliu.com.cn）

分析与讨论：

1. 百世云仓储的仓储服务包含哪些内容？
2. 百世云仓储的仓储管理有何特点？

7 现代配送导论

学习目标

- 掌握配送的概念及其与快递的关系
- 熟悉配送中心的功能与分类
- 熟悉配送的流程与模式
- 熟悉不合理配送形式和配送合理化措施

【案例导入】电子商务下的末端配送

从创造一个消费时点到逐渐演变成一种商业消费模式,"双11"深刻改变了传统商业模式和消费习惯,成为消费增长的新动力。但是"双11"是整个中国商业基础设施的一个大考,除了电商,还包含支付、物流、客服体系等整个商业配套体系设施。其中,最让人关注的,仍然是物流。

1. 物流整体再提速

2015年物流行业全面进入DT(大数据)时代。大数据的全面预测和覆盖,使得菜鸟网络"双11"物流整体再提速。同时,电子面单全行业覆盖率已经超过六成,大数据预测将首次覆盖全行业半数以上的快递包裹。菜鸟网络还推出了"1亿激励计划",鼓励快递公司提前揽收,包括协调大商家与快递企业提前揽收包裹,提供48小时送达、72小时送达等具体服务保障,整个"双11"期间的包裹送达将整体提速。

多年来,菜鸟网络以数据联接和互通为核心,打通了覆盖跨境、快递、仓配、农村、末端配送的全网物流链路,超过70%的快递包裹、数千家国内外物流、仓储公司以及170万名物流配送人员都在菜鸟数据平台上运转,可以实现无缝对接。菜鸟网络做的事就是通过社会化协同,让仓储、快递、运输、落地配送等环节的合作伙伴都能在一个数据平台上进行连接,从而提升配送效率。

2. 仓网发力成亮点

每年"双11"开始后,各大快递物流公司就争分夺秒,接单、打包、装货、送货,为的就是不断刷新时效记录。据菜鸟网络数据,2015年天猫"双11"配送的第一单仅用时14

分钟,也就是北京时间 11 月 11 日零时 14 分,就由菜鸟网络合作伙伴日日顺物流送达。申通首单则从 11 日零时 1 分 24 秒买家下单到派件入柜,用时 30 分钟;全峰快递第一单签收于零时 28 分,用时 28 分钟。2015 年通达系快递公司首单时速大战,主要功劳在于自提柜签收的应用。申通、全峰就是以派件入柜、自提柜签收完成首单派送。而顺丰更是来了个"奇袭",11 日凌晨上百个首单齐发,拼时效的同时还拼规模,这主要得益于基于大数据的信息流与覆盖全国范围的仓储配送物流的配合。

顺丰可根据商家提供的商品预售信息,将预存在顺丰仓库或是线下门店的商品,提前调拨至消费者所在小区的丰巢柜。消费者在线上完成预售商品的尾款支付时,商家触发物流配送,顺丰的系统就会在第一时间做出反应,自动匹配到丰巢柜内相应的商品,同时推送商品到达信息给消费者,由消费者在方便时间自行前往丰巢柜提取。这不仅仅是顺丰历时三年布局的仓网首次展现锋芒,为电商商家提供"仓、干、配、店、柜"一站式物流供应链解决方案,也是未来行业发展的大趋势。让库存离消费者更近,就近发货提升时效,从而实现成本最优,而非只是运费最优。

(资料来源:http://www.chinawuliu.com.cn/)

思考:电子商务下的末端配送有何特点?

7.1 配送与快递概述

7.1.1 配送的概念

"配送"一词最早来源于日本对 delivery 的意译,但根据各国在物流领域配送的发展状况,各国都对配送赋予了不同的定义。根据《中华人民共和国国家标准·物流术语》(GB/T 18354—2006)的定义,配送(distribution)是指在经济合理区域范围内,根据客户要求,对物品进行拣选、加工、包装、分割、组配等作业,并按时送达指定地点的物流活动。

从物流来讲,配送几乎包括了所有的物流功能要素,是物流的一个缩影或在某个小范围中物流全部活动的体现。一般的配送集装卸、包装、保管、运输于一身,通过这一系列活动完成将货物送达的目的。特殊的配送则还要以加工活动为支撑,所以包括的方面更广。但是,配送的主体活动与一般物流却有不同,一般物流是运输及保管,而配送则是运输及分拣配货,分拣配货是配送的独特要求,也是配送中有特点的活动,以送货为目的的运输则是最后实现配送的主要手段。从商流来讲,配送和物流的不同之处在于,物流是商物分离的产物,而配送则是商物合一的产物,配送本身就是一种商业形式。虽然配送具体实施时,也有以商物分离形式实现的,但是从配送的发展趋势看,商流与物流越来越紧密的结合,是配送成功的重要保障。

具体来讲,配送包含了以下五个内容。

(1)整个概念描述了接近用户资源配置的全过程。

(2)配送实质是送货。配送是一种送货,但是和一般送货有区别。一般送货可以是一种偶然的行为,而配送则是一种固定的形态,甚至是一种有确定组织、确定渠道,有一套装备和管理力量、技术力量，有一套制度的体制形式。所以，配送是高水平送货形式。

（3）配送是"合理地配"与"低成本、快速度地送"的有机结合。所谓"合理地配"是指在送货活动之前必须依据顾客需求对其进行合理的组织与计划。只有"有组织有计划"地"配"才能实现现代物流管理中所谓的"低成本、快速度"地"送"，进而有效满足顾客的需求。

（4）配送是一种"中转"形式。配送是从物流结点至用户的一种特殊送货形式。从送货功能看，其特殊性表现为：从事送货的是专职流通企业，而不是生产企业；配送是"中转"型送货，而一般送货尤其从工厂至用户的送货往往是直达型；一般送货是生产什么，有什么送什么，配送则是企业需要什么送什么。所以，要做到需要什么送什么，就必须在一定中转环节筹集这种需要，从而使配送必然以中转形式出现。

（5）配送以用户的订货要求为出发点。"以用户的订货要求"明确了用户的主导地位。配送是从用户利益出发、按用户要求进行的一种活动，因此，在观念上必须明确"用户第一"、"质量第一"。配送企业的地位是服务地位而不是主导地位，因此配送企业配送货物不能从本企业利益出发而应从用户利益出发，在满足用户利益基础上取得本企业的利益。更重要的是，不能利用配送损伤控制用户，不能利用配送作为部门分割、行业分割、割据市场的手段。

7.1.2 配送的分类

1. 按配送组织者分类

1）商店配送

商店配送的组织者是商业或物资的门市网点，这些网点主要承担零售，规模一般不大，但经营品种较齐全。除了日常零售业务，还可根据用户的需求将商店经营的品种配齐，或代用户外订外购一部分商店平时不经营的商品，和商店经营的品种一起配齐送给用户。这种配送组织者实力很有限，往往只是小量、零星商品的配送。对于商品种类繁多且需要量不大、有些商品只是偶尔需要而很难与大配送中心建立计划配送关系的用户，可以利用小零售网点从事此项工作。商业及物资零售网点数量较多，配送路经较短，所以更为灵活机动，可承担生产企业重要货物的配送和对消费者个人的配送，它们对配送系统的完善起着较为重要的作用。商店配送是配送中心配送的辅助及补充的形式

2）配送中心配送

配送组织者是专职从事配送的配送中心。规模较大，可按照配送需要储存各种商品，储存量也较大。配送中心专业性强，和用户建立有固定的配送关系，一般实行计划配送，所以，需要配送的商品往往都有自己的库存，很少超越自己的经营范围。配送中心的建设

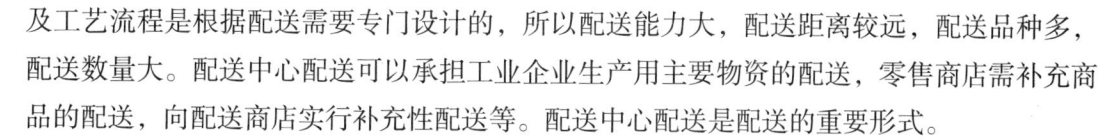

及工艺流程是根据配送需要专门设计的，所以配送能力大，配送距离较远，配送品种多，配送数量大。配送中心配送可以承担工业企业生产用主要物资的配送，零售商店需补充商品的配送，向配送商店实行补充性配送等。配送中心配送是配送的重要形式。

3）仓库配送

仓库配送是以库房、货场作为物流据点组织的配送。它可以把仓库完全改造成配送中心，也可以在保持仓库原功能的前提下，增加一部分配送功能。由于原仓库并不是按配送中心专门设计和建立的，因此仓库配送的规模较小，配送的专业化较差。仓库配送是开展中等规模的配送可以选择的形式，同时也是能够较为容易地利用现有条件而不需要大量投资的形式。

4）生产企业配送

生产企业配送的组织者是生产企业，尤其是进行多品种生产的生产企业，可以直接由企业配送，而不需要将产品送到配送中心。由于减少了一次物流中转，所以有其一定的优势。

生产企业配送需要有较为完善的配送网络和较高的配送管理水平，适用于生产地方性较强产品的生产企业，如食品、饮料、百货等。某些不适用于中转的化工产品及地方建材也常常采用这种方式。

2.按配送商品种类及数量分类

1）单（少）品种大批量配送

工业企业需要量较大的商品，单独一个品种或仅少数品种就可达到较大输送量，可实行整车运输，这种商品往往不需要再与其他商品搭配，可由专业性很强的配送中心实行这种配送。由于配送量大，可使车辆满载并可使用大吨位车辆，在配送中心中，内部设置也不需要太复杂，组织、计划等工作也比较简单，因而配送成本较低。单（少）品种大批量配送优势范围较窄，当可用汽车、火车、船舶从生产企业将这种商品直抵用户，同时又不会使用户库存效益变坏时，采用直接配送方式往往有更好的效果。

2）多品种少批量配送

各工业生产企业所需的重要原材料、零部件一般需要量大，要求也比较均衡，采取直接配送或单（少）品种大批量配送方式可以收到好的效果。但是，现代企业生产所需要的，除了少数几种重要物资，从种类数来看，处于B类、C类的物资种类数远高于A类重要物资，这些种类品种数多，单品种需要量不大，采取直接配送或大批量配送方式由于必须加大一次进货批量，必然造成用户库存增大，库存周期拉长，库存损失严重，困死大量资金，所以，不能采取直接配送或大批量配送方法。类似情况也出现在向零售商店进行的补充配送，国外开展的向家庭的配送也是如此。这些情况适合采用的配送方式便是多品种少批量配送。多品种少批量配送是按用户要求，将所需的各种物品（每种需要量不大）配备齐全，凑整装车后由配送据点送达用户。这种配送对配货作业的水平要求较高，配送中心设备比较复杂，配送计划比较困难，要有高水平的组织工作保证和配合。在配送系统中，多品种少批量配送是一种高水平、高技术的配送方式。配送的特殊成效，主要反映在多品种少批量的配送中，这种方式也正切合现代"消费多样化"、"需求多样化"的新观念，所以，是许多发达国家常用的一种配送方式。

3）配套成套配送

配套成套配送是按企业生产需要，尤其是装配型企业生产需要，将生产所需全部零部件配齐，按生产节奏定时送达生产企业，生产企业随即可将此成套零部件送入生产线装配产品。采取这种配送方式，配送企业实际承担了生产企业的大部分供应工作。

3. 按配送时间及数量分类

1）定时配送（准时配送）

定时配送是按规定的时间间隔进行配送，如几天一次、几小时一次等，可以事前拟定长期计划，规定每次配送的品种及数量，也可以在配送时日之前以商定的联络方式（如电话、计算机终端输入等）通知配送品种及数量。这种配送方式由于时间固定，易于安排工作计划、易于计划使用车辆，对用户来讲，也易于安排接货力量（如人员、设备等）。但是由于备货的要求下达较晚，集货、配货、配装难度较大，在要求配送数量变化较大时，也会使配送运力安排出现困难。

2）定量配送

定量配送是按规定的批量进行配送，但不严格确定时间，只是规定在一个指定的时间范围中配送。这种方式由于数量固定，备货工作较为简单，用不着经常改变配货备货的数量，可以按托盘、集装箱及车辆的装载能力规定配送的定量，这就能有效利用托盘、集装箱等集装方式，也可做到整车配送，所以配送效率较高。由于时间没有严格限定，定量配送可以将不同用户所需物品凑整装车后配送，运力利用也较好。对用户来说，每次接货都处理同等数量的货物，在准备人力、设备方面也有不少便利。

3）定时定量配送

定时定量配送是按规定准确的配送时间和固定的配送数量进行配送，这种方式在用户较为固定，又都有长期的稳定计划时，采用起来有较大优势，兼具定时、定量两种方式的优点。这种配送方式特殊性强，计划难度大，适合采用的对象不多，虽然比较理想，但不是一种普遍配送方式。

4）定时、定路线配送

定时、定路线配送是在确定的运行路线上制订到达时间表，按运行时间表进行配送，用户可在规定路线站点及规定时间接货,可按规定路线及时间表提出配送要求,进行合理选择。采用这种配送方式有利于计划安排车辆及驾驶人员。在配送用户较多的地区,也可避免过分复杂的配送要求造成的配送计划、组织工作、配货工作及车辆安排的困难。对用户来讲,既可在一定路线、一定时间进行选择,又可有计划地安排接货力量,也有其便利性。但是这种方式的应用领域也是有限的,不能够普遍采用。

5)即时配送

即时配送是完全按用户要求的时间、数量进行的配送。这种配送方式是以某天的任务为目标,在充分掌握了这一天的需要地、需要量及种类的前提下,即时安排最优的配送路线并安排相应的配送车辆,实施配送。这种配送方式可以避免上述两种方式的不足,做到每天配送都能实现最优的安排,因而是水平较高的方式。采用即时配送方式,为了使这种配送得到有效的计划指导,可以在初期按预测的结果制订计划,以便统筹安排一个时期的任务,并准备相应的力量,实际的配送实施计划则可在配送前一两天根据任务书做出。

7.1.3 配送的意义和作用

1. 提高末端物流的经济效益

采用配送方式,通过增大经济批量来实现经济地进货,又通过将各种商品用户集中在一起进行一次发货,代替分别向不同用户小批量发货来实现经济地发货的目标,提高末端物流经济效益。

2. 通过集中库存使企业实现低库存或零库存

实现了高水平的配送之后,尤其是采取准时配送方式之后,生产企业可以完全依靠配送中心的准时配送而不需要保持自己的库存。或者,生产企业只需要保持少量保险储备而不必留有经常储备,这就可以实现生产企业多年追求的"零库存",将企业从库存的包袱中解脱出来,同时解放出大量储备资金,从而改善企业的财务状况。实行集中库存,集中库存的总量远低于不实行集中库存时各企业分散库存的总量,同时增加了调节能力,也提高了社会经济效益。此外,集中库存可利用规模经济的优势,使单位存货成本下降。

3. 简化事务,方便用户

采用配送方式,用户只需要向一处订购,或和一个进货单位联系就可订购到以往需要去许多地方才能订购到的货物,只需要组织对一个配送单位的接货便可代替现有的高频率接货,因而大大减少了用户的工作量,降低了用户的负担,也节省了事务开支。

4. 提高供应保证程度

若生产企业自己保持库存,维持生产,供应保证程度则很难提高(受到库存费用的制约),采取配送方式,配送中心可以比任何单位企业的储备量更大,因而对每个企业而言,中断供应、影响生产的风险便相对缩小,使用户免去货物短缺之忧。

7.1.4 快递业的发展

快递业务的本质是配送。经过多年的高速发展,快递业已成为社会商品流通的重要通道。面对国内快递业服务质量差、核心竞争力低的局面,运用并购手段推动快递业整合重组将成为快递业持续健康发展的必由之路。

根据《中华人民共和国邮政法》(2012修正)的定义,快递是指在承诺的时限内快速完成的寄递活动。快递要在承诺的时限内快速将信件、包裹、印刷品等物品,按照封装上的名址递送给特定个人或者单位。然而快递与传统的邮政业务在运输对象性质上存在较大差异,传统邮政业以信函为主要传递对象,其实质是信息流的传递,而快递业的实物流特性更为明显。因此,快递业与物流业具有较多的相似之处,但通常来讲快递业所运输的货物重量更轻、体积更小,在时间上比物流业要求更高。可见,快递业是介于物流业和传统邮政业之间相对独立的新兴行业。

国际快递业兴起于20世纪60年代末的美国,中国第一家快递企业成立于1979年。随着中国改革开放的发展,日趋激烈的市场竞争环境要求社会能够提供更加快捷、安全的物品传递服务,同时不断改善的交通状况及信息管理技术也为这种需求提供了落地实施的可能,中国快递业应运而生。1980年中国邮政开办全球邮政特快专递业务(EMS),随后国际快递巨头也纷纷通过合资、委托代理等方式进入中国市场。1986年颁布的《中华人民共和国邮政法》规定:"信件和其他具有信件性质的物品的寄递业务由邮政企业专营,但是国务院另有规定的除外。"但是随着市场经济的进一步发展,邮政企业已经无法满足外贸行业对报关材料、样品等快速传递的需求,民营快递企业因此迅速崛起。1993年,顺丰速运和申通快递分别在珠三角、长三角成立,1994年年初,宅急送在北京成立。2005年12月,中国按照WTO协议全面对外资开放物流及快递业。2007年9月,《快递服务》邮政行业标准的发布为快递业提供了规范服务行业标准。2008年7月,《快递市场管理办法》正式实施。2009年10月1日,《快递业务经营许可管理办法》和《中华人民共和国邮政法》(2009修订)同步实施,首次在法律上明确了快递企业的地位,并提出了快递业的准入门槛。

我国快递业经过数十年发展,已经形成了一个规模庞大的产业。按照快递企业性质及规模,可以将我国快递业企业分为四类。第一类是外资快递企业,包括联邦快递(FedEx)、敦豪航空货运公司(DHL)、联合包裹服务公司(UPS)等,外资快递企业具有丰富的经验、雄厚的资金以及发达的全球网络。第二类是国有快递企业,包括中国邮政(EMS)、民航快递（CAE）、中铁快运（CRE）等，国有快递企业依靠其背景优势和完善的国内网络而在国内快递市场处于领先地位。第三类是大型民营快递企业，包括顺丰速运、宅急送、申通快递等，大型民营快递企业在局部市场站稳脚跟后，已逐步向全国扩张。第四类是小型民营快递企业，这类企业规模小、经营灵活但管理比较混乱，其主要经营特定区域的同城快递和省内快递业务。

【应用案例7-1】Wing公司的无人机配送业务获批

据国外媒体报道，美国联邦航空管理局（FAA）表示，谷歌母公司Alphabet下属的Wing公司于2019年4月份获得正式批准，成为第一家获得美国政府牌照的无人机快递公司。

美国联邦航空管理局表示，这意味着Wing公司可以正式对外提供一项商业服务，将货物从当地企业运送到购物家庭。该公司也获得了运行飞行距离超过视线距离的无人机航线的批准。

作为美国交通部无人机集成试点计划的参与者之一，Wing公司与大西洋航空公司和弗吉尼亚理工大学进行了项目合作。

美国联邦航空管理局表示，Wing公司获得的运营牌照有效期为两年。一名操控员一次最多可以操作五架送货的无人机，而且只能在白天操作。无人机不能携带危险材料和物品，也不能在地面人员的上空盘旋。

美国联邦航空管理局表示，根据大量的数据和文件，以及在澳大利亚进行的数千次安全飞行试验，Wing公司的业务符合该机构的安全要求。

Wing公司最近开始在澳大利亚堪培拉北部地区提供商业快递服务，并将在欧洲开始第一次试验，将快递包裹运送到芬兰赫尔辛基的购物家庭。数据显示，无人机送货对行人的风险低于地面汽车送货。

亚马逊若干年前也开展了无人机快递服务的研究和试验，不过由于美国政府对于无人机飞行提出过于严格的要求，比如曾经要求无人机必须在操控员的视线之内飞行，并且对无人机质量（千克）做出了严格规定，亚马逊选择在欧洲一些地方进行研发和飞行测试。比如在英国试验利用无人机给网站包邮会员递送包裹。

（资料来源：http://www.chinawuliu.com.cn/zixun/201904/29/340255.shtml）

7.2 配送中心

7.2.1 配送中心的概念

根据《中华人民共和国国家标准·物流术语》（GB/T 18354—2006）的定义，配送中心（distribution center）是指从事配送业务且具有完善信息网络的场所或组织。应基本符合下列要求：a）主要为特定客户或末端客户提供服务；b）配送功能健全；c）辐射范围小；d）提供高频率、小批量、多批次配送服务。

配送中心是接受生产厂家等供货商多批次、小批量的货物，按照多家需求者的订货要求，迅速、准确、低成本、高效率地将商品配送到需求场所的物流节点设施。

一般来说，为了提高物流服务水平，降低物流成本，从工厂等供货场所到配送中心实施低成本、高效率的大批量运输，配送中心在分拣后，向区域内的需求者进行配送。在配送过程中，配送中心根据需要还可以在接近用户的地方设置末端配点，从这里向小需求量用户配送商品。

7.2.2 配送中心与物流中心

1. 物流中心的概念

根据《中华人民共和国国家标准·物流术语》（GB/T 18354—2006）的定义，物流中心（logistics center）是指从事物流活动且具有完善信息网络的场所或组织。应基本符合下列要求：a）主要面向社会提供公共物流服务；b）物流功能健全；c）集聚辐射范围大；d）存储、吞吐能力强；e）对下游配送中心客户提供物流服务。

物流中心是物流作业集中的场所，分为综合物流中心与专业物流中心（包括运输中心，Transfer Center，TC；配送中心，Distribution Center，DC；储存中心，Stock Center，SC；加工中心，Process Center，PC 四种类型）。

2. 物流中心与配送中心的关系

物流中心与配送中心的共同点为：①物流中心的外延比配送中心大，包括配送中心，配送中心属于物流中心，所以配送中心可以称为物流中心；②二者都是物流作业，如运输、储存、包装、流通加工、物流信息等集中的地方。二者之间的区别如表7-1所示。

表7-1 配送中心与物流中心的区别

区别点	配送中心	物流中心
相互联系	上游可以是生产企业也可以是物流中心，下游是服务客户	上游为生产企业，下游为配送中心或服务客户
服务对象	主要用户服务	主要面向更广的全社会服务
功能	要求具有配送核心作业等功能	要求物流功能健全
辐射范围	相对小	大
配送特点	多品种、小批量、高频率	少品种、大批量
经营特点	以配送为主，储存为辅	储存、吞吐能力强

7.2.3 配送中心的分类

1. 按照配送中心的内部特性分类

1）储存型配送中心

储存型配送中心是有很强储存功能的配送中心。一般来讲，在买方市场下，企业成品销售需要有较大库存支持，其配送中心可能有较强储存功能；在卖方市场下，企业原材料、零部件供应需要有较大库存支持，这种供应配送中心也有较强的储存功能。大范围配送的配送中心，需要有较大库存，也可能是储存型配送中心。

2）流通型配送中心

流通型配送中心基本上没有长期储存功能，它是仅以暂存或随进随出方式进行配货、送货的配送中心。这种配送中心的典型方式是，大量货物整进并按一定批量零出，采用大型分货机，进货时直接进入分货机传送带，分送到各用户货位或直接分送到配送汽车上，货物在配送中心里仅做少许停滞。日本的阪神配送中心，中心内只有暂存，大量储存则依靠一个大型补给仓库。

3）加工配送中心

加工配送中心具有加工职能，它是根据用户的需要或者市场竞争的需要，对配送物进行加工之后进行配送的配送中心。在这种配送中心内，有分装、包装、初级加工、集中下料、组装产品等加工活动。世界著名连锁服务店肯德基和麦当劳的配送中心就属于这种类型的配送中心。在工业、建筑领域，生混凝土搅拌的配送中心也是这种类型的配送中心。

2. 按照配送中心承担的流通职能分类

1）供应配送中心

供应配送中心执行供应的职能，它是专门为某个或某些用户（比如连锁店、联合公司）组织供应的配送中心。例如，为大型连锁超级市场组织供应的配送中心，代替零件加工厂送货的零件配送中心，使零件加工厂对装配厂的供应合理化。供应配送中心的主要特点是，配送的用户有限并且稳定，用户的配送要求范围也比较确定，属于企业型用户。因此，供应配送中心集中库存的品种比较固定，进货渠道也比较稳固，同时，供应配送中心可以采用效率比较高的分货式工艺。

2）销售配送中心

销售配送中心执行销售的职能，它是以销售经营为目的，以配送为手段的配送中心。销售配送中心大体有两种类型。一种是生产企业将本身产品直接销售给消费者的配送中心，在国外，这种类型的配送中心有很多；另一种是流通企业作为本身经营的一种方式，建立配送中心以扩大销售，我国目前拟建的配送中心大多属于这种类型。

销售配送中心的用户一般是不确定的，而且用户的数量很大，每一个用户购买的数量又较少，属于消费者型用户。这种配送中心很难像供应配送中心一样实行计划配送，它的计划性较差。

销售配送中心集中库存的库存结构也比较复杂，一般采用拣选式配送工艺，销售配送中心往往采用共同配送方法才能够取得比较好的经营效果。

3．按配送区域的范围分类

1）城市配送中心

城市配送中心是以城市范围为配送范围的配送中心，由于城市范围一般处于汽车运输的经济里程，这种配送中心可直接配送到最终用户，且采用汽车进行配送。所以，这种配送中心往往和零售经营相结合，由于运距短，反应能力强，因而从事多品种、少批量、多用户的配送较有优势。

2）区域配送中心

区域配送中心是以较强的辐射能力和库存准备，向省际、全国乃至国际范围的用户配送的配送中心。这种配送中心配送规模较大，一般而言，用户也较多，配送批量也较大，而且，往往是配送给下一级的城市配送中心，也配送给营业所、商店、批发商和企业用户，虽然也从事零星的配送，但不是主体形式。

4．按配送货物属性分类

根据配送货物的属性，可以分为食品配送中心、日用品配送中心、医药品配送中心、化妆品配送中心、家用电器配送中心、电子（3C）产品配送中心、书籍产品配送中心、服饰产品配送中心、汽车零件配送中心以及生鲜处理中心等。

7.2.4 配送中心的功能

1．集货功能

为了满足门店"多品种、小批量"的要货和消费者要求在任何时间都能买到所需商品的需求，配送中心必须从众多的供应商那里按需要的品种批量地进货，以备齐所需商品，规模备货，从生产企业取得种类、数量繁多的货物。这是配送中心的基础功能。

2．储存功能

配送依靠集中库存来实现对多个用户的服务，储存可形成配送的资源保证，是配送中心必不可少的支撑功能。

3．分拣、理货功能

为了将多种货物按不同要求、种类、规格、数量向多个用户进行配送，配送中心必须有效地将储存货物按用户要求分拣出来，并能在分拣的基础上，按配送计划进行理货。这是配送中心的核心功能。

4．配货、分放功能

配货、分放通常是在商品集结地将各用户所需要的多种货物，在配货区有效地组织起来，形成向用户方便发送的配载。这也是配送中心的核心功能。

5．倒装、分装功能

不同规模的货载在配送中心应能实现高效的分解组合，形成新的装运组合或装运形态，从而符合用户的特定要求，达到有效的载运负荷。这是配送中心的重要功能。

6．装卸搬运功能

配送中心的集货、理货、装货、加工都需要辅之以装卸搬运，有效的装卸能大大提高配送中心的水平。可以说装卸搬运工作是物流能否顺利展开的最基本的保证。这是配送中心的基础性功能。

7．送货功能

虽然送货已经超出配送中心的范畴，但配送中心还是要对送货工作指挥管理起决定性作用。送货属于配送中心的末端功能，配送中心的难点是如何组合形成高效最佳配送路线，如何使配装和路线最搭配。

8．流通加工的功能

它是物品在从生产领域向消费领域流动的过程中，为了促进销售、维护产品质量和提高物流效率，而对物品进行的加工。

9．信息处理的功能

配送中心在干线物流与末端物流之间起衔接作用，这种衔接不但靠实物的配送，也靠情报信息的衔接。配送中心的情报活动是全物流系统中重要的一环。配送中心有相当完整的信息处理系统，能有效地为整个流通过程的控制、决策和运转提供依据。

【应用案例7-2】比利时邮政的绿色配送中心

比利时邮政在蒙斯开设了一家绿色环保的配送中心，并将全新的Colibus电动货车用于"最后一英里"配送，这是比利时邮政环保战略的一部分。

自2007年以来，比利时邮政已将二氧化碳排放量削减近40%，因此连续六年被国际邮政公司评为"全球最环保的邮政运营商"。公司的目标是到2030年将二氧化碳排放量进一步削减20%。

该中心采用了最佳的隔热建筑，配备了太阳能电池板，其信件和包裹将由20辆电动车配送完成。该公司称，这些创新使比利时邮政在蒙斯配送中心实现了更好的能源效能，与其他配送中心的平均能耗相比，该中心的电力消耗减少了18%，燃气消耗减少了55%。

与此同时，比利时邮政计划在2030年前用电动车辆替代50%的柴油车辆。到2022年，将有600辆电动货车配送信件和包裹，2030年将增加到3400辆。

其中，全新的电动货车Colibus将发挥重要作用。这是专门面向包裹市场设计的一款全电动货车，可装载100多件包裹，该货车已经在一些城市投入运营。

比利时邮政表示，公司是欧洲第一家将Colibus投入服务的邮政运营商，此前已经过10个月的测试。除了Colibus和其他电动货车，公司还运营着2652辆电动自行车和324辆电动三轮车。

（资料来源：http://www.chinawuliu.com.cn/zixun/201904/26/340191.shtml）

7.3 配送的流程与模式

7.3.1 配送的业务流程

1. 配送作业的基本环节

配送作业是按照用户的要求，把货物分拣出来，按时按量发送到指定地点的过程。从总体上来讲，配送是由备货、理货和送货三个基本环节组成的。其中每个环节又包含若干项具体的、枝节性的活动。

1）备货

备货是指准备货物的系列活动，它是配送的基础环节。严格来说，备货包括两项具体活动：筹集货物和存储货物。

2）理货

理货是配送的一项重要内容，也是配送区别于一般送货的重要标志。理货包括货物分拣、配货和包装等经济活动，其中分拣是指采用适当的方式和手段，从储存的货物中选出用户所需货物的活动。货物分拣一般有两种方式：摘取式和播种式。

3）送货

送货是配送活动的核心，也是备货和理货工序的延伸。在物流活动中，送货实际上就是货物的运输。在送货过程中，常常会对以下三种内容进行选择：运输方式、运输路线和运输工具。

2. 配送作业的一般流程

配送作业是配送企业或部门运作的核心内容，因而配送作业流程的合理性以及配送作业效率的高低都会直接影响整个物流系统的正常运行。配送作业的一般流程如图7-1所示。

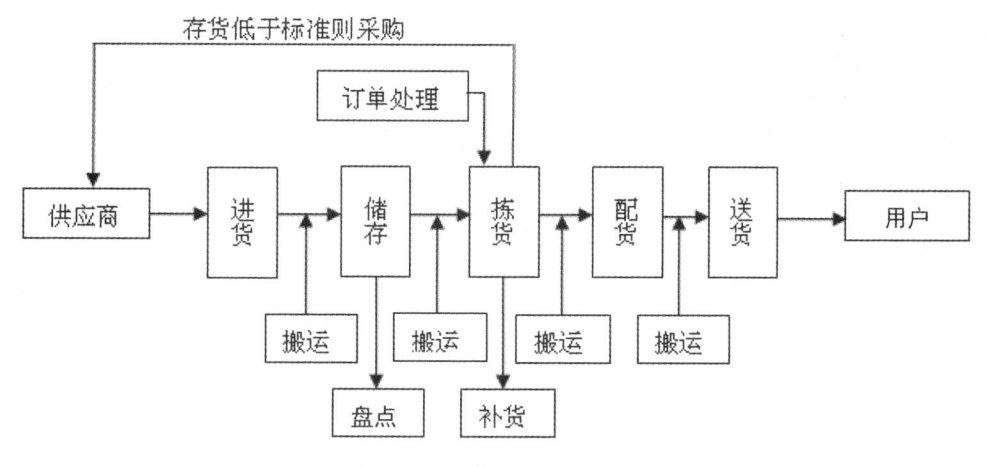

图 7-1 配送作业的一般流程

配送企业或部门收到用户订单后,首先将订单按其性质进行"订单处理",之后根据处理后的订单信息,进行从仓库中取出用户所需货品的"拣货"作业。拣货完成后,一旦发现拣货区所剩余的存货量过低,则必须由储存区进行"补货"作业。如果储存区的存货量低于规定标准,便向供应商"进货"。从仓库拣选出的货品经过整理之后即可准备"配货",等到一切准备就绪,司机便可将货品装在配送车上,向用户进行"送货"作业。另外,在所有作业流程中,可发现只要涉及货品的流动作业,其间的过程就一定有"搬运"作业。

3. 进货作业和订单处理

1) 进货作业

进货作业是指从货车上把货物卸下、开箱,检查其数量、质量,然后将必要的信息进行书面化的记载。进货作业流程包括以下主要环节。

(1) 进货作业计划。物流中心的进货作业计划制订的主要基础和依据是需求订单。进货作业的制订必须依据需求订单反映的信息,掌握商品到达的时间、品类、数量及到货方式,尽可能准确地预测出到货时间,以尽早做出卸货、储位、人力、物力等方面的计划和安排。进货作业计划的制订有利于保证整个进货流程的顺利进行,同时有利于提高作业效率,降低作业成本。

(2) 进货前的准备。在商品到达物流中心之前,必须根据进货作业计划,在掌握入库商品的品种、数量和到库日期等具体情况的基础上做好进货准备。做好进货前的准备,是保证商品入库稳中有序的重要条件。准备工作的主要内容有储位准备、人员准备、搬运工具准备、相关文件准备。

(3) 接运与卸货。有些商品通过铁路、公路、水路等公共运输方式转运到达,需要物流中心从相应站港接运商品,对直接送达物流中心的商品,必须及时组织卸货入库。

(4) 分类与标示。在对商品进行初步清点的基础上,需按储放地点、唛头标志进行分类并做出标记。在这一阶段,要注意根据有关单据和信息,对商品进行初步清理验收,以便及时发现问题，查清原因，明确责任。

（5）核对单据。进货商品通常会具备下列单据或相关信息：送货单，采购订单、采购进货通知，供应方开具的出仓单、发票、磅码单、发货明细表等；除此之外，有些商品还有随货同行的商品质量保证说明书、检疫合格证、装箱单等；对由承运企业转运的货物，接运时还需审核运单，核对货物与单据反映的信息是否相符。

（6）入库验收。入库验收是对即将入库的商品，按规定的程序和手续进行数量和质量的检验，也是保证库存质量的第一个重要的工作环节。商品的检验方式有全检和抽检两种，一般由供货方和接货方双方通过签订协议或在合同中明确规定。商品验收的内容包括质量验收、包装验收、数量验收、交货期检验。

（7）进货信息的处理和商品信息的登录。到达物流中心的商品，经验收确认后一般应填写"入库验收单"；单据的格式根据商品及业务形式而不同，但一般包含供应商信息、商品信息、订单信息等。

（8）进货辅助信息的收集与整理。在进货通道、站台、库房布局等硬件设施的设计与布局中，需要考虑许多相关因素，才能达到既能控制适当的规模，节省投资，又能满足作业需要的目的。这些信息将决定进货工作量的大小、装卸货方式及设备的选择、库内外卸货站台的空间、进货验收对人员及设备等方面的需求、进货作业活动所需场地和空间的大小、车辆等运输工具的安排。进货辅助信息主要来自进货作业过程中发生的相关信息，因此，必须注意收集与整理进货辅助信息，以便为管理决策提供重要的参考数据。

2）订单处理

从接到客户订单开始到着手准备拣货之间的作业阶段，称为订单处理。订单处理通常包括订单资料确认、存货查询、单据处理等内容。

订单处理分人工和计算机两种形式。人工处理具有较大弹性，但只适合少量的订单处理。计算机处理则速度快、效率高、成本低，适合大量的订单处理，因此订单处理目前主要采用计算机处理形式。订单处理的基本内容及步骤如图7-2所示。

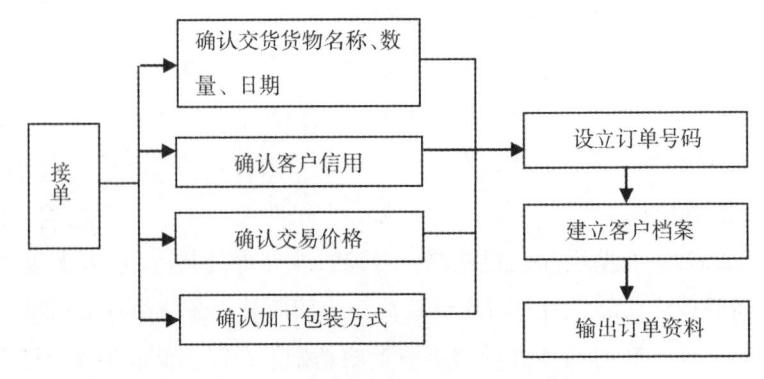

图7-2 订单处理的基本内容及步骤

4．拣货作业和补货作业

1）拣货作业

拣货作业是依据顾客的订货要求或配送中心的送货计划，尽可能迅速、准确地将商品从其储位或其他区域拣取出来，并按一定的方式进行分类、集中、等待配装送货的作业流程。拣货作业的基本过程包括如下四个环节。

（1）拣货信息的形成。拣货作业开始前，必须先行处理完成指示拣货作业的单据或信息。虽然一些配送中心直接利用顾客订单或公司交货单作为拣货指示，但此类传票容易在拣货过程中受到污损而产生错误，所以多数拣货方式仍需将原始传票转换成拣货单或电子信号，使拣货员或自动拣取设备进行更有效的拣货作业。但是这种转换仍是拣货作业中的一大瓶颈。因此，如何利用 EOS、POS 直接将订货资讯通过计算机快速及时地转换成拣货单或电子信号是现代配送中心必须解决的问题。

（2）行走与货物的搬运。拣货时，拣货作业人员或机器必须直接接触并拿取货物，这样就形成了拣货过程中的行走与货物的搬运。这一过程有两种完成方式：人—物方式，即拣货作业人员以步行或搭乘拣货车辆方式到达货物储位；物—人方式，与第一种方式相反，拣取人员在固定位置作业，而货物保持动态的储存方式。

（3）拣货。无论是人工或机械拣取货物都必须首先确认被拣货物的品名、规格、数量等内容是否与拣货指示一致。这种确认既可以通过人工目视读取信息，也可以利用无线传输终端机读取条码，由电脑进行对比。后一种方式可以大幅度降低拣货的错误率。拣货信息被确认后，拣取的过程可以由人工或自动化设备完成。

（4）分类与集中。配送中心在收到多个客户的订单后，可以形成批量拣取，然后根据不同的客户或送货路线分类集中，有些需要进行流通加工的商品还需要根据加工方法进行分类，加工完毕再按一定方式分类出货。多品种分货的工艺过程较复杂，难度也较大，容易发生错误，必须在统筹安排形成规模效应的基础上提高作业的精确性。分类完成后，经过查对、包装便可以出货了。

2）补货作业

补货作业是将货物从仓库保管区域搬运到拣货区的工作，其目的是确保商品能保质保量按时送到指定的拣货区。

补货作业主要应包括确定所需补充的货物，领取商品，做好上架前的各种打理、准备工作，补货上架。补货作业的方式主要有以下几种。

（1）整箱补货。由货架保管区补货到流动货架的拣货区。这种补货方式的货架保管区为料架储放区，拣货动管区为两面开放式的流动棚拣货区。拣货员拣货之后把货物送入输送机并运到发货区，当动管区的存货量低于设定标准时，则进行补货作业。这种补货方式由作业员到货架保管区取货箱，用手推车将货箱载至拣货区。较适合于体积小且少量多样出货的货品。

（2）托盘补货。这种补货方式是以托盘为单位进行补货。托盘由地板堆放保管区运到地板堆放动管区，拣货时把托盘上的货箱置于中央输送机上送到发货区。当动管区的存货量低于设定标准时，立即补货，使用堆垛机将托盘从保管区运到拣货动管区，也可以把托盘运到货架动管区进行补货。这种补货方式适合于体积大或出货量多的货品。

（3）货架上层—货架下层的补货方式。此种补贷方式下的保管区与动管区属于同一货架，也就是将同一货架上的中下层作为动管区，上层作为保管区，而进货时则将动管区放不下的多余货箱放到上层保管区。当动管区的存货低于设定标准时，利用堆垛机将上层保管区的货物搬至下层动管区。这种补货方式适合于体积不大、存货量不高，且多为中小量出货的货物。

5. 配货作业和送货作业

1）配货作业

配货作业是指把拣取分类完成的货品经过配货检查过程后，装入容器和做好标示，再运到配货准备区，待装车后发送。配货作业既可采用人工作业方式，也可采用人机作业方式，还可采用自动化作业方式，但组织方式有一定区别。配货作业流程如图 7-3 所示。

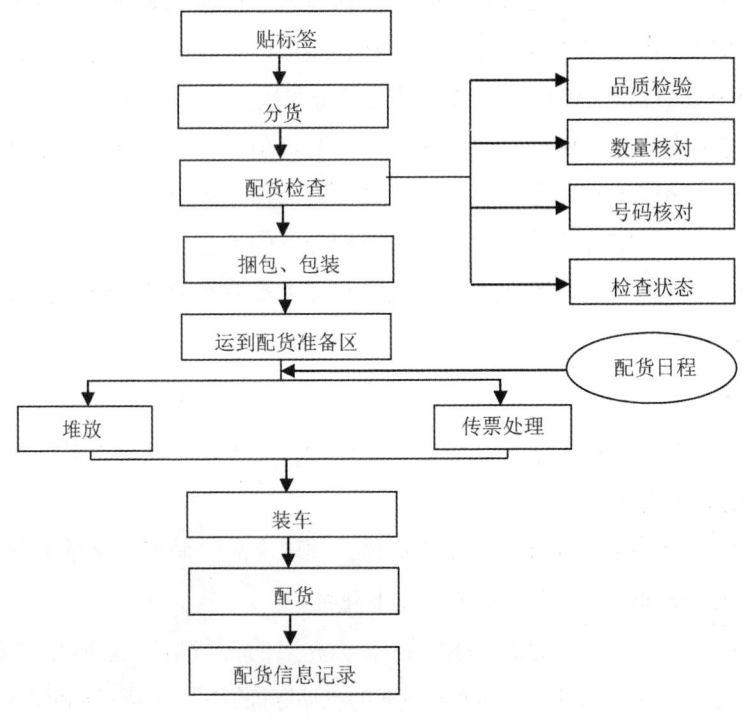

图 7-3　配货作业流程

2）送货作业

送货作业是利用配送车辆把用户订购的物品从制造厂、生产基地、批发商、经销商或配送中心，送到用户手中的过程。送货通常是一种短距离、小批量、高频率的运输形式，它以服务为目标，以尽可能满足客户需求为宗旨。

送货作业的一般业务流程如图 7-4 所示。在各阶段的操作过程中，需要注意的要点有明确订单内容、掌握货物的性质、明确具体配送地点、适当选择配送车辆、选择最优的配送线路及充分考虑各作业点装卸货时间。

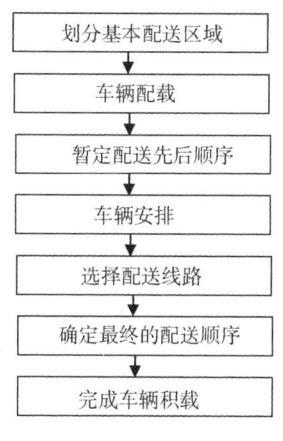

```
划分基本配送区域
    ↓
车辆配载
    ↓
暂定配送先后顺序
    ↓
车辆安排
    ↓
选择配送线路
    ↓
确定最终的配送顺序
    ↓
完成车辆积载
```

图 7-4 送货作业流程

6．退调作业和信息处理

1）退调作业

退调作业涉及退货商品的接收和退货商品的处理。而退货商品的处理，还包含着退货商品的分类、整理（部分商品可重新入库）、退供货商或报废销毁以及账务处理。

2）信息处理

在配送中心的运营中，信息系统起着中枢神经的作用，其对外与生产商、批发商、连锁商场及其他客户等联网，对内向各子系统传递信息，把收货、储存、拣选、流通加工、分拣、配送等物流活动整合起来，协调一致，指挥、控制各种物流设备和设施高效率运转。在配送中心的运营中包含着三种"流"，即物流、资金流和信息流。

7.3.2 配送的模式

1．配送模式的种类

1）自营配送模式

自营配送模式是指企业物流配送的各个环节由企业自身筹建并组织管理，实现对企业内部及外部货物配送的模式，是目前生产流通或综合性企业（集团）所广泛采用的一种配送模式。企业（集团）通过独立组建配送中心，实现内部各部门、厂、店的物品供应的配送。这种配送模式因为糅合了传统的"自给自足"的"小农意识"，形成了新型的"大而全"、"小而多"的局面，从而导致了社会资源的浪费；但是这种配送模式有利于企业供应、生产和销售的一体化作业，系统化程度相对较高，既可满足企业内部原材料、半成品及成品的配送需要，又可满足企业对外进行市场拓展的需求。

较典型的企业（集团）内自营配送模式，就是连锁企业的配送。许多连锁公司或集团基本上都是通过组建自己的配送中心，来完成对内部各场、店的统一采购、统一配送和统一结算的。

2）共同配送模式

共同配送是物流配送企业之间为了提高配送效率以及实现配送合理化所建立的一种功能互补的配送联合体。共同配送是一种物流配送经营企业之间为实现整体配送合理化，以互惠互利为原则，互相提供便利的物流配送服务的协作型配送模式，也是电子商务发展到目前为止最优的物流配送模式，包括配送的共同化、物流资源利用共同化、物流设施设备利用共同化以及物流管理共同化。共同配送模式是合理化配送的有效措施之一，是企业保持优势常在的至关重要的课题，是企业的横向联合、集约协调、求同存异和效益共享，是一种有利于发挥集团型竞争优势的一种现代管理方法。

在实际运作中，由于共同配送联合体的合作形式、所处环境、条件以及客户要求的服务存在差异，因此，共同配送的运作过程也存在较大的差异，互不相同。共同配送的一般运作过程如图7-5所示。

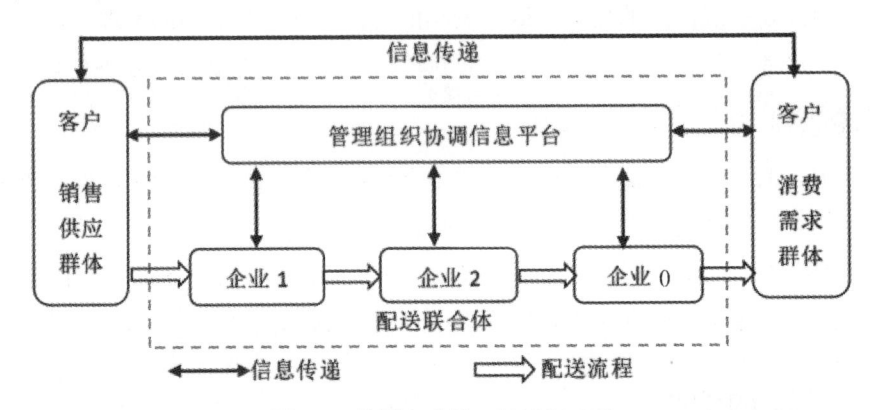

图7-5 共同配送的一般运作过程

3）第三方配送模式

随着物流产业的不断发展以及第三方配送体系的不断完善，第三方配送模式成为工商企业和电子商务网站进行货物配送的首选模式和方向。第三方配送模式的运作方式如图7-6所示。

```
供给方：工           第三方：          需求方：工
商企业、电  ←委托代理→  专业配送公  ←委托代理→  商企业、消
商网站等            司、企业           费者等
```

图 7-6　第三方配送模式的运作方式

第三方配送模式作为有着较新物流理念的产业正在逐步形成，在对企业的服务中逐步形成了一种战略关系。随着准时制管理方式的普及，无论是制造企业还是商业企业都逐渐把配送业务交由相对独立的第三方配送企业进行管理。第三方配送企业根据采购方的小批量和多批次的要求，按照地域分布密集情况，决定供应方的取货顺序，并应用一系列的信息技术和物流技术，保证准时取货和配货。同其他配送模式不同，这种新型的物流配送模式主要有以下特点。

（1）拉动式（响应为基础）的经营模式。
（2）小批量、多批次取货。
（3）提高生产保障率，减少待料时间。
（4）减少中间仓储搬运环节，做到"门对门"的服务，节约仓储费用和人力、物力。
（5）产生最佳经济批量，从而降低运输成本。
（6）通过全球定位系统（GPS）及信息反馈系统，保证了准时运输及运输安全。

2．配送模式的选择

选择何种配送模式，主要取决于以下几方面的因素：配送对企业的重要性、企业配送能力、市场规模与地理范围、保证的服务及配送成本等，一般来说，企业配送模式的选择方法主要有矩阵图决策法、比较选择法等。在这里介绍矩阵图决策法。

矩阵图决策法主要通过两个不同因素的组合，利用矩阵图来选择配送模式的一种决策方法。其基本思路是选择决策因素，然后通过其组合形成不同区域或象限，再进行决策。在这里我们主要围绕配送对企业的重要性和企业的配送能力来进行分析，如图 7-7 所示。

	企业的配送能力	
	高	低
重要	I	II
不重要	III	IV

（纵轴：配送对企业的重要性）

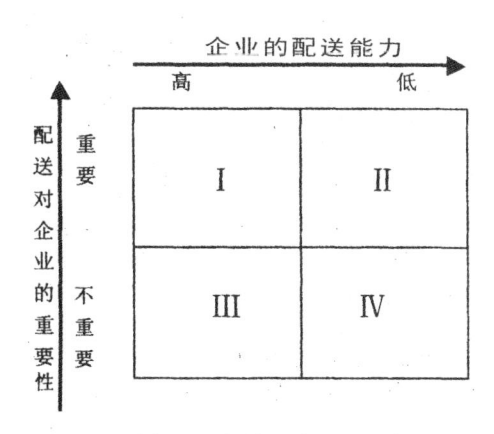

图 7-7　矩阵图决策法

在实际经营过程中，企业根据自身的配送能力和配送对企业的重要性组成了上述区域，一般来说，企业可按下列思路来进行选择和决策。

在状态Ⅰ下，配送对企业的重要性程度较高，企业也有较高的配送能力，在配送成本较低和地理区域较小但市场相对集中的情况下，企业可采取自营配送模式，以提高顾客的满意度和配送效率，与营销保持一致。

在状态Ⅱ下，配送虽对企业的重要程度较高，但企业的配送能力较低，此时，企业可采取的策略是寻求配送伙伴来弥补自身在配送能力上的不足。可供选择的模式有三种，第一种是加大投入，完善配送系统，提高配送能力，采用自营配送模式；第二种是进行一些投入，强化配送能力，采用共同配送模式；第三种是采取第三方配送模式，将配送业务完全委托给专业性的配送企业来进行。一般说来，在市场规模较大，且相对集中及投资量较小的情况下，企业可采取自营配送模式，若情况相反，则可采取第三方配送模式。

在状态Ⅲ下，配送在企业战略中不占据主要地位，但企业却有较强的配送能力，此时，企业可向外拓展配送业务，以提升资金和设备的利用能力，既可以采取共同配送的模式，也可以采用自营配送模式。若企业在该方面具有较大竞争优势时，也可适当地调整业务方向，向社会化的方向发展，成为专业的配送企业。

在状态Ⅳ下，企业的配送能力较低，且不存在较大的配送需求，此时，企业宜采取第三方配送模式，将企业的配送业务完全或部分委托给专业的配送企业去完成，而将主要精力放在企业最为擅长的生产经营方面，精益求精，获得更大的收益。

7.4 配送合理化

7.4.1 不合理配送形式

对于配送合理与否，不能简单判定，也很难有一个绝对的标准。例如，企业效益是配送的重要衡量标志，但是，在决策时常常要考虑各种因素，有时要做赔本买卖。所以，配送的决策是全面、综合决策，在决策时要避免由于不合理配送造成的损失，但有时某些不合理现象是伴生的，要追求大的"合理"，就可能派生小的"不合理"，所以，虽然这里只单独论述不合理配送的表现形式，但是仍要防止绝对化。

1. 资源筹措不合理

配送是利用较大批量筹措资源，通过筹措资源达到规模效益来降低资源筹措成本，使配送资源筹措成本低于用户自己筹措资源成本，从而取得优势。如果不是集中多个用户需要进行批量筹措资源，而仅仅是为某一、两户代购代筹，对用户来说，就不仅不能降低资源筹措费，相反却要多支付一笔配送企业的代筹代办费，因而是不合理的。资源筹措不合理还有其他表现形式，如配送量计划不准，资源筹措过多或过少，在资源筹措时不考虑建立与资源供应者之间长期稳定的供需关系等。

2．库存决策不合理

配送应充分利用集中库存总量低于各用户分散库存总量的条件，大大节约社会财富，同时降低用户实际平均分摊库存负担。因此，配送企业必须依靠科学管理来实现一个低总量的库存，否则就会出现仅仅是库存转移，而未取得库存总量降低的效果。配送企业库存决策不合理还表现在储存量不足，不能保证随机需求，失去了应有的市场。

3．价格不合理

总的来讲，配送的价格应低于不实行配送时用户自己的产品购买价格加上用户自己提货、运输、进货成本的总和，这样才会使用户有利可图。有时候，由于配送有较高服务水平，价格稍高，用户也是可以接受的，但这不是普遍的原则。如果配送价格普遍高于用户自己的进货价格，损伤了用户利益，就是一种不合理表现。价格过低，使配送企业处于无利或亏损状态下运行，会损伤销售者，也是不合理的。

4．配送与直达的决策不合理

一般的配送总是增加环节，环节的增加可降低用户平均库存水平，因此不但抵消了增加环节的支出，而且还能取得剩余效益。但是如果用户使用量大，可以直接通过社会物流系统均衡批量进货，较之通过配送中转送货则可能更节约费用，所以，在这种情况下，不直接进货而通过配送，就属于不合理范畴。

5．送货中不合理运输

对于多个小用户来讲，可以集中配装一车进行配送，相比一家一户自提而言，这可大大节省运力和运费。如果不能利用这一优势，仍然是一户一送，而车辆达不到满载（即时配送过多、过频时会出现这种情况），则就属于不合理配送。

此外，不合理运输若干表现形式，在配送中都可能出现，会使配送变得不合理。

6．经营观念的不合理

在配送实施中，有许多是经营观念不合理，使配送优势无从发挥，相反却损坏了配送的形象。这是开展配送时尤其需要注意克服的不合理现象。例如，配送企业利用配送手段，向用户转嫁资金、库存困难；在库存过大时，强迫用户接货，以缓解自己的库存压力；在资金紧张时，长期占用用户资金；在资源紧张时，将用户委托资源挪做他用获利；等等。

7.4.2 配送合理化判断

对于配送合理化与否的判断，是配送决策系统的重要内容，目前国内外尚无一定的技术经济指标体系和判断方法，按一般认识，以下若干标志是判断配送合理化与否的重要内容。

1．库存标志

库存是判断配送合理化与否的重要标志。具体指标有以下两个方面。

1）库存总量

库存总量在一个配送系统中，从分散于各个用户转移给配送中心，配送中心库存数量加上各用户在实行配送后的库存量之和应低于实行配送前各用户库存量之和。

此外，从各个用户角度判断，比较各用户在实行配送前后的库存量，也是判断配送合理化与否的标准，某个用户库存上升而库存总量下降，也属于一种不合理配送。

库存总量是一个动态的量，上述比较应当是在一定经营量前提下展开的。在用户生产发展之后，库存总量的上升则反映了经营的发展，必须扣除这一因素，才能对库存总量是否下降做出正确判断。

2）库存周转

由于配送企业的调剂作用，以低库存保持高的供应能力，库存周转一般总是快于原来各企业库存周转。

此外，从各个用户角度进行判断，比较各用户在实行配送前后的库存周转，也是判断配送合理化与否的标志。为取得共同比较基准，以上库存标志，都以库存储备资金计算，而不以实际物资数量计算。

2．资金标志

实行配送应有利于资金占用的降低及资金运用的科学化。具体判断标志如下。

1）资金总量

用于资源筹措所占用流动资金总量，随储备总量的下降及供应方式的改变必然有一个较大的降低。

2）资金周转

从资金运用来讲，由于整个技术经济发展节奏加快，资金得以充分发挥作用，同样数量的资金，过去需要较长时间才能满足一定的供应要求，配送之后，在较短时间内就能达到这个目的。所以资金周转是否加快是衡量配送合理化与否的标志。

3）资金投向的改变

资金分散投入还是集中投入，是资金调控能力的重要反映。实行配送后，资金必然应当从分散投入改为集中投入，以能强化调控作用。

3．成本和效益

总效益、宏观效益、微观效益、供应成本等都是判断配送合理化与否的重要标志。对于不同的配送方式，可以有不同的判断侧重点。例如，配送企业、用户企业都是各自独立的以利润为中心的企业，那么配送活动不但要看配送的总效益，而且还要看对社会的宏观效益及对企业、用户的微观效益，不顾及任何一方，都必然属于不合理配送。如果配送是由用户企业自己组织的，配送主要强调保证能力和服务性，那么，配送是否合理化主要从总效益、宏观效益和用户企业的微观效益来判断，不必过多顾及配送企业的微观效益。

由于总效益及宏观效益难以计量，在实际情况下，常按国家政策进行经营，通过国家税收及配送企业及用户的微观效益的完成状况来判断配送是否合理化。

对于配送企业而言（投入确定了的情况下），企业利润反映配送合理化程度。对于用户企业而言，在保证供应水平或提高供应水平（产出一定）前提下，供应成本的降低，反映了配送的合理化程度。成本及效益对合理化的衡量，还可以具体到储存、运输等具体配送环节，使判断更为精细。

4．供应保证标志

实行配送，各用户最担心的是害怕供应保证能力降低，这是个心态问题，也是承担风险的实际问题。

配送的重要一点是必须提高而不是降低对用户的供应保证能力，这样的配送才是合理的。供应保证能力可以从以下方面判断。

1）缺货次数

实行配送后，对各用户来讲，该到货而未到货以致影响用户生产及经营的次数，必须降低才算合理。

2）配送企业集中库存量

对每一个用户来讲，配送企业的集中库存量所形成的供应保证能力高于配送前单个企业的供应保证能力，从供应保证方面来看才算合理。

3）即时配送的能力及速度

即时配送是用户出现特殊情况时的特殊供应保障方式，即时配送的能力及速度必须高于未实行配送前用户的紧急进货能力及速度，从供应保证方面来看才算合理。

特别需要强调一点，配送企业的供应保证能力，是一个科学的合理的概念，而不是无限的概念。具体来讲，如果供应保证能力过高，超过了实际的需要，就是不合理的。所以追求供应保证能力的合理化也是有限度的。

5．社会运力节约标志

末端运输是目前运能、运力使用不合理，浪费较大的领域，因而人们寄希望于配送来解决这个问题。社会运力节约也成了配送合理化的重要标志。

运力使用的合理化是依靠送货运力的规划和整个配送系统的合理流程及与社会运输系统合理衔接实现的。送货运力的规划是任何配送中心都需要注重解决的问题，而其他问题的解决有赖于配送及物流系统的合理化，判断起来比较复杂。其判断标准简化如下。

（1）社会车辆总数减少，而承运量增加为合理。

（2）社会车辆空驶减少为合理。

（3）一家一户自提自运减少，社会化运输增加为合理。

6．用户企业仓库、供应、进货人力物力节约标志

配送的重要观念是以配送代劳用户，因此，实行配送后，各用户企业的库存量、仓库面积、仓储管理人员减少为合理；用于订货、接货、供应的人员减少为合理。真正解除了用户的后顾之忧，配送的合理化程度则可以说是一个高水平了。

7．物流合理化标志

配送必须有利于物流合理化。这可以从以下几个方面判断。

（1）是否降低了物流费用。

（2）是否减少了物流损失。

（3）是否加快了物流速度。

（4）是否发挥了各种物流方式的最优效果。

（5）是否有效衔接了干线运输和末端运输。

（6）是否不增加实际的物流中转次数。

（7）是否采用了先进的技术手段。

物流合理化的问题是配送要解决的重大问题，也是衡量配送本身的重要标志。

7.4.3 配送合理化措施

1．推行综合程度适宜的专业化配送

通过采用专业设备、设施及操作程序，实现较好的配送效果并降低配送过分综合化的复杂程度及难度，从而追求配送合理化。

2．推行加工配送

通过加工和配送的结合，充分利用已有中转，而不增加新的中转，实现配送合理化。同时，加工借助于配送，使加工目的更明确和用户联系更紧密，则避免了盲目性。两者有

机结合,投入不增加太多的同时可以实现两个优势、两个效益,是配送合理化的重要经验。

3. 推行共同配送

通过共同配送,可以以最近的路程、最低的配送成本完成配送,从而追求配送合理化。

4. 实行送取结合

配送企业与用户建立稳定、密切的协作关系。配送企业不仅成了用户的供应代理人,而且可以作为用户储存据点,甚至成为产品代销人,在配送时,将用户所需的物资送到用户手中,再将该用户生产的产品用同一车运回,这种产品也成了配送中心的配送产品之一,配送企业可以代存代储这种产品,免去了生产企业库存包袱。这种送取结合,使运力得到了充分利用,也使配送企业的功能得到了更大的发挥,从而追求配送合理化。

5. 推行准时配送系统

准时配送是配送合理化的重要内容。配送做到了准时,用户才能够把握资源的主动,可以放心地实施低库存或零库存,可以有效地安排接货的人力、物力,以追求最高效率的工作。另外,供应保证能力,也取决于准时供应。准时配送系统是现在许多配送企业追求配送合理化的重要手段。

【讨论思考】

1. 配送有何意义与作用?
2. 配送中心有哪些功能?配送中心与物流中心有何区别与联系?
3. 配送的业务流程是怎样的?
4. 不合理配送有哪些表现形式?配送合理化可以采取哪些措施?

【案例分析】沃尔玛的配送体系

沃尔玛公司由美国零售业的传奇人物山姆·沃尔顿先生于1962年在阿肯色州成立,经过几十年的发展,沃尔玛公司已经成为美国最大的私人雇主和世界最大的连锁零售企业。

1. 沃尔玛物流配送体系的运作

(1)注重与第三方物流公司形成合作伙伴关系。在美国本土,沃尔玛从事自己的物流和配送,拥有自己的卡车运输车队,使用自己的后勤和物流团队。但是在国际上的其他地方,沃尔玛就只能求助于专门的物流服务提供商了,飞驰公司就是其中之一。飞驰公司是一家专门提供物流服务的公司,它在世界上的其他地方为沃尔玛提供物流方面的支持。飞驰成了沃尔玛大家庭的一员,并百分之百地献身于沃尔玛的事业,飞驰公司同沃尔玛是一种合作伙伴的关系,它们共同的目标就是努力做到最好。

（2）挑战"无缝点对点"物流系统，为顾客提供快速服务。在物流方面，沃尔玛尽可能地降低成本。为了做到这一点，沃尔玛为自己设立了一些挑战。其中的一个挑战就是要建立一个"无缝点对点"的物流系统，能够为商店和顾客提供最迅速的服务。这种"无缝"的意思指的是，使整个供应链实现一种非常顺畅的链接。

（3）自动补发货系统。沃尔玛之所以能够取得成功，还有一个很重要的原因是因为沃尔玛有一个自动补发货系统。每一个商店都有这样的系统，包括在中国的商店。它使得沃尔玛在任何一个时间点都可以掌握目前某个商店中有多少货物，有多少货物正在运输过程中，有多少货物是在配送中心等。同时，自动补发货系统也使沃尔玛可以了解某种货物上周卖了多少，去年卖了多少，而且可以预测将来的销售情况。

（4）零售链接系统。沃尔玛还有一个非常有效的系统，叫作零售链接系统，可以使供货商们直接进入沃尔玛的系统。任何一个供货商都可以进入这个零售链接系统中来了解它们的产品卖得怎么样，昨天、今天、上一周、上个月和去年卖得怎么样，可以掌握这种商品卖了多少，而且可以在24小时内就进行更新。供货商们可以在沃尔玛公司的每一个店面中，及时了解有关情况。

2. 沃尔玛配送体系的特色

（1）设立了运作高效的配送中心。从建立沃尔玛折扣百货公司之初，沃尔玛公司就意识到有效的商品配送是保证公司实现最大销售量和最低成本的存货周转及费用的核心。唯一使公司获得可靠供货保证及提高效率的途径就是建立自己的配送组织，包括送货车队和仓库。配送中心的好处是不仅保证了公司可以大量进货，而且可以通过要求供货商将商品集中送到配送中心，再由公司统一接收、检验、配货、送货。

（2）采用先进的配送作业方式。沃尔玛在配送运作时，大宗商品通常经铁路送达配送中心，再由公司卡车送达商店。平均每店每周收到1~3卡车的货物，60%的卡车在返回配送中心的途中又捎回沿途从供货商处购买的商品，这样的集中配送为公司节约了大量的资金。

（3）实现配送中心自动化的运行及管理。沃尔玛配送中心的运行完全实现了自动化。每种商品都有条码，通过几十千米长的传送带传送商品，激光扫描器和电脑追踪每件商品的储存位置及运送情况，每天能处理20万箱的货物配送。沃尔玛具有完善的配送组织结构，其为了更好地进行配送工作，非常注重完善自己企业的配送组织。其中一个重要的举措便是公司建立了自己的车队进行货物的配送，以保持配送灵活性和为一线商店提供最好的服务。这使沃尔玛享有了极大的竞争优势，其运输成本通常也低于竞争对手。

（资料来源：http://www.wal-martchina.com/）

分析与讨论：

1. 沃尔玛的配送过程是怎样的？
2. 试分析沃尔玛的配送特点。

企业物流导论

> **学习目标**
> - 熟悉企业物流的概念和特点
> - 了解企业物流活动的内容
> - 了解企业物流活动的目标
> - 熟悉企业物流活动的模式

【案例导入】苏宁电器的高效物流模式

有这样一个企业,快递员要求加工资,但如何量化制订工资标准是个问题。于是,物流负责人决定自己亲自去送货,看看一天送多少货是个合理的工资区分标准。第一天,负责人只送了 14 个包裹,当天晚上他总结一天的经验,研究送件区域哪个时间哪个地方会堵车,上班族哪个时间到公司,对订单流向进行了仔细分析,优化了送货路径,结果第二天送了 65 个包裹。回来后,负责人问快递人员,谁能在一天之内送 65 个包裹,结果只有不到三分之一的人举手,于是一天内送 65 个包裹成了一条工资线。这个企业就是苏宁下属的苏宁物流集团。

1. 对内:流动大军的管理艺术

作为互联网零售的代表企业,苏宁在物流上的多年沉淀,逐渐释放出厚积薄发的能量。在苏宁看来,不论互联网零售怎么发展,输赢都在物流的"最后一公里",而这"最后一公里"的关键就在于快递流动大军为消费者带来的送货体验。在这方面,首先,苏宁给国内每个快递员和司机都配备了移动定位终端,可以实时了解某个人某个时间在什么位置,将到达哪个地方。其次,通过地址解析技术,将道路经常发生的问题、精准的送货地址以及消费者的订单和地址绑定信息及时推送给快递员,这样就实现了对流动大军进行地理位置和路径优化上的有效管理,第一时间将货物送到消费者手中。再者,苏宁要求所有快递员必须送商品入户,贵重的商品比如 3C 类家电类产品要当着消费者面开箱验机,整个过程要戴白手套,还要将消费者家里的垃圾顺便带走,这些有温度的行为赢得了很多消费者二次、三次的复购。

苏宁物流还推出了页面评价功能，快递员服务完成后，消费者可以在评价商品的同时，对快递员的送货速度、服务态度甚至快递员帅不帅发表评论，快递员之间可以互相分享晒单，用这种方式培养起员工的荣辱感。

除了这些制度上的要求，高管的以身作则也在激发着众多物流人员的工作积极性和执行力。高管时常到一线视察工作，到快递点了解员工状态、配送效率等，对物流的细分工作做到心中有数。然后针对存在的问题，与大区负责人以及总部的相关负责人合力解决，并由此建立了一个物流的问题共享平台，让大家把大小问题抛上去，由高管们亲自推动解决。在高层管理者的带领下，苏宁物流的工作气氛积极向上，且执行力很强。

2．对外：面向物流企业的开放场景

有些物流企业不接大件，大件做起来亏损；而有些物流企业却有空置，苏宁打算做一个平台，向第三方物流企业开放，打通物流业务，打一个大包，大家在大包里找各自的强项去做。这就是苏宁物流正在搭建的第四方物流平台，向第三方合作伙伴以及物流企业开放、共享。

在原有B2C的基础上，苏宁物流正在积极开展的三方甚至四方业务，将实现基于供应链多赢的资源共享、网络共享、车辆共享、订单共享。这与有着"大物流计划"的阿里不谋而合，苏宁和阿里合作后，阿里的菜鸟物流与苏宁物流协同将会是步先行棋，围绕着新的物流生态，苏宁的物流云将服务于更多的天猫和淘宝商户，进一步打通商户、物流企业和消费者之间的关系。

（资料来源：http://www.suning.cn/）

思考：苏宁电器的企业物流运营模式有何特点？

8.1 企业物流概述

1．企业物流的定义

根据《中华人民共和国国家标准·物流术语》（GB/T 18354—2006）对企业物流的定义，企业物流（enterprise logistics）是指生产和流通企业围绕其经营活动所发生的物流活动。它从企业角度上研究与之有关的物流活动，是具体的、微观的物流活动的典型领域。

2．企业物流的基本结构

企业物流的基本结构为投入→转换→产出。

对于生产类型的企业而言，包括原材料、燃料、人力、资本等的投入，经过制造或加工使之转换为产品或服务。

对于服务型企业而言，包括设备、人力、管理和运营，转换为对用户的服务。

物流活动便是伴随着企业的投入→转换→产出而发生的。相对于投入的是企业外供应或企业外输入物流，相对于转换的是企业内生产物流或企业内转换物流，相对于产出的是企业外销售物流或企业外服务物流。由此可见，在企业经营活动中，物流是渗透到各项经营活动之中的活动。

3．企业物流的分类

企业物流可以分解为货物流和信息流两大流。其中，货物流可以进一步细分为采购、制造支持和产品配送；信息流则细分为计划/协调流和作业流。事实上，无论是货物流还是信息流，都与从供应商到客户所经历的采购、制造与配送等过程紧密相关。

企业通过物流使原材料经过一系列过程转变为产品并送达客户而实现增值。其中货物流分布在企业物流整合中的采购、制造支持和产品配送等环节；与此同时，信息流也产生于这些环节间的交互作业之中并产生流动。

1）货物流

货物流首先始于原材料的采购。在物流领域，采购是指企业从供应商那里购买原材料、零部件或产成品存货，并安排运往制造工厂或装配工厂、仓库、渠道商的内向运输。它包括的活动主要有制订资源需求计划、寻找供应商、价格谈判、下达订单、收货、验货、仓储、搬运和质量保证等，这些正是构成信息流的主要内容。

其次是制造支持。制造支持涉及制造企业控制之下的运输需求。从全面计划的观点看，制造支持与外向活动（产品配送）和内向活动（采购）分离，使得企业更具有专业化，效率更容易得到提高。

最后是产品配送。产品配送是指将产成品运送到客户手中的过程。产品配送活动主要是指提供客户服务相关的一些活动，主要包括接收订单、订单处理、安排存货、仓储和搬运以及配送渠道内的货物外运。产品配送的主要目标是在总成本最低的基础上战略性地提供预期的客户服务水平，从而最终实现客户收益。

2）信息流

物流中的信息流主要是用来辨别需求的，分为两大部分：计划/协调流和作业流。在供应链成员之间构成的整个信息系统结构中，计划/协调流起到了支柱性的作用。根据信息流进行协调产生的计划可以明确以下内容：战略目标、能力限制、物流需求、存货安排、制造需求、采购需求和预测。

4．企业物流的结构

1）企业物流的水平结构

根据物流活动繁盛先后次序，可将企业物流分为供应物流、生产物流、销售物流、回收与废弃物物流等。企业物流的水平结构如图8-1所示。

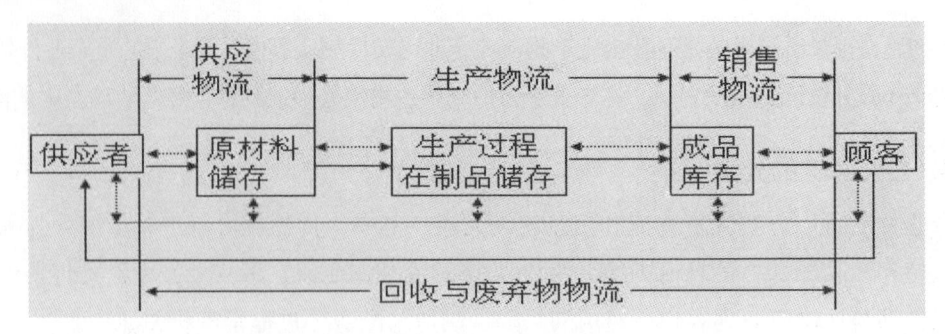

图 8-1 企业物流的水平结构

2）企业物流的垂直结构

物流通过管理层、控制层和作业层三个层次的协调配合实现其总体功能。企业物流的垂直结构如图 8-2 所示。

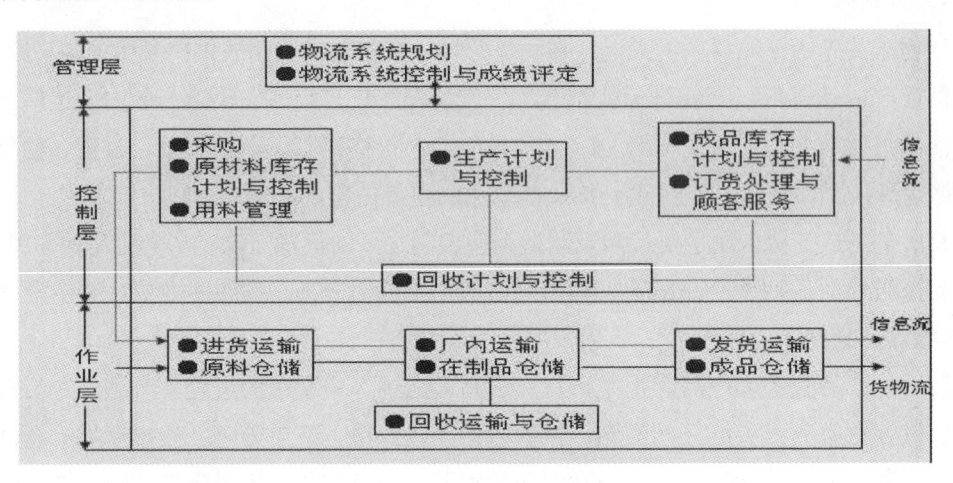

图 8-2 企业物流的垂直结构

5. 企业物流的功能

众所周知，任何企业都需要各个业务单位的支持与协调，才可能完成整个物流过程。企业物流的活动可以归结为五大功能，分别为网络设计、信息、运输、存货以及仓储、物料搬运和包装。企业物流的综合能力通过这五大功能的协调来实现。

1）网络设计

网络设计是物流管理的一项基本功能。典型的物流设施包括制造工厂、仓库、转运设施及渠道商。网络设计要确定完成物流工作所需的各类设施的数量和地点，同时还要确定每一设施内应储备存货的种类、数量以及安排应何处交付客户订货等。物流设施的网络形成了物流作业赖以进行的框架结构，因此，该网络也融合了信息和运输功能，还包括了与订货处理、存货管理以及物料搬运等有关的具体工作。

在当前动态的市场竞争性环境中，产品分类、客户供应量以及制造需求等都在不断地

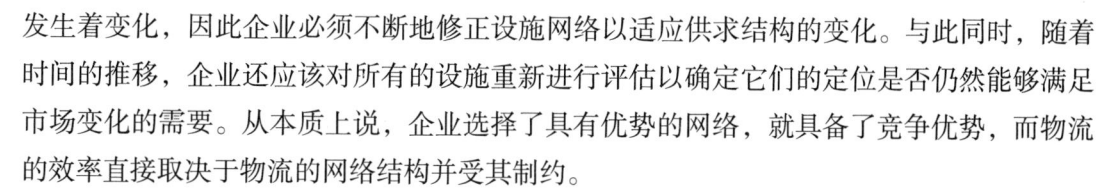

发生着变化，因此企业必须不断地修正设施网络以适应供求结构的变化。与此同时，随着时间的推移，企业还应该对所有的设施重新进行评估以确定它们的定位是否仍然能够满足市场变化的需要。从本质上说，企业选择了具有优势的网络，就具备了竞争优势，而物流的效率直接取决于物流的网络结构并受其制约。

2）信息

物流运作中的信息质量非常重要。物流中依赖于信息的工作主要是物流预测与订单管理。物流预测要估计未来的需求，以指导存货定位，满足预期的顾客需求。订单管理部门的工作是处理具体客户的需求。客户下订单是物流活动中的一项主要交易活动。企业的物流能力实际上同它的订单管理功能密切相关。企业的物流系统设计越有效，它对信息的准确性就越敏感。信息流反映了一个物流系统的动态形态，订单处理过程中出现的不正确的信息和信息延误等都会削弱物流效率。因此，物流信息的质量和及时性是物流运作的关键因素。

3）运输

在既定的网络设施和信息能力下，运输就是从地理上给存货定位的一个物流功能。根据企业负担能力，可以选择三种不同的方式来实现运输功能，这三种方式分别为自有车队的运输、合同运输和公共运输。三种方式的运输各有优缺点，企业必须根据自身的实际情况进行选择，不过目前的发展趋势是正在从自有车队的运输向第三方物流公司（合同运输）的运输方式转移，这是社会分工专业化发展的必然结果。

从物流系统的观点来看，影响运输的三大因素是成本、速度和一致性。运输成本是指为两个地理方位间的运输所支付的款项，以及与在途存货有关的行政管理费和维持费。物流系统的设计应考虑能把系统总成本降至最低的运输。不过，成本最低的运输，不一定会将总成本降至最低。运输速度是指完成特定的运输所需的时间。运输速度与成本有关，主要表现在以下两个方面。一是运输速度越快，收取的运费也会越高；二是运输速度越快，在途存货就越少，货物完成消费准备的时间就越短。选择最理想的运输方式时，关键问题在于如何权衡运输服务的速度与成本。运输一致性是指在完成某一具体订货时，若干次装运所需时间的变化性，它反映了运输的可靠性。如果运输缺乏一致性，就需要储备安全存货，以防不测因素的发生。

4）存货

企业的存货需求取决于网络结构和期望的客户服务水平。良好的存货管理政策基于五个方面的内容，即客户细分、产品需求、运输一体化、时间上的要求以及竞争性作业表现。高收益率的客户构成企业的核心市场，有效进行物流细分的关键就在于为这些核心客户优先安排存货权，以满足他们的需求。

另外，在选择存货政策时，必须考虑不同产品的营利性。物流运作的关键驱动力在于承诺快速交付产品以满足客户需求。物流的总体目标是在总成本最低的情况下提供预期的客户服务水平。

5）仓储、物料搬运和包装

物流系统中需要用到仓库时，企业可以选择自己经营仓库，也可以从外部获得专业仓储服务。很多物流过程中的重要活动会出现在仓储这个环节上，比如货物分类、排序、订单分拣、联合运输，有时还包括产品的修改与装配。

物料搬运是仓库中的一项重要活动。搬运会产生货损现象，产品搬运的次数越少，产品受损的可能性就越小，仓库内的整体运作效率就越高。

包装是为了提高搬运效率。通常将罐装、瓶装或盒装的产品装入更大的包装内，即工业包装。工业包装起到两方面的作用，一是在物流过程中起到保护产品的作用；二是将零散的产品打包成大包装的形式，以提高搬运安全性和效率。

【应用案例8-1】京东物流：从企业物流到物流企业

2017年4月，京东宣布成立京东物流子集团（京东物流），物流业务正式独立运营。从企业物流到物流企业，京东物流正在进行艰难的调整，独立以来，内部组织架构已经经过多轮调整。从企业物流到物流企业，物流所面对的各种不同客户的需求形式正在不断变化和扩大，面对存货单位数量和订单数量的上涨，原来只适用于自身产品的系统形式，已经跟不上市场服务变化的需要，包括仓储储位的管理、运输线路的优化管理以及物流运作成本控制等，都是京东物流现实中面临的挑战。

对已经独立的京东物流来说，向社会开放可以摊薄前期巨大的投入成本，尽快地规模化是能否实现盈利的关键。

对第三方商家来说，相对于自己的"单仓发全国"，京东拥有遍布全国的仓储体系和完整的物流网络，当客户下单完毕，京东官方自营会第一时间匹配最近的仓库进行揽件发货，这也就在无形之中提升了送货的效率，但相对应的是较高的成本。

经过京东物流测算，使用京东物流仓配一体化服务、订单渗透率超过50%时，商家销量增速为97%，远远高于POP平台46%的平均增速，配送时效普遍提升了两倍以上。

除了自有平台上的商家，京东物流也在以线上线下、全渠道、一体化的供应链服务（业内称为"一盘货"服务），配合"新通路"的B2B平台、京东商城的B2C平台，吸引外面的大商家、大客户。

例如，京东物流宣布与达能中国饮料签署战略合作协议，将向达能中国饮料开放其覆盖全国的物流基础设施，并为后者提供更高效、更优质的仓配服务。同时，双方将在成都联合建设"共享仓库"，达能中国饮料将多渠道商品统一前置到共享仓库，实行同仓布货。具体的合作模式是，通过智能化库存管理系统，实现同仓内线上、线下的一盘货管理，从而达到将达能中国饮料配送中心覆盖的线下渠道和京东商城及京东"新通路"等线上销售平台的库存共享、统一供应。

京东物流与达达合作，把在"最后一公里"上积累的丰富经验共享给达达，包括系统信息，还有服务客户的一些关键细节，帮助达达提高服务质量。

（资料来源：http://www.chinawuliu.com.cn/xsyj/201712/13/327056.shtml）

8.2 企业物流活动

企业物流可区分为以下不同类型的具体物流活动：生产物流、供应物流、销售物流、回收物流等。企业物流活动的构成如图 8-3 所示。

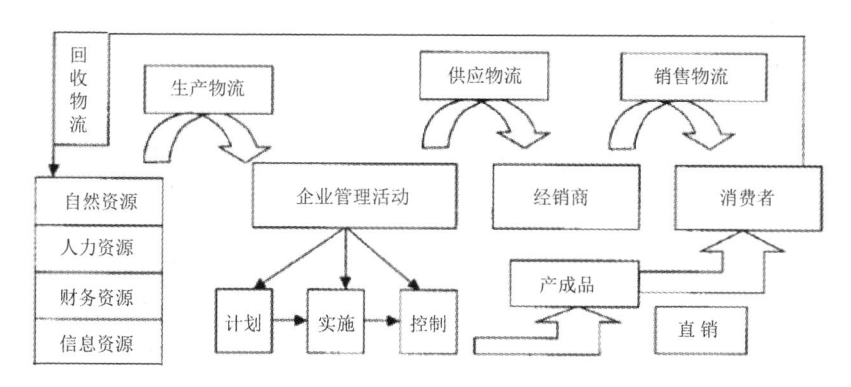

图 8-3 企业物流活动的构成

8.2.1 生产物流

1. 生产物流的构成

企业的生产物流活动是指企业生产过程中发生的涉及原材料、在制品、半成品、产成品等所进行的物流活动。生产物流的构成体现为：原材料、燃料、外购件投入生产后，经过下料、发料，运送到各加工点和存储点，以在制品的形态，从一个生产单位（仓库）流入另一个生产单位，按照规定的工艺过程进行加工、储存，借助一定的运输装置，在某个点内流转，又从某个点内流出，始终体现着物料实物形态的流转过程。

2. 生产物流的特点

1）实现加工附加价值的特点

生产物流主要是实现加工附加价值的经济活动。企业的生产物流一般是在企业的小范围内完成，当然，这不包括在全国或者世界范围内布局的巨型企业。因此，企业生产物流的空间距离的变化不大，在企业内部的储存和社会储存的目的也不相同，这种储存是对生产的保证，而不是一种追求利润的独立功能，因此时间价值不高。

企业生产物流伴随加工活动而发生，实现加工附加价值，这也是实现企业的主要目的。所以，虽然企业生产物流的物流空间、时间价值潜力不高，但加工附加价值却很高。

2）主要功能要素的特点

企业生产物流的主要功能要素不同于社会物流。一般物流的主要功能要素是运输和储存，其他是作为辅助性或次要功能或强化性功能要素出现的。企业生产物流的主要功能要素则是搬运活动。

许多生产企业的生产过程，实际上是物料不停搬运的过程，在不停搬运过程中，物料得到了加工，改变了形态。即使是配送企业和批发企业的企业内部物流，实际上也是一个不停搬运的过程，通过搬运，商品完成了分货、拣选、配货工作，完成了大改小、小集大的换装工作，从而使商品形成了可配送或可批发的形态。

3）物流过程的特点

企业生产物流是一种工艺过程性物流，一旦企业生产工艺、生产装备及生产流程确定，企业物流也就成了一种稳定性的物流，物流便成了工艺流程的重要组成部分。由于这种稳定性，企业物流的可控性、计划性便很强，一旦进入这一物流过程，选择性及可变性便很小。对企业物流的改进只能通过对工艺流程的优化，这方面和随机性很强的社会物流也有很大的不同。

4）物流运行的特点

企业生产物流的运行具有极强的伴生性，往往是生产过程中的一个组成部分或一个伴生部分，这决定了企业生产物流很难与生产过程分开而形成独立的系统。在总体的伴生状态下，企业生产物流中也确有与生产过程可分的局部物流活动，这些局部物流活动有本身的界限和运动规律，当前企业生产物流的研究大多针对这些局部物流活动而言。这些局部物流活动主要是仓库的储存活动、接货物流活动、车间或分厂之间的运输活动等。

3. 影响生产物流的因素

由于生产物流的多样性和复杂性，以及生产工艺和设备的不断更新，如何更好地组织生产物流，是物流研究者和管理者始终追求的目标。只有合理组织生产物流过程，才能使生产过程始终处于最佳状态。其中，生产工艺对生产物流有不同的要求和限制，生产类型影响生产物流的构成和比例，生产规模影响物流量大小，专业化和协作化水平影响生产物流的构成与管理。

8.2.2 供应物流

供应物流是指提供原材料、零部件或其他物料时所发生的物流活动，包括原材料等一切生产物资的采购、进货运输、仓储、库存管理、用料管理和供应管理，因此供应物流也称为原材料采购物流。它是生产物流系统中相对独立性较强的子系统，和生产系统、财务系统等生产企业各部门以及企业外部的资源市场、运输部门有密切的联系，对企业生产的

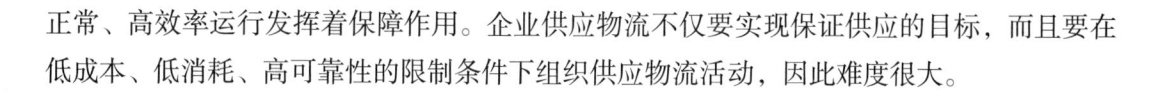

正常、高效率运行发挥着保障作用。企业供应物流不仅要实现保证供应的目标,而且要在低成本、低消耗、高可靠性的限制条件下组织供应物流活动,因此难度很大。

1. 供应物流系统组成

(1)采购。采购工作是供应物流与社会物流的衔接点,是依据生产企业生产——供应——采购计划来进行原材料外购的作业层,负责市场资源、供货厂家、市场变化等信息的采集和反馈。

(2)仓储、库存管理。仓储管理工作是供应物流的转换点,负责生产资料的接货和发货,以及物料保管工作。库存管理工作是供应物流的重要部分,依据企业生产计划制订供应和采购计划,并负责制订库存控制策略及计划的执行与反馈修改。

(3)装卸、搬运。装卸、搬运工作是原材料接货、发货、堆码时进行的操作。虽然装卸、搬运是随着运输和保管而产生的作业,但是它们却是衔接供应物流中其他活动的重要组成部分。

(4)生产资料供应。生产资料供应工作是供应物流与生产物流的衔接点,是依据供应计划——消耗定额进行生产资料供给的作业,负责原材料消耗的控制。

2. 供应物流过程及其组织模式

供应物流过程因不同企业、不同供应环节和不同的供应链而有所区别,从而使企业的供应物流出现了许多不同种类的模式。企业的供应物流应用较多的为以下四种基本组织模式。

(1)委托社会销售企业代理供应物流模式。

(2)委托第三方物流企业代理供应物流模式。

(3)企业自供物流模式。

(4)随供应链理论发展起来的供应链供应模式。

但是,尽管不同的组织模式在某些环节上具有非常复杂的特点,供应物流的基本流程是相同的,其过程有如下三个环节:取得资源,是完成以后所有供应活动的前提条件;组织到厂物流,是企业外部的物流过程;组织厂内物流,是从厂外继续到达车间或生产线的物流过程。

8.2.3 销售物流

销售物流是指企业在出售商品过程中所发生的物流活动,是生产企业、流通企业出售商品时,物品在供方与需方之间的实体流动。销售物流是企业物流系统的最后一个环节,是企业物流与社会物流的一个衔接点。它与企业销售系统相配合,共同完成产成品的销售任务。销售活动的作用是企业通过一系列营销手段,出售产品,满足消费者的需求,实现产品的价值和使用价值。

1. 销售物流的主要环节

（1）产品包装。

（2）产品储存。

（3）货物运输与配送。

（4）装卸搬运。

（5）流通加工。

（6）订单及信息处理。

（7）销售物流网络规划与设计。

2. 销售物流模式

销售物流有三种主要的模式：生产者企业自己组织销售物流；第三方物流企业组织销售物流；用户自己提货。

1）生产企业自己组织销售物流

这是买方市场环境下的主要销售物流模式，也是我国当前大部分企业采用的物流形式。

生产企业自己组织销售物流，实际上是把销售物流作为了企业生产的一个延伸或者是看成了生产的继续。生产企业自己组织销售物流成了生产企业经营的一个环节。而且，这个经营环节是和用户直接联系、直接面向用户提供服务的一个环节。在企业从"以生产为中心"转向"以市场为中心"的情况下，这个环节逐渐变成了企业的核心竞争环节，已经逐渐不再是生产过程的继续，而是企业经营的中心，生产过程变成了这个环节的支撑力量。

2）第三方物流企业组织销售物流

由专门的第三方物流企业组织生产企业的销售物流，实际上是生产企业将销售物流外包，将销售物流社会化。

由第三方物流企业承担生产企业的销售物流，其最大优点在于，第三方物流企业是社会化的物流企业，它向很多生产企业提供物流服务，因此可以将企业的销售物流和企业的供应物流一体化，也可以将很多企业的物流需求一体化，采取统一解决的方案。这样可以做到两方面的内容：第一是专业化；第二是规模化。这两者可以从技术方面和组织方面降低成本和提高服务水平。在网络经济时代，这种模式是一个主要发展趋势。

3）用户自己提货

这种形式实际上是将生产企业的销售物流转交给用户，变成了用户自己组织供应物流的形式。对销售方来讲，已经没有了销售物流的职能。这种模式曾被广泛采用，将来除非十分特殊的情况下要采用这种模式，这种模式将不再具有竞争力。

8.2.4 回收物流

回收物流是指不合格物品的返修、退货以及周转使用的包装容器从需方返到供方所形成的物品实体流动。即企业在生产、供应、销售的活动中总会产生各种边角余料和废料，这些东西的回收是需要伴随物流活动的。如果回收物品处理不当，往往影响整个生产环境，甚至影响产品的质量，并且回收物品还会占用很大空间，造成空间浪费。

1. 回收物流系统流程

（1）制造企业。制造企业是产品的生产者，它是回收物流合理化中的一个关键环节，如果能解决好制造企业的问题，就能推进回收物流的合理化。

可采用原物料、再生物料生产或制造商品企业的生产原料，制造过程中采用可再用的工具或器械，生产过程剩余的废品或物料可以实现适当的资源回收，并在生产时就要注意到产品的回收问题，尽量做到绿色生产，从源头上提高物品的回收活性。

（2）物流中心。我国物流中心的闲置率比较高，可以考虑把回收物流系统纳入其中，这样能在一定程度上减轻物流中心的压力。在物流中心，可以用两次包装进行理货等作业，并采用废弃物分类的处理方式，实现资源回收的效益。

（3）消费者。消费者从一定程度上影响着制造企业在原料选择和制造方式中的取向，对消费者的购物意向进行合理引导，也是推进我国回收物流趋于合理化的有效途径。为提高废弃物的回收活性，消费者还可以采用正确的废弃物分类方法，一方面可提升资源的复生效率，另一方面也可减少废弃物对环境的污染。

2. 回收物流的类型

回收物流的类型主要有以下六种。

（1）企业的生产工艺性废料回收物流。
（2）企业生产过程中产生的废品回收物流。
（3）企业生产中损坏和报废的机械设备回收物流。
（4）企业生产维修过程中更换下来的各种废旧零件和材料回收物流。
（5）原材料和设备的各种包装废弃物回收物流。
（6）由机械磨损产生的旧材料、旧设备等回收物流。

8.3 企业物流的模式

企业选择什么样的物流模式，主要取决于两个因素，其一是物流对企业成功的影响程度；其二是企业对物流的管理能力。据此，企业物流模式主要分为三种：物流自营模式、物流外包模式、物流联盟模式。企业物流模式的选择过程如图 8-4 所示。

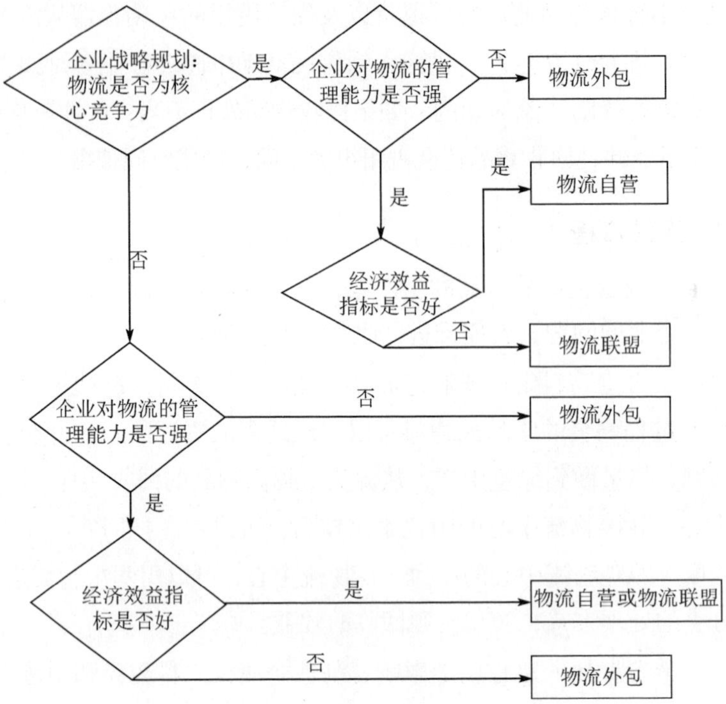

图 8-4　企业物流模式的选择过程

1．物流自营模式

物流自营是指生产企业借助自身的物质条件自行组织的物流活动。在物流自营模式中，企业也会向运输公司购买运输服务或向仓储企业购买仓储服务，但这些服务都只限于一次或一系列分散的物流功能，而且是临时性、纯市场交易的服务，物流公司并不按照企业独特的业务程序提供独特的服务，即物流服务与企业价值链是松散的联系。

一般来说，如果物流对企业成功的影响程度很大，且企业对物流的管理能力很强，企业采用物流自营模式较适宜。

常见的物流自营经营方式有以下四种。①将分散在不同组织部门的物流活动整合为一个部门加以运作管理，实现跨业务单位的内部物流管理一体化；②开发企业内部的水平物流组织或跨职能物流组织，组织按照业务过程或工作流进行，而不按照任务或职能划分，以实现跨任务协作，做到以顾客为中心；③建立物流服务部，内部的物流服务部门以市场为导向，并向内部的服务对象索取费用，且内部顾客不再享有免费或低价服务，物流服务部门可为外部顾客提供服务，内部顾客也可以任选外部供应商提供服务；④成立物流子公司，代理企业专司物流业务管理，统一指挥物流业务并实行独立核算、自负盈亏，多余的物流能力可参与社会经营，避免物流能力闲置和浪费。

2. 物流外包模式

物流外包是以签订合同的方式，在一定期限内将部分或全部物流活动委托给专业物流企业来完成。由于任何企业所拥有的资源都是有限的，它不可能在所有的业务领域都获得竞争优势，在快速多变的市场竞争中，单个企业依靠自己的资源进行自我调整的速度很难赶上市场变化的速度，因此，企业必须将有限的资源集中在核心业务上，强化自身的核心能力，而以外包的形式或战略联盟、合作的形式将自身不具备核心能力的业务交由外部组织承担。正如美国著名管理学者德鲁克曾预言："……任何企业中，仅做后台支持而不创造营业额的工作都应该外包出去，任何不提供向高级发展的机会的活动、业务也应该采用外包形式。"

一般来说，如果物流对企业成功的影响程度不大，且企业对物流的管理能力较弱，企业采用物流外包模式较适宜。

常见的物流外包经营方式有如下两种。①外包全部物流，当企业物流服务的复杂性低且资产的专用性低时，企业可采用多个外包伙伴，以提高外部企业的竞争性并从中获得更好、更稳定的低价服务；当企业物流服务的复杂性高但资产的专用性低时，更有利于企业广泛地将各种物流服务外包给潜在的专业化的第三方物流企业；②外包部分物流，当企业物流服务的复杂性低但资产的专用性高时，企业自己投资专用性资产，不从事物流自营，而将专用性资产租赁给外部企业，并由其来运作物流；当企业物流服务的复杂性高且资产的专用性高时，运用激励机制实施部分物流外包。

3. 物流联盟模式

物流联盟是企业双方在物流领域的战略性合作中进行的有组织的市场交易，形成优势互补、要素双向或多向流动、互相信任、共担风险、共享收益、长期互利、全方位的物流合作伙伴关系。物流联盟是介于物流自营和物流外包之间的一种物流组建模式，联盟双方在相互合作的同时，仍保持各自的相对独立性。物流联盟的建立有助于物流伙伴之间在交易过程中减少相关交易费用，如信息搜索成本、讨价还价成本、监督执行成本、机会主义成本、交易风险成本。

一般来说，如果物流对企业成功的影响程度很大，而企业对物流的管理能力很弱，或是物流对企业成功的影响程度不大，而企业对物流的管理能力很强，企业采用物流联盟模式较适宜。

常见的物流联盟经营方式有如下三种。①水平一体化物流联盟，通过同一行业中多个企业在物流方面的合作而获得规模经济效益和物流效率，比如不同的企业可以用同样的装运方式进行不同类型商品的共同运输；当物流范围相近，而某个时间内物流量较少时，几个企业同时分别进行物流操作显然不经济，于是出现了一个企业在装运本企业商品的同时，也装运其他企业商品的情况；②垂直一体化物流联盟，要求企业将提供产品或运输服务等的供货商和用户纳入管理范围，要求企业从原材料到用户的每个过程实现对物流的管理，要求企业利用自身条件建立和发展与供货商和用户的合作关系，形成联合力量，赢得竞争优势；③混合一体化物流联盟，是水平一体化物流联盟和垂直一体化物流联盟的有机组合。

【讨论思考】

1. 什么是企业物流？企业物流有什么特点？
2. 企业物流活动有哪些？这些活动之间有何关联？
3. 企业物流的目标是什么？
4. 企业物流的模式有哪些？各有何特点？

【案例分析】东风汽车的物流管理方案

在汽车行业，东风汽车股份有限公司（以下简称"东风汽车"）一直重视信息化建设。为了更好地发挥自身优势，实现东风汽车整车物流管理的信息化，东风汽车实施了中软冠群公司的整车物流管理解决方案。并对解决方案提出了目标要求，要求以条码为信息载体，实现整车仓储的自动化管理，提高管理效率，充分共享和跟踪车辆信息，以满足市场的快速变化对信息准确、及时的要求。

1. 方案总体结构

中软冠群公司根据汽车行业物流管理的特点及东风汽车的目标要求，在 ES/1 Logistics 产品的强大物流管理系统基础上，使用 ES/1 自身的开发平台，开发出了整车物流管理解决方案。同时，此方案以整车仓储自动化管理、运输管理为中心，涵盖汽车的生产管理、库存管理、销售管理和财务管理，并可向 ES/1 Logistics 和 ES/1 Manufacturing 任意扩展，形成汽车行业的供应链管理体系整体解决方案。通过全方位的条码扫描替代人工录入来管理所有仓库库存，做到了根据规则自动建议入库位置、自动建议出库位置，实现了最大化利用仓储空间和避免库区内倒车的管理效果，并通过库间倒车跟踪和长途运输跟踪来控制车辆运输时间和避免车辆损失，从而大大提高汽车行业整车物流的管理水平，减少了大量的管理费用。

该方案以生产管理为起点，采用适合汽车行业的重复生产模式来管理生产作业的进度计划，并通过此计划自动生成车型与底盘号的对应关系，而不需要人工维护。此方案管理销售订单、运单、销售发票、应收账款，并可管理和控制在经销商仓库中的库存，保证企业资金顺畅，避免财务风险。

2. 功能和特点

（1）所有车辆采用条码管理，车辆入库和出库管理全部通过条码扫描实现。

（2）入库扫描后依据规则设定系统自动产生和打印入库建议单，司机完全依据入库建议单指定的库位即可入库，不需要人工干预。

（3）入库建议自动根据设定库位优先级来寻找库位，保证车辆放置紧凑有序。

（4）出库根据先进先出原则，系统自动根据车辆入库时间先后顺序给出所要出库车型的出库建议，司机根据出库建议按顺序领取车钥匙并提车。

（5）出库时扫描出库单条码和整车的条码，自动对应收货单位和所提车辆信息。

（6）运单管理可以跟踪每辆车的在途情况，以及检查车辆实际到达目的地和返回公司的日期是否符合系统计算出的日期要求。

（7）采用适合汽车行业的重复生产模式来管理生产作业的进度计划，并通过此计划自动生成车型与底盘号的对应关系，不需要人工维护。

（8）管理所有放在经销商仓库的整车库存，管理所有经销商和直接客户的销售信息，使企业对市场信息了如指掌，便于经营管理者做出正确及时的管理决策。

3. 带来的效益

此方案在东风汽车的实施，为其带来了如下改变。

（1）储运部门方面，实现了仓库管理的电子化、自动化管理。车辆入库的放置库位和取车库位的选择由系统自动提供，准确快速，大大提高了仓库管理的工作效率。同时仓库及其他各个部门可以随时知道准确的库存情况。不仅如此，仓库通过销售数据和生产管理部门输入的作业计划，可以协调销售与生产，提前进行倒车和新车准备工作的安排。这样不仅没有了对数据的重复整理工作，还做到了事前计划、事中控制和事后反馈。

（2）销售部门方面，可以知道准确的仓库库存、近期的生产数量和库存中已在销售订单中售出但还未出货的数量。通过对库存的分析，便于销售部门进行销售工作的协调，对时间长存货量大的车辆加强销售力度，对畅销的产品加大生产规模。

（3）生产部门方面，实现生产订单的电子化管理。可以提前安排好生产计划，也可以随时更改生产计划，以及时反映销售与市场的变化情况。

4. 管理对比

实际上，最难以管理的是整车仓库，较差的管理与良好的管理差距很大，造成的管理难度也很大。

较差的管理：相同车型不同颜色混排，不充分利用空间，前、后、中间都有空位，不按间隔停放，难以先进先出。

良好的管理：同车型同颜色同列存放，充分利用空间，车辆长度与库位长度比较一致，先进先出非常顺利。

（资料来源：http://www.dfl.com.cn/）

分析与讨论：

1. 东风汽车的物流管理包含了哪些内容？
2. 东风汽车的物流管理有何特点？

第三方物流导论

学习目标

- 掌握第三方物流的概念和内涵
- 了解第三方物流的产生和发展
- 熟悉第三方物流的分类
- 掌握第三方物流的特点
- 熟悉第三方物流的优势与弊端

【案例导入】麦当劳的第三方物流

在麦当劳的物流中,品质永远是权重最大、被考虑最多的因素。麦当劳重视品质的精神,在每一家餐厅开业之前便可见一斑。餐厅完成选址之后,首要工作是在当地建立生产、供应、运输等一系列的网络系统,以确保餐厅得到高品质的原料供应。无论何种产品,只要进入麦当劳的采购和物流链,必须经过一系列严格的质量检查。麦当劳对土豆、面包和鸡块都有严格的要求。例如,在面包生产过程中,装面粉的桶必须有盖子,而且要有颜色,不能是白色的,以免意外破损时碎屑混入面粉,而不易分辨;各工序间的运输一律使用不锈钢筐,以防杂物碎片进入食品中。

谈到麦当劳的物流,不能不说到夏晖公司,这家几乎是麦当劳"御用3PL"(该公司的客户还有必胜客、星巴克等)的第三方物流公司,与麦当劳的合作,至今在很多人眼中还是一个谜。麦当劳没有把物流业务分包给不同的供应商,夏晖的服务也始终如一,这种独特的合作关系,不仅建立在忠诚的基础上,还在于夏晖为麦当劳提供了优质的服务。

麦当劳对物流服务的要求是比较严格的。在食品供应中,除了基本的食品运输,麦当劳还要求物流服务提供商提供其他服务,比如信息处理、存货控制、贴标签、生产和质量控制等诸多方面的服务,这些"额外"的服务虽然成本比较高,但是使麦当劳在竞争中获得了优势。例如,如果甲提供的物流服务仅仅是运输,运价是一吨4角,而乙的价格是一吨5角,但乙提供的物流服务当中包括了信息处理、贴标签等工作,麦当劳会选择乙做它的物流服务提供商。

另外，麦当劳要求夏晖提供一条龙式物流服务，包括生产和质量控制。这样，在夏晖设在中国台湾的面包厂中，就全部采用了统一的自动化生产线，制造区与熟食区加以区隔，厂区装设空调与天花板，以隔离落尘，易于清洁，应用了严格的食品与作业安全标准。所有设备由美国 SASIB 专业设计，生产能力为每小时 24 000 个面包。在专门设立的加工中心，物流服务提供商拥有生产区域全程温度自动控制、连续式杀菌及水温自动控制功能的生产线，为麦当劳提供其所需的切丝、切片生菜及混合蔬菜，生产能力为每小时 1500 千克。此外，夏晖还负责为麦当劳上游的蔬果供应商提供咨询服务。

麦当劳利用夏晖设立的物流中心，为各个餐厅完成订货、储存、运输及分发等一系列工作，使得整个麦当劳系统得以正常运作，通过它的协调与连接，使每一个供应商与每一家餐厅达到畅通与和谐，为麦当劳餐厅的食品供应提供最佳保证。夏晖斥巨资在北京、上海、广州设立了食品分发中心，同时在沈阳、武汉、成都、厦门建立了卫星分发中心和配送站，与设在香港和台湾的分发中心一起，建立起了全国性的服务网络。例如，为了满足麦当劳冷链物流的要求，夏晖公司投资 5500 多万元人民币在北京建立了一个占地面积达 12 000 平方米、世界领先的多温度食品分发物流中心。该物流中心配有先进的装卸、储存、冷藏设施，5 吨到 20 吨载重的多种温度控制运输车 40 余辆，物流中心还配有电脑调控设施，用以控制所规定的温度，检查每一批进货的温度。

物流中存在很多浪费，不论是人的浪费、时间的浪费还是产品的浪费都很多。而夏晖是靠信息系统的管理来创造价值。夏晖的平均库存远远低于竞争对手，麦当劳物流产品的损耗率也仅有万分之一。

（资料来源：http://m.sohu.com/a/378831934_653366）

思考：夏晖的第三方物流运营模式有何特点？

9.1 第三方物流的产生

9.1.1 第三方物流的发展阶段

第三方物流的演进并没有很清晰的界限。一般按照第三方物流提供的服务类型、实施控制的水平以及在企业战略重要性方面所扮演的水平，将第三方物流的发展阶段分为导入期、知晓期、需求期、整合期和差别化期五个阶段。

在导入期，第三方物流观念处于萌芽状态，仅当第三方物流公司具有显著成本优势或企业自身处于运输紧张状态时，企业才会予以考虑与第三方物流公司展开合作。

在知晓期，第三方物流观念得以流行，企业开始考虑采用第三方物流公司作为存货控制和成本削减的替代选择，以强化企业竞争力，增加利润。然而，第三方物流仍然会引起企业界对缺乏物流控制权的担忧。

在需求期，重要市场和法律的变更提升了配销的复杂程度，导致有配销专长的第三方物流公司的协助成为企业的必需，第三方物流的观念开始得到企业界的认可和采纳。

在整合期，第三方物流的观念吸引了越来越多的企业，国际化的趋势以及分销渠道复杂性的提升等因素迫使越来越多的企业转向了第三方物流。

在差别化期，第三方物流的观念被认为是企业核心竞争力方向的一个区分器，国际化的趋势以及日益重要的伙伴和联盟关系，使得企业将第三方物流作为提升竞争力的必需功能，以推动企业使命的达成。

9.1.2 第三方物流的推动因素

1．第三方物流的产生是社会化分工的结果

在外包等新型管理理念的影响下，各企业为提升市场竞争力，而将企业的资金、人力、物力投入到其核心业务上去，寻求社会化分工协作带来的效率和效益的最大化。社会化分工的结果导致许多非核心业务从企业生产经营活动中分离出来，其中包括物流业务。将物流业务委托给专业的第三方物流公司负责，可降低物流成本，完善物流活动的服务功能。

2．物流改善与竞争力提高相结合意识的萌芽

物流研究与物流实践经历了成本导向、利润导向、竞争力导向等几个阶段。将物流改善与竞争力提高的目标相结合是物流理论与技术成熟的标志。这是第三方物流概念出现的逻辑基础。

3．物流领域的激烈竞争促进了综合物流业务的发展

随着经济自由化和贸易全球化的发展，物流领域的政策不断放宽，同时也使得物流企业的竞争日益激烈，物流企业不断地拓展服务内涵和外延，促进了综合物流业务的发展，从而促成了第三方物流的出现。这是第三方物流概念出现的历史基础。

4．第三方物流的产生是新型管理理念的要求

进入20世纪90年代后，信息技术特别是计算机技术的高速发展与社会分工的进一步细化，推动着管理技术和思想的迅速更新，由此产生了供应链、虚拟企业等一系列强调外部协调和合作的新型管理理念，既提高了物流活动的复杂性，又对物流活动提出了零库存、准时制、快速反应、有效的顾客反应等更高的要求，使一般企业很难满足此类要求，由此产生了专业化物流服务的需求。第三方物流的思想正是为满足这种需求而产生的。它的出现一方面迎合了个性需求时代企业间专业合作不断变化的要求，另一方面实现了进出物流的整合，提高了物流服务质量，加强了对供应链的全面控制和协调，促使供应链达到整体最佳性。

【应用案例9-1】第三方物流的利润之源

从市场大背景来看，第三方物流公司是一定有利可图的。那么该如何经营呢？

一是外部资源整合。例如，社会车辆资源整合，如"合同制"、"会员制"、"挂靠制"方式；社会仓库资源整合，如"租赁制"、"合建制"方式，以及仓储的"自管"、"托管"、"合管"方式；社会人力资源整合，如"录用制"、"合作制"、"加盟制"方式等。

二是内部资源整合。比如人力资源整合，采取先进的项目管理模式，科学的绩效考核指标和激励机制，特别是对市场营销人员的激励机制。其他如多客户整合、多线路整合、多品种（产品）整合、多区域整合、多物流环节整合、管理费用整合等。第三方物流公司一定要站在货主企业的同等高度，与企业建立供应链战略合作伙伴关系，共同发展，达到双赢，这同样是第三方物流公司的成长之本与经营发展之道。

三是体制灵活迅速。在国内发展壮大的第三方物流公司，大多是有灵活的体制和科学的管理方法的民营物流企业。它们大量引进高学历管理人才，大胆起用新人，如远成、宝供、华宇、大田等公司（企业）。

物流的发展可以说是日新月异，革新迅速，并已完全市场化。第三方物流公司要采用灵活的体制，随着市场和客户的变化而变化，把握瞬息万变的赚钱机会，随时做出正确的抉择。

（资料来源：http://www.chinawuliu.com.cn/xsyj/201503/24/299708.shtml）

9.2 第三方物流的内涵

9.2.1 第三方物流的概念

1. 第三方物流的定义

第三方物流（Third Party Logistics，TPL/3PL）是相对"第一方"发货人和"第二方"收货人而言的，它通过与第"第一方或第二方的合作来提供其专业化的物流服务，它不拥有商品，不参与商品的买卖，而是为客户提供以合同为约束和以结盟为基础的系列化、个性化、信息化的物流代理服务，因此第三方物流又称为合同物流、外包物流等。根据《中华人民共和国国家标准·物流术语》（GB/T 18354—2006）的定义，第三方物流是指独立于供需双方，为客户提供专项或全面的物流系统设计或系统运营的物流服务模式。

从字面上看，第三方物流是指由与货物有关的发货人和收货人之外的专业企业，即第三方物流企业来承担企业物流活动的一种物流形态。

从服务提供者的角度将第三方物流定义为"拥有一定技术和专业知识，并提供如交通、运输管理、承运人管理、仓储、配送等物流活动中的部分或全部物流环节的第三方企业"。它是把传统的组织内履行的物流职能变革为由外部公司履行的物流运作业务，是将企业的全部或部分物流运作业务外包给专业公司管理经营，而这些能为顾客提供多元化物流服务的专业公司称为第三方物流服务提供商。

2．第三方物流的作用

第三方物流主要具有如下七项作用。

（1）集中主业，企业能够实现资源优化配置，将有限的人力、财务集中于核心业务，进行重点研究，发展基本技术，努力开发出新产品参与世界竞争。

（2）节省费用，减少资本积压。专业的第三方物流服务提供商利用规模生产的专业优势和成本优势，通过提高各环节能力的利用率节省费用，使企业能够从分离费用结构中获益。根据对工业用车的调查结果，企业解散自有车队而代之以公共运输服务的主要原因就是为了减少固定费用，这不仅可以节省购买车辆的投资，还节省了车间仓库、发货设施、包装器械以及与员工相关的开支。

（3）减少库存。企业不能承担原料和库存的无限增长，尤其是高价值的部件要及时送往装配点以保证库存的最小量。第三方物流服务提供商借助精心策划的物流计划和适时运送手段，最大限度地盘活库存，改善了企业的现金流量，实现成本优势。

（4）简化交易。很明显，第三方物流的存在大大简化了交易结构和过程。

（5）降低成本，提高效率。第三方物流不仅可以提供更专业的服务，还可以实现规模经济所带来的低成本和高效率。

（6）提高服务水平。第三方物流可以更好地满足消费者的需求，降低缺货概率，与营销有效配合，提供更加专业化的物流服务。

（7）提升企业形象。第三方物流服务提供商与顾客不是竞争对手，而是战略伙伴，它们为顾客着想，通过全球性的信息网络使顾客的供应链管理完全透明化，顾客随时可通过互联网了解供应链的情况。第三方物流服务提供商是物流专家，它们利用完备的设施和训练有素的员工对整个供应链实现完全的控制，降低物流的复杂性。第三方物流服务提供商通过遍布全球的运送网络和物流服务提供商（分承包方）大大缩短了交货期，帮助顾客改进服务，树立自己的品牌形象。第三方物流服务提供商通过"量体裁衣"式的设计，制订出以顾客为导向、低成本高效率的物流方案，为企业在竞争中取胜创造了有利条件。

9.2.2 第三方物流的特点

1．物流、信息流、资金流的统一体

在借助信息技术完成物流运作的同时，物流企业往往还要完成货款结算、提供资金垫付等附加服务，体现了第三方物流"三流合一"的特点。

2. 关系合同化

第三方物流是通过契约形式（合同化）来规范物流经营者与物流消费者之间关系的。物流经营者根据契约规定的要求，提供多功能直至全方位一体化物流服务，并以契约来管理所有提供的物流服务活动及其过程。此外，第三方物流发展物流联盟也是通过契约的形式来明确各物流联盟参加者之间权—责—利的相互关系的。

3. 个性化物流服务

不同的物流消费者存在不同的物流服务要求，第三方物流需要根据不同物流消费者在企业形象、业务流程、产品特征、顾客需求特征、竞争需要等方面的不同要求，提供针对性强的个性化物流服务和增值服务。另外，从事第三方物流的物流经营者也因为市场竞争、物流资源、物流能力的影响需要形成核心业务，不断强化所提供物流服务的个性化和特色化，以增强物流市场竞争能力。

4. 功能专业化

第三方物流提供的是专业的物流服务。从物流设计、物流操作过程、物流技术工具、物流设施到物流管理必须体现专门化和专业水平，这既是物流消费者的需要，也是第三方物流自身发展的基本要求。

5. 管理系统化、集成化

第三方物流应具有系统的物流功能，是第三方物流产生和发展的基本要求，第三方物流需要建立现代管理系统，实现管理系统化、集成化，才能满足运行和发展的基本要求。

6. 信息网络化

信息技术是第三方物流发展的基础。物流服务过程中，信息技术发展实现了信息实时共享，促进了物流管理的科学化，极大地提高了物流效率和物流效益。

7. 物流企业与生产企业之间是动态联盟关系

依靠现代电子信息技术的支撑，第三方物流企业与客户之间、第三方物流企业之间充分共享信息，并以合同为纽带，彼此共担风险、共享收益，形成联盟关系，达到双赢目的。

【应用案例9-2】第三方物流适应未来挑战

如果你拥有一家手机生产工厂，想将产品销往世界各地，是否想找一位专门负责管理航空或海运业务以及清关工作的"跨国快递员"来提高效率、节约成本？产品零配件来自不同国家，一种电路板的断货就会严重耽误工期，是否需要一位"物流管家"监控零配件库存并定时补货？

随着国际贸易雨后春笋般地蓬勃发展，供应链的优化成为跨国制造商和零售商提高竞争力的关键。第三方物流应运而生，极大地降低了客户配送成本并拓展了其全球化触角。例如，UPS、FedEx 和 DHL 等同时也是世界领先的第三方物流服务提供商。UPS 首先开辟了"次日送达"等贴心服务，极大拉升了物流产业的竞争格局。美国路易斯维尔的"世界港"是 UPS 的配送中心，从美国中部时间凌晨 3 时起，每隔 45 秒就会有一架 UPS 货机起降，在 4 小时内处理 100 多万件包裹。

越来越多的第三方物流公司开始采取创新手段提高物流效率，以适应未来的商业需求及挑战。如今，UPS 开始提供供应链一体化解决方案，旨在为客户提供有形的物流、无形的信息以及复杂的资金同步协调等全面服务。简而言之，UPS 提供了产品出了生产商大门的所有物流环节，甚至还为一些公司的国际化提供了商业解决方案，比如为想进入中国市场的美国公司提供"在哪里建分拨中心""如何获得税收优惠"等服务。

（资料来源：http://www.cn156.com/article-10805-1.html）

9.3 第三方物流的优势与弊端

9.3.1 第三方物流的优势

在当今经济社会竞争日益激烈和社会分工日益细化的大背景下，第三方物流具有明显的优势，具体表现如下。

1. 企业集中精力于核心业务

由于任何企业的资源都是有限的，很难成为业务上面面俱到的专家，因此，企业应把自己的主要资源集中于自己的核心业务，而把物流等辅助功能交给物流公司即第三方物流。

2. 灵活运用新技术，实现以信息换库存，降低成本

当科学技术日益进步时，专业的第三方物流服务提供商能不断地更新信息技术和设备，而普通的单个制造公司通常短时间内难以更新自己的资源或技能；不同的零售商可能有不同的、不断变化的配送和信息技术需求，此时，第三方物流服务提供商能以一种快速、更具成本优势的方式满足这些需求，而这些服务通常都是单个制造公司难以做到的。同样，第三方物流服务提供商还可以满足一家企业的发掘潜在顾客需求的能力，从而使企业能够接洽到零售商。比如美国莱德物流公司向一家床垫制造商西蒙斯公司提供一种新技术，使得后者彻底改变了自己的经营方式。在合作前，西蒙斯公司在每一个制造厂储存了 20 000 到 50 000 个床垫来适时满足客户的时尚需求。合作后，莱德在西蒙斯的制造厂安排了一个现场物流经理。当订单到达时，该物流经理使用特殊的软件来设计床垫发送给客户的优化顺序和路线。随后这一物流计划被发送到工厂的底楼，在那里按照确切的数量、款式和顺序制造床垫并全部及时发送。该项物流合作从根本上降低了西蒙斯对库存的需求。

3. 减少固定资产投资，加速资本周转

企业自营物流需要投入大量的资金购买物流设备，建设仓库和信息网络等专业物流设备。这些资源对于缺乏资金的企业特别是中小型企业而言是个沉重的负担。如果使用第三方物流公司，不仅减少了设施的投资，还解放了仓库和车队方面的资金占用，加速了资金周转。

4. 提供灵活多样的顾客服务，为顾客创造更多的价值

如果客户需要原材料供应商迅速及时地供应原材料，供应商就要有地区仓库。通过第三方物流的仓储服务，供应商就可以满足客户需求，而不必因为建造新设施或长期租赁而调拨资金并在经营灵活性上受到限制。此外，最终产品供应商利用第三方物流还可以向最终客户提供超过自己提供给他们的更多样的服务品种（如提供本企业一时不能满足客户要求的暂时缺货、短时的仓储管理等服务），为顾客带来更多的附加价值，使顾客满意度提高。

5. 提升企业形象

第三方物流服务提供商与顾客不是竞争对手，而是战略伙伴，它们为顾客着想，通过全球性的信息网络使顾客的供应链管理完全透明化，顾客随时可通过互联网了解供应链的情况。第三方物流服务提供商是物流专家，它们利用完备的设施和训练有素的员工对整个供应链实现完全的控制，降低物流的复杂性。第三方物流服务提供商通过遍布全球的运送网络和物流服务提供商（分承包方）大大缩短了交货期，帮助顾客改进服务，树立自己的品牌形象。第三方物流服务提供商通过"量体裁衣"式的设计，制订出以顾客为导向，低成本高效率的物流方案，使顾客在同行者中脱颖而出，为企业在竞争中取胜创造了有利条件。

6. 提高企业经营效率

首先，采用第三方物流可以使企业专心致志地从事自己所熟悉的业务，将资源配置在核心业务上。其次，第三方物流企业具有丰富的物流工作专业知识和经验，有利于提高货主企业的物流水平。第三方物流企业面向社会众多企业提供物流服务，可以站在比单一企业更高的角度，在更大范围内提供物流服务。市场外部环境的剧烈变化，企业的生产经营活动也变得越来越复杂，仅仅将物流系统范围局限在企业内部已经远远不够。建立企业间、跨行业的物流系统网络，将原材料生产企业，制品生产企业，批发零售企业等生产流通全过程上下游相关企业的物流活动有机结合起来，形成一个链状的商品供应系统，是构筑现代物流大系统的要求。第三方物流企业通过其掌握的物流系统开发设计能力和信息技术能力，成为建立企业间物流系统网络的组织者，能够完成个别企业，特别是中小型企业无法实现的工作。

9.3.2 第三方物流的弊端

第三方物流的弊端如下。

（1）采用了第三方物流，企业便不在履行物流职能，不能保证供货的准确和及时，不能保证顾客服务的质量和维护与顾客的长期关系，企业将放弃对物流专业技术的开发等。另外，由于外部的第三方物流服务提供商的存在，企业内部更容易出现相互推诿的局面，影响效率。

（2）企业与客户的关系被削弱。由于生产企业是通过第三方物流公司来完成产品的配送与售后服务，同客户的直接接触少了，这对展开稳定密切的客户管理非常不利。同时，第三方物流公司会通过在运输工具上喷涂自身的标志或让公司员工穿着统一服饰等方式来提升第三方物流公司在顾客心目中的整体形象从而取代生产企业的地位。

（3）客户信息泄露风险。客户信息对企业而言是非常重要的资源，但是第三方物流公司并不只面对一个客户，在为企业竞争对手提供服务的时候，企业的商业机密被泄露的可能性将增大。

（4）连带经营风险。第三方物流是一种长期的合作关系，如果第三方物流服务提供商自身经营不善，则可能影响企业的经营，解除合作关系又会产生较高的成本，因为稳定的合作关系是建立在较长时间的磨合期上的。

【讨论思考】

1. 什么是第三方物流？为什么会产生第三方物流？
2. 第三方物流企业有哪些类型？
3. 第三方物流有何特点？
4. 第三方物流有哪些优势和弊端？

【案例分析】福特汽车的物流外包

福特汽车有限公司（以下简称"福特汽车"）创建于 1903 年，此后迅速成长为一个世界范围内汽车制造及汽车相关产品和服务行业的领导者。

福特汽车为了确保原材料供给，在公司总部及底特律建造了内陆港和错综复杂的铁路、公路网络并且投资于运货卡车、内河运输和远洋运输，公司拥有庞大的车队用于物料和原材料配进，意图控制整个原材料供应、制造、运输、销售过程。但是，公司在汽车销售市场上却在走下坡路，不仅出口业务受到日本、韩国等新兴汽车生产国的强烈冲击，连美国国内市场也受到最大的竞争对手通用汽车的蚕食。

福特汽车的决策层经过分析发现，物流活动并不构成公司的核心竞争力。福特汽车对整个供应链进行控制的做法不仅不能保持高的服务水平，相反带来了巨大的财务包袱，损害了公司汽车业务的发展。而且随着汽车业务业绩的下滑，庞大的供应链条不能及时反映这种变化。此外，当时美国也出现了 FedEx、UPS 等优秀的专业物流服务提供商。

在这种历史背景下，福特汽车审时度势，将原材料的供应、运输等不具备竞争力的工作交给了独立的专业化公司去做。福特汽车将运输业务外包，缩短了零部件和成品的交付时间，降低了运输和库存成本。2001 年年初，福特汽车先后与 FedEx 和 UPS 签订了合作协议，这两家公司分别为福特卡车零部件和整车的运送提供物流服务。根据协议，对重要零部件的运送，FedEx 将本着优先服务的原则，保证所订货物在第二天送达客户手中。而 UPS 将对福特整车实行实时运送，以满足客户的需求。该合作使福特整车的运送时间比原来的时间节省 26%。同时，福特汽车在其分拨中心内的整车库存量减少了 29%，从而使每年的库存开支减少了 10 亿美元，库存搬运开支减少了 1.25 亿美元。福特汽车的材料、计划和物流部副经理乐观地表示，随着公司网络系统的日益精确和完善，上述成本开支还将继续降低，运送时间也将进一步缩短。

福特汽车的经营模式上的转变表明，在社会分工日益专业化的现代经济中，没有哪一家厂商能够完全做到自给自足，只有将企业有限的资源投入加强自身核心竞争力上，并与供应链上其他企业通力合作以最有效地利用内、外部资源，才能成为真正的赢家。

（资料来源：http://www.ford.com.cn/）

分析与讨论：

1. 福特汽车为何要将物流外包？
2. 试分析福特汽车的第三方物流模式。

10 第四方物流导论

> **学习目标**
> - 熟悉第四方物流的产生背景
> - 掌握第四方物流的概念
> - 掌握第四方物流的作用与影响
> - 掌握第四方物流的功能与特点
> - 了解第四方物流的运作模式

【案例导入】苏宁的第四方物流转型

苏宁是我国最早获得第四方物流牌照的电商互联网企业,外界也开始关注苏宁物流的第四方物流模式。

1. 物流成本降到 2 个点以内

未来的电商竞争,谁能把物流成本降到 2 个点以内,谁就能胜出。苏宁物流的第四方物流模式,相当于所有的第三方物流公司都可以到线上进行交易,类似于自营的物流 B2C 加 C2C。

不仅如此,苏宁正在谋求托盘的标准化、拼车、物流联盟,由此最大限度地降低物流运行的社会经济成本,提高整体物流运营效率。物流配送过程中经常拼车,不够整车发送的,拼车之后,只按出的立方米数付钱。例如,从广州发到天津蓟州区的车,通过拼车,一辆 14 米长的车每个用户承担一定的费用,这样的话成本至少降低了 2/3,比如原来一辆车的物流运行成本为 3000 元钱,现在的物流运行成本则为 1000 元钱。事实上,苏宁已经行动起来,进行上述的资源整合,例如,苏宁与金龙鱼的合作,就是在托盘标准化推进后大大降低了库存率,而且未来可能还会更低,同时,出库的效率提高了两倍,原来可能需要 4 个人的操作,现在 2 个人就可以完成。由此,通过成本的集约化,使互联网企业实现了巨大的收益。

2. "送装一体"构建竞争壁垒

除了在物流规模、自动化程度领域与同行业的比拼,苏宁正在通过急速达和送装一体构建起强大的竞争壁垒。苏宁率先推出"送装一体",原来消费者买东西需要两次流程,即送货一次、预约安装一次,现在苏宁在北京推行"送装一体",就是买货配送和安装合并为一次到达,称之为变两次预约等待为一次体验,一次解决,这也是免费的。"送装一体"对物流成本的降低,起到了非常大的作用,在大大方便了消费者的同时,运营成本也得到了节约。

"送装一体"未来可使物流成本大幅降低,但同时,它的推行对同行来说却有着较大的很难逾越的壁垒。"送装一体"有几个条件,第一个要求是要有一批具有专业技术职能的安装维修工人,这些工人相当于技师,是需要培训考核的,他们需要参加一些机构考试,要考取证书。第二个要求是要有自营能力,具备售后安装维修的资源,不只是物流,物流只负责送货,并不负责安装与维修。第三个要求是要懂产品,线下有很多门店的优秀的培训的导师,会给一些工人上课,定期讲解新的产品,应该怎么上门安装,需要哪些材料,等等,有很多的技术含量。

3. 苏阿合作:苏宁物流输出

对于苏宁与阿里巴巴的合作,外界虽然关注颇多,但是双方的合作基点却一直是一个巨大的疑团。

阿里巴巴对苏宁的第一个兴趣点在于苏宁拥有第一个自营的供应链,拥有强大的物流售后服务能力,海量的线下实体店,以及遍布各地的网络。对于苏宁来说,双方可以联合采购,进一步降低采购价格。这其实也是双方比较感兴趣的,可以给阿里的平台商户和上游的商家带来好处。第二个兴趣点是流量方面,第三个兴趣点是未来双方可能在大数据等其他方面展开一系列的合作,未来各方合作的空间广度和深度都是非常值得期待的。

对于阿里巴巴的平台商户来说,由于有苏宁的自营供应链,采购价格会大幅降低,而且保证正品,销售之后还可以享受苏宁的配送和未来的一些服务,比如售后服务。双方正在合作推出"万店同庆",主要做好三件事情,即以旧换新、3C店面、易购天猫官方旗舰店,双方已经制订了非常完整的推广和销售的目标计划和支持,磨合后的成果会很快地显现。

4. 逆向物流:打造新的增长高地

当然,苏宁在物流的布局方面,还有一个巨大的领域,那就是其在农村电商方面打造的"逆向物流"。这恰恰是苏宁发展农村电商重要的商业逻辑,而这一逻辑,的的确确也获得了很多地方政府部门及合作伙伴的重视和支持。

正是苏宁在供应链、第四方物流方面打造的强大根基,让苏宁在激烈的市场竞争中站稳了脚步。

(资料来源:http://www.suning.cn/)

思考:苏宁的第四方物流运营有何特点?

10.1 第四方物流的产生

1. 物流业务外包发展的必然产物

第四方物流(Fourth Party Logistics,FPL/4PL)作为供应链管理的一种新的模式,它的出现是物流业务外包的必然产物。企业物流业务外包有三个不同的层次,每个层次都比上一个层次更加有深度和广度。

第一层次是传统的物流外包。企业与一家物流服务提供商签订合同，由其提供单一的、明确界定的物流服务。例如，把仓储外包给专业为企业服务的仓储公司、把运输外包给专业运输公司、委托专门结算机构代结货运账、委托海关经纪人代为通关、委托进出口代理商准备进出口文件等。

第二层次是第三方物流。企业与一家物流服务提供商签订合同，由其提供整合的解决方案，包括两种或更多的物流服务，并且给予其一定的决策权。例如，货运代理决定用哪一家运输公司、运输管理、进货管理、整合的仓储和运输管理等。

第三层次是第四方物流。在利用所有第二层次服务的基础上，获得增值的创新服务。例如，供应链网络结构设计、全球采购计划、IT 功能的强化和管理、商品退货和维修、持续的供应链改善等。

第四方物流在复杂的供应链管理中担负着主要的任务，是供应链外部协作的重要组成部分。它对供应链的物流进行整体上的计划和规划，并监督和评估物流的具体行为和活动的效果。对于供应链的管理来说，第四方物流是对包括第四方物流服务提供商及其客户在内的一切与交易有关的伙伴的资源和能力的统一。

2. 管理的效率和效益最大化的要求

随着科技的进步和市场的统一，供应链中很多供应商和大的企业为了满足市场需求，将物流业务外包给第三方物流服务提供商，以降低存货的成本，提高配送的效率和准确率。但是，由于第三方物流缺乏较综合的、系统性的技能和整合应用技术的局限性以及全球化网络和供应链战略的局部化，使得企业不得不将物流业务外包给多个单独的第三方物流服务提供商，增加了供应链的复杂性和管理难度。市场的这些变化给物流和供应链管理提出了更高的期望，这在客观上要求将现代科技、电子商务和传统的商业运营模式结合起来，以在供应链中构造一个将供应链的外包行为连接起来的统一单位，而不是像以前的单独的行为。

从管理的效率和效益来看，对于将物流业务外包的企业来说，为获得整体效益的最大化，它们更愿意与一家公司合作，将业务统一交给能提供综合物流服务和供应链解决方案的企业；而且，由于在供应链中信息管理变得越来越重要，所以也有必要将物流管理活动统一起来，以充分提高信息的利用率，构建共享机制，提高外包的效率和效益。供应链管理中外包行为的这些变化促使很多第三方物流服务提供商与咨询机构和技术开发商开展协作，以增强竞争能力，由此而产生了第四方物流。

3. 竞争的加剧

在竞争加剧的大背景下，企业对降低物流成本的追求导致了物流服务提供商有必要从更高的角度来看待物流服务，把提供物流服务从具体的运输管理协调和供应链管理上升到对整个物流供应链的整合和供应链方案的再造设计。

4. 弥补第三方物流的不足

第四方物流概念的提出也是在弥补第三方物流的不足：第三方物流缺乏跨越整个物流供应链运作的能力和条件。这是由第三方物流本身的机制决定的，第三方物流主要为企业提供具体的物流运作服务，它所依赖的是自己的交通运输工具、物流基础设施和一些最基本的物流信息，并不参与整个被服务企业的物流供应。因此，第三方物流也就不能站在应有的高度来看待客户的整个物流供应链。同时，物流企业也缺乏整合整个物流供应链流程所需的战略专业技能。

而第四方物流——作为一个提供全面供应链解决方案的供应链集成商，可以站在较第三方物流更高的高度，不受约束地将每一个领域的最佳物流服务提供商整合起来，为客户提供最佳物流服务，进而形成最优物流方案或供应链管理方案。

第四方物流实际上是一种新的供应链外包形式，这种形式正在通过比传统的供应链外包协议更多的暂时的成本降低和资产转移来实现。通过与行业最佳的第三方物流服务提供商、技术供应商、管理顾问的联盟，第四方物流组织可以创造任何单一的提供商无法实现的供应链解决方案。

5. 顾客对物流服务的期望及实现的技术成熟

推动第四方物流发展的直接动力是顾客对物流服务越来越高的期望，英特尔快速存储技术和 Web 技术以及新的企业集成技术为实现这种转变提供了技术前提。

在当今的供应链环境中，有一项公认的事实：顾客对他们的物流服务提供商的期望越来越高。这种服务需求的增加随着现代电子通信技术的发展而得到了加强。这些技术在促使物流服务实现实质性改善的同时，也会驱使顾客期望物流服务能够获得更大程度的改善。而顾客未满足的期望则推动企业重新评估它们的供应链战略。这两种因素相互作用，共同推动了这种物流外包形式的产生。

【应用案例 10-1】第四方物流是物流业发展的助推器

在美国，Ryder Integrated Logistics 和信息技术巨头 IBM 与第四方物流的开拓者埃森哲公司结为战略联盟，使得 Ryder 公司拥有了技术和供应链管理方面的特长，而如果没有"第四方物流"的加盟，这些特长要花掉 Ryder 公司自身几十年的工夫才能够积聚起来。在欧洲，埃森哲公司和菲亚特公司的子公司 New Holland 成立了一个合资企业 New Holland Logistics S.P.A.，专门经营服务零配件物流。New Holland 为合资企业投入了 6 个国家的仓库，770 多位雇员，资本投资和运作管理能力很强。埃森哲方面发挥了管理人员、信息技术、运作管理和流程再造的专长。零配件管理运作业务涵盖了计划、采购、库存、分销、运输和客户支持。在过去 7 年的总投资回报有 6700 万美元,大约 65%的节省来自运作成本降低,20%来自库存管理,其他 15%来自运费节省。

同时,New Holland Logistics 实现了大于 90%的订单完成准确率。在英国,埃森哲公司和泰晤士水务有限公司的一个子公司 Connect 2020,也进行了第四方物流的合作。泰晤士水务有限公司是英国最大的供水公司,营业额超过 20 亿美元。Connect 2020 成立的目的是为供水行业提供物流和采购服务。Connect 2020 把它所有的服务外包给 ACTV,一家由埃森哲公司管理和运作的公司。ACTV 年营业额约 1500 万美元,主要业务包括采购、订单管理、库存管理和分销管理。其运作成果包括:供应链总成本降低 10%,库存水平降低 40%,未完成订单减少 70%。

谁能成为第四方物流?第四方物流的前景非常诱人,但是要成为第四方物流的门槛也非常的高。美国和欧洲的经验表明,要想进入"第四方物流"领域,企业必须在某一个或几个方面已经具备很强的核心能力,并且有能力通过战略合作伙伴关系轻易地进入其他领域。专家列出了一些有可能成为第四方物流企业的前提条件。

(1)有世界水平的供应链策略制订、业务流程再造、技术集成和人力资源管理能力的企业。

(2)在集成供应链技术和外包能力方面处于领先地位的企业。

(3)在业务流程管理和外包的实施方面有一大批富有经验的供应链管理专业人员的企业。

(4)能够同时管理多个不同的供应商,具有良好的关系管理和组织能力的企业。

(5)有对全球化的地域覆盖能力和支持能力的企业。

(6)有对组织变革问题的深刻理解和管理能力的企业。

事实上,第四方物流的出现是市场整合的结果。过去,企业试图通过优化库存与运输、利用地区服务代理商以及第三方物流服务提供商,来满足客户服务需求的增长。但是在今天,客户需要得到包括电子采购、订单处理能力、虚拟库存管理等服务。一些企业经常发现第三方物流服务提供商缺乏当前所需要的综合技能、集成技术、战略和全球扩展能力。为改变窘境,某些第三方物流服务提供商正采取步骤,通过与出色的服务提供商联盟,来提升它们的技能。其中最佳形式是和相关的咨询公司、技术提供商结盟。

随着联盟与团队关系的不断发展壮大,一种新的外包选择开始出现。由它们评估、设计、制订及运作全面的供应链集成方案,这正是第四方物流。所以,第四方物流是中国物流业发展和提升的助推器。第四方物流不仅控制和管理特定的物流服务,而且对整个物流过程提出策划方案,并通过电子商务将这个过程集成起来。预测表明,作为能对客户的制造、市场及分销数据进行全面、在线连接的一个战略伙伴,它可以在可预见的将来得到广泛应用。

(资料来源:http://www.chinawuliu.com.cn)

10.2 第四方物流的基本概念

10.2.1 第四方物流的定义

第四方物流是有领导力量的物流服务提供商,它可以通过对整个供应链的影响力,提供综合的供应链解决方案,也为其顾客带来更大的收益,它不仅控制和管理特定的物流服务，而且对整个物流过程提出解决方案，并通过电子商务将这个过程集成起来。第四方物流正日益成为一种帮助企业实现持续运作成本降低和区别于传统的外包业务的真正的资产转移。它实际上是一种虚拟物流（Virtual logistics），是依靠业内最优秀的第三方物流服务提供商、技术供应商、管理咨询顾问和其他增值服务商，整合社会资源，为用户提供独特的和广泛的供应链解决方案。第四方物流集成了管理咨询和第三方物流服务提供商的能力，通过优秀的第三方物流、技术专家和管理顾问之间的联盟，为客户提供最佳的供应链解决方案。更重要的是，这种使客户价值最大化统一技术方案的设计、实施和运作，只有通过咨询公司、技术公司和物流公司的齐心协力才能够实现。第四方物流的定位如图 10-1 所示。

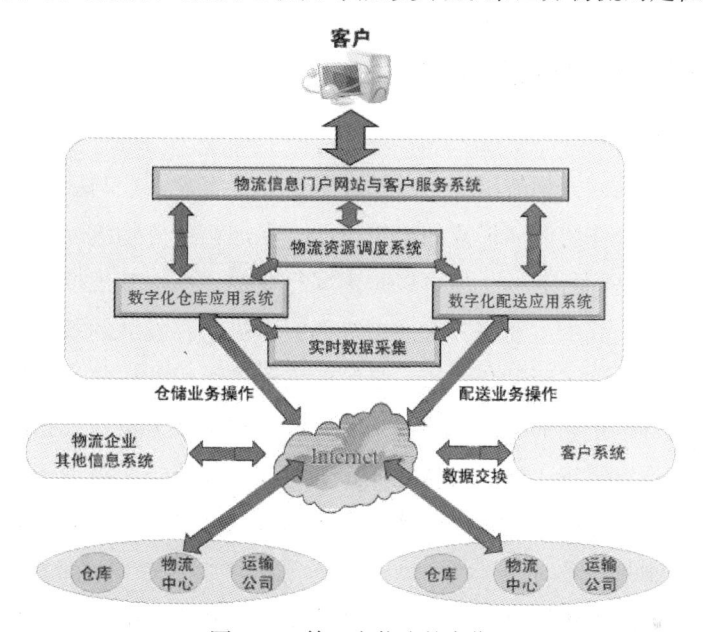

图 10-1 第四方物流的定位

从传统意义上讲，所谓第一方物流是指卖方、生产者或者供应方组织的物流。这些物流组织的核心业务是生产和供应商品。第二方物流是指买方、销售方或流通企业组织的物流行为。这些物流组织的核心业务是采购并销售商品，为了销售业务需要而投资相应的物流网络。第三方物流是针对卖方和买方而言，介于供应商和用户之间的专业物流中间商，即专业的物流组织。

目前，国内外对第四方物流的表述方式多种多样，并没有一个非常明确和统一的定义，例如，有的定义是指"集成商利用分包商来控制与管理客户公司的点到点供应链运用"；还有的把第四方物流定义成"一个集中管理自身资源、能力和技术并提供互补服务的供应链综合解决方法的供应者"；美国著名的互助基金公司——摩根士丹利公司认为，第四方物流就是"将供应链中附加值较低的服务通过合同外包出去后，剩余的物流服务部分"，同时在第四方物流中引入"物流业务的管理咨询服务"。

现在学术界比较认同的是埃森哲公司的John Gattorna所给的定义,"第四方物流服务提供商是一个供应链的集成商,它能对公司内部和具有互补性的服务商所拥有的不同资源、能力和技术进行整合和管理,并提供一整套供应链解决方案"。与第三方物流的外包性质有所不同,第四方物流既不是委托企业全部物流和管理服务的外包,也不是完全由企业自己管理和从事的物流,而是一种中间状态。第四方物流就是将两种物流管理形态融为一体,在统一的指挥和调度下,将企业内部物流和外部物流整合在一起。第四方物流的思想必须依靠第三方物流的实际运作来实现并得到验证;第三方物流又迫切希望得到第四方物流在优化供应链流程与方案方面的指导,它们的价值在于"共生"。

10.2.2 第四方物流的组织构成

第四方物流的组织成员一般包括以下部分。

(1)委托客户。第四方物流组织一般是在主要委托客户企业与服务供应组织之间通过签订合资协议或长期合作协议而形成的组织机构。参加第四方物流的客户可以是一个,也可以是若干个,可以是同行业的,也可以是不同行业的,根据其规模和实力的不同可分为主要客户和一般客户。其中主要客户构成了第四方物流生存发展的基础或市场,在第四方物流组织中主要客户扮演了两种角色,一是第四方物流组织的成员,委托客户除了与其他组织共同出资,通常也把它的整个物流和采购管理,包括物流设备、物流管理人员及经营人员转让给第四方物流组织;作为出资的回报,第四方物流组织负责管理和经营主要客户的整个供应链的管理职能;二是第四方物流组织的客户,它与第四方物流组织的成员保持着长期的、稳定的业务关系。

(2)第三方物流服务提供商。它是为企业提供专业物流服务的机构,是供应链实施的主体。它拥有一定的服务设施、服务专业知识和经验,提供采购、储存、运输和车辆、装卸和物资配送、物料处理等综合多样化服务,也可以是从事物流某一方面业务服务的企业。它是第四方物流在物流实体操作方面的主要承担者。

(3)管理咨询公司。它是从事物流管理服务的咨询机构,管理咨询公司及类似的组织具有强大的战略管理能力,它没有具体的物流设施,却拥有高素质的物流管理人才和丰富的管理经验,了解和掌握着物流的信息。它主要从事物流评审、物流规划、物流顾问、系统实施及物流培训等方面的业务,能够帮助企业做出科学的规划和管理,提升收益和竞争力。它起到的是智囊的作用。

(4)其他增值服务商。其他增值服务商主要是一些IT信息服务提供者以及专业的营销、包装、加工、配送等服务的服务商。

第四方物流组织有较大的柔性,其主要运作方式有供应链合作联盟型、提供集成方案型、行业创新型、动态联盟等模式。从第四方物流组织构成来看,第四方物流作为客户间的连接点，通过合作或联盟提供多样化服务，从而实现服务最佳整合、资源最佳整合，保证产品可以迅速、高质量、低成本地送到需求者手中。

10.2.3 第四方物流的优势

第四方物流的优势主要包括以下部分。

（1）成本及交易费用低。第四方物流自己不投入任何的固定资产，而是对买卖双方及第三方物流服务提供商的资产和行为进行合理的调配和管理，它依靠业内最优秀的第三方物流服务提供商、技术供应商、管理咨询顾问和其他增值服务商，为客户提供独特和广泛的供应链解决方案，使存货和现金流转次数减少，资产利用率提高。此外，物流业务的分离整合协调了物流环节各参与方的利益冲突，有效降低了企业和供应商的交易费用。当交易成本和寻找成本降低时，交易效率提高，交易中的透明度增强，市场信息更为准确，物流业才有可能得到更大的发展。

（2）供应链"共赢"。在第三方物流中，由于信息不对称、外包商不确定，企业为维持外包物流服务的稳定与可靠会增加相应的监察、协调、集成等管理费用，执行外包合约的交易费用随之上升。供应链并不能总是从中受益。而第四方物流关注的不是仓储或运输单方面的效益而是整条供应链的效益，整条供应链外包可以降低运营成本，提高运作效率，施行流程一体化建设、改善供应使运营成本和产品销售成本降低，整条供应链的客户利益会因此而增加。

（3）管理"软"、"硬"分离。第四方物流专门提供物流方案和进行物流人才培训，物流服务提供商或参与者不再依托或者不完全依托物流硬件设施设备，而是为所服务的企业制订完整的物流方案，然后利用社会物流资源实现方案。与第三方物流相比，它是变拥有物流硬件为控制物流硬件。物流产业内"软"的管理设计与"硬"的设施设备相分离，使产业分工更加明晰，提高了服务的专业化程度和服务水平，加速了市场的发育和产业升级。

（4）人本服务。发展物流本身就是一种服务，而关于服务模式的创新，需要各个企业根据自身的实际尽量满足客户个性化的服务。第四方物流的特点是提供了一个综合性供应链解决方法，集中所有资源为客户完美地解决问题，将客户与供应商的信息和技术系统一体化，把人的因素和业务规范有机结合起来，使整个供应链规划和业务流程能够有效地贯彻实施。

（5）知识化管理。信息化技术、自动化技术、智能化技术、仿真技术和管理技术的提高是第四方物流的源泉，EDI、POS、GIS、GPS、ITS、MIT、自动识别系统、自动分拣系统、电子拣选系统、高架立体仓库、虚拟库存、电子支付的使用为第四方物流的出现打下了基础。在第四方物流中，HSE（Health, Safety and Environment）管理体系（健康、安全和环境三位一体的管理体系）融入企业安全文化建设中，把HSE观念从单纯的生产安全扩展

205

到生活、生存安全和环境领域，把事后管理转变为事前控制，使物流告别了劳动密集型和资本密集型时代，迈进一个崭新的知识型时代。

（6）客观上适应商品流通新趋势。随着全球经济的发展，商品交易表现出高频率、大范围的特点，从而也要求现代物流向高速、多层次、大范围的运行趋势进行变革。传统的物流方式由于其自身局限性，在高频率、大范围的商品流通面前显得有些力不从心。而第四方物流在时间上和空间上更有效率，适应了商品流通新趋势。

10.2.4 第四方物流的功能与特点

第四方物流是一个供应链集成商，它通过对本公司内部和具有互补性的服务提供商所拥有的不同资源、能力和技术进行整合和管理，向客户提供一整套供应链解决方案。第四方物流企业不是从货物运输的角度看待各企业间的关系，而是站在客户企业的目标和利益角度，寻求各个客户间资源与优势的互补。第四方物流企业将其业务与客户的企业经营相融合，在实际管理过程中强调业务流程协调技术的重要性。

第四方物流的功能有以下几个方面。

（1）第四方物流是物流信息的管理者，第四方物流企业收集并处理供应链上所有的运行数据和成本信息。通过对信息的分析和计算设计出适合客户企业的供应链解决方案。

（2）第四方物流是供应链的集成者和整合者，第四方物流企业利用其系统基础设施和采用公共的信息平台，把制造商和他的供应商以及消费者联系起来，并能够利用其管理能力来集成和整合制造商上游的供应商和下游的顾客。

（3）第四方物流是物流服务的购买者，第四方物流企业能够为制造商提供物流的购买技巧。通过第四方物流企业的专门研究物流和供应链以及成本分析和运行优化的专家队伍，它们能有效地评估有着最适合提供某一方面物流服务活动的最佳的物流服务提供商。

第四方物流通常以物流服务价格代理的面目出现，这迫使第四方物流走出了一条截取供应链上顶端资源组合的高起点路线，进而形成第四方物流高起点、高技术含量的特点。

（1）在整个过程中，第四方物流自己不投入任何的固定资产，而是对买卖双方以及第三方物流服务提供商的资产和行为进行合理的调配和管理，提供了一个综合性供应链解决方案，以有效地适应需求方多样化和复杂的需求，集中所有的资源为客户完美解决问题。第四方物流集成了管理咨询和第三方物流服务提供商的能力。更重要的是，一个使客户价值最大化的统一的技术方案的设计、实施和运作，只有通过咨询公司、技术公司和物流公司的齐心协力才能够实现。

（2）通过第四方物流对整个供应链产生影响的能力来增加价值，即其能够为整条供应链的客户带来利益。第四方物流充分利用了一批服务提供商的能力，包括第三方物流、信息技术供应商、合同物流供应商、呼叫中心、电信增值服务商，等等，再加上客户的能力

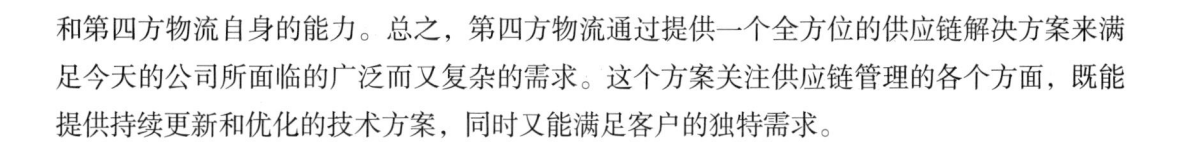

和第四方物流自身的能力。总之，第四方物流通过提供一个全方位的供应链解决方案来满足今天的公司所面临的广泛而又复杂的需求。这个方案关注供应链管理的各个方面，既能提供持续更新和优化的技术方案，同时又能满足客户的独特需求。

10.3 第四方物流的作用与影响

10.3.1 第四方物流的作用

第四方物流是咨询服务和第三方物流以及技术支持相结合和产物，所以它综合了咨询管理和第三方物流的优点，能从比较大的范畴去改善整个供应链的管理，对供应链的复杂的要求做出高效率的反应。

1．供应链流程再造或供应链过程的再设计

供应链过程中真正的再设计可以通过各个环节的计划和运作的协调一致来实现，也可以通过各个参与方的通力协作来实现。供应链流程再造改变了供应链管理的传统模式，整合和优化了供应链内部和与之交叉的供应链的运作，将商贸战略与供应链战略连成一线，创造性地重新设计了参与者之间的供应链，使之达到一体化标准。第四方物流服务提供商通过物流运作的流程再造，使整个物流系统的流程更合理、效率更高，从而将产生的利益在供应链的各个环节之间进行平衡，使每个环节的企业客户都可以受益。

2．供应链节点企业之间的功能转化

通过采用新的供应链管理技术可以加强并改善各个供应链节点企业的职能。第四方物流通过采用领先和高明的技术，供应链加上战略思维、流程再造和卓越的组织变革管理，共同组成最佳方案，实现对供应链活动和流程的整合和改善，促进供应链节点企业之间的功能转化。

3．业务流程再造

一个第四方物流服务提供商帮助客户实施新的业务方案，包括业务流程再造、客户公司和服务供应商之间的系统集成，以及将业务运作转交给第四方物流的项目运作小组。项目实施过程的最大目标，是把一个设计得非常好的策略和流程实施得恰到好处，因而全面发挥方案的优势，实现项目的预期成果。

4．开展多功能多流程的供应链管理

第四方物流服务提供商可以承担多个供应链职能和流程的运作责任，工作范围远远超越了传统的第三方物流的运输管理和仓库管理的运作，还包括制造、采购、库存管理、供应链信息技术、需求预测、网络管理、客户服务管理、行政管理等。通常的第四方物流只是从事供应链功能和流程的一些关键技术部分。

10.3.2 第四方物流的影响

从国外目前发展第四方物流的经验来看，大力发展中国的第四方物流，不仅仅能获得明显而巨大的社会经济效益，更重要的是能够对整个中国的物流业进行整合，从而实现中国物流企业的规模化、正规化发展。

第一，发展第四方物流将有助于打破地区封锁，促进国内物流与国际物流的有效流通。第四方物流是从整个社会物流系统的角度来运作物流的，它最大限度地整合了整个地区、国家、甚至全球的社会资源，有利于建立供应链联盟，有利于整合物流管理体制，打破行业垄断，消除部门分割、地区封锁现象，促进经济体制改革。

第二，发展第四方物流有助于促进物流行业的快速发展。近年来我国社会物流增长速度明显高于同期 GDP 的增长速度。这一现象表明经济增长对物流的需求越来越大，对物流的依赖程度也越来越高，第四方物流的蓬勃发展正成为促进物流行业快速发展的驱动力。

第三，发展第四方物流将从两个方面大幅度降低社会物流费用。一是优化第三方物流。或许从局部来看，第三方物流是高效率的，但是从地区和国家整体来说，第三方物流企业存在各自为政的现象，不能最优化整合社会资源，可能造成社会资源的大量浪费。而第四方物流的发展满足整个社会物流系统的要求，能够最大限度地整合社会资源，减少货物流时间，节约资源，提高物流效率，也减少了环境污染。二是提高社会物流设施的整体利用率。第四方物流的发展有助于促进现有的交通工具、交通道路设施、仓储设备、电信设施等物流存量资源整合，避免重复建设，提高社会物流设施的整体利用率。

第四，发展第四方物流将有助于促进社会信息化的发展。强大的信息技术支持能力和广泛的服务网络覆盖支持能力是第四方物流开拓市场的有力武器。第四方物流的发展有助于提升客户企业的信息化水平，改善供应链上相关企业的信息共享程度，整合供应链服务商的信息设备、技术和资源，也有助于改善政府物流管理相关部门的信息化水平，促进社会信息化的发展。

就行业自身的优势来看，我国第四方物流的发展也是令人瞩目的。除了市场需求驱动，第四方物流在中国的发展也具有第三方物流所没有的优势以及其对客户企业的巨大价值，发展第四方物流对社会、对客户企业而言都具有潜力巨大的社会经济效益。

第一，第四方物流具有提升客户企业核心竞争力，降低其运营成本的明显优势。核心竞争力是企业在市场竞争中保持持续长久竞争优势的源泉，采用第四方物流，企业可以专注于核心业务，将物流等非核心业务进行业务外包，从而极大地提升企业核心竞争力，大幅度降低物流成本。一方面可以减少物流资本投入、降低资金占用，提高资金周转速度，减少投资风险,另一方面可以降低库存管理及仓储成本。

第二,第四方物流具有强大的专业资源优势。一般而言,第四方物流公司都拥有较多高素质的专业资源,尤其是团队资源,它们可以为客户企业提供全面的科学的供应链管理与运作技术,提供完善的供应链解决方案,可以在解决物流实际业务的同时实施与公司战略相适应的物流发展战略。

第三,第四方物流具有对整个供应链及物流系统进行整合规划的优势。第四方物流公司作为具有领导力量的物流服务提供商,可以通过其影响整个供应链的能力,整合具备资源优势的第三方物流服务提供商、管理咨询服务商、信息技术服务商和电子商务服务商等,为客户企业提供完善的供应链解决方案,为其降低运营成本,增加利益。而第三方物流的优势仅在于运输、储存、包装、装卸、配送、流通加工等实际的物流业务操作能力,在综合技能、集成技术、战略规划、区域及全球拓展能力等方面存在明显的局限性,特别是缺乏对整个供应链及物流系统进行整合规划的能力。

第四,第四方物流具有信息及服务网络优势。第四方物流公司的运作主要依靠信息与网络,其强大的信息技术支持能力和广泛的服务网络覆盖支持能力能够为客户企业开拓国内外市场、降低物流成本提供强大的支撑平台,也是第四方物流公司自身获得大额长期订单、赢得客户信赖的基础。

第五,第四方物流可以改善物流服务质量,提升企业形象,推动中国企业实现全球化战略。由于第四方物流服务提供商及其客户和合作伙伴等是利益共享关系和战略合作伙伴关系,企业完全可以利用第四方物流专业化的供应链物流管理运作能力和专业化高素质的物流人才,制订出以顾客为导向、快捷、高质量、低成本的物流服务方案,改善物流服务质量,从而极大地提升企业形象。尤其是在全球经济一体化的冲击下,生产制造企业一般缺乏全球化物流运作的能力,如果能够通过第四方物流进行全球采购、配送和服务,将会有效促进中国企业全球化战略的实现。

第四方物流同时成功地影响着大批的物流业服务者(第三方物流、网络工程、电子商务、运输企业等)以及客户的供应链中的伙伴,它作为客户间的连接点,通过合作或联盟的方式提供多样化服务,可以为客户提供迅速、高质量、低成本的物流服务。

【应用案例10-2】钢云互联平台的第四方仓储物流模式

物流管理的日益复杂和信息技术的爆炸性发展,使得全产业链信息整合迫在眉睫。第四方物流作为供应链的集成商,专门为第一方、第二方和第三方提供物流规划、咨询、物流信息系统、供应链管理等服务。

钢云互联平台的第四方仓储物流模式,依托了高新技术,有效保障了仓储安全。这种新型的模式在业内引来了众多遐想,有关钢云互联平台的核心服务模式也成了大家竞相猜测的对象,现在我们就走近钢云互联平台,去揭开它的神秘面纱。

1. 平台两大利器——GYS、互联仓管

钢云潜心十年了解钢铁行业，走访全国 200 多个仓库调研需求，了解客户反馈，成功研发了钢云互联平台，旗下拥有钢云仓储系统（GYS）和互联仓管两大产品。

平台的 GYS 通过条码技术、移动终端数据采集技术等物联网技术实现智能仓储，同时整合了大数据及云计算技术，将数据备份到云端数据库，以便货主通过 GYS 云平台实时查询，因此更加安全可靠。

平台的互联仓管通过视频监管、条码监管、互联监管、联盟监管对货物进行实时监控，第三方监察队不定时突击检查仓库，对换单、装车、出门、质押四大环节展开层层监管。同时引进了货主参与管理理念，24 小时可移动查看货物状态，第一时间收到货物状态变化推送信息，帮助货主实现远程盘货，保障了货物的安全，成功构建了安全的仓储物流体系。

2. 钢云互联平台核心服务模式——信息技术整合、供应链集成服务

钢云互联平台依托云计算、大数据、移动互联、物联网等技术，以整合供应链为己任，依靠出色的 IT 技术服务、管理咨询顾问和其他增值服务等向企业提供完整的解决方案。较之第三方物流仅能提供低成本的专业服务，钢云互联平台作为第四方物流则能控制和管理整个物流过程，并对其提出策划方案，再通过电子商务集成，以实现安全、方便、快速、高质量和低成本的物流服务。

3. 建立安全仓储服务体系，打造钢云诚信品牌

钢云运用了第四方仓储物流模式，着力打造诚信品牌。秉承一贯追求卓越，求实严谨的风格，钢云在战略合作伙伴的筛选上也做到了极致。

钢云在全国 13 个省市对 2000 多家仓库展开优质仓库调研，从资质、产权、经营范围、业务流程、财务状况和账面情况六大方面对仓库进行综合风险评估，经反复核实材料，严格筛选出合作仓库，一切只为营造安全仓储环境。未来，将有更多优质的仓库加入钢云全国战略部署中来。

随着企业信息化水平的不断提升，钢云互联平台第四方仓储物流模式得到了越来越多客户的认可，大家纷纷表示这种模式对于保障货物安全，营造安全仓储氛围有着深远的意义。

（资料来源：http://www.cn156.com/article-10805-1.html）

10.4 第四方物流的运作模式

1. 超能力组合（1+1>2）协同运作模型

第四方物流和第三方物流共同开发市场，第四方物流向第三方物流提供一系列的服务，包括技术、供应链策略、进入市场的能力和项目管理的专业能力。第四方物流往往会在第三方物流公司内部工作，其思想和策略通过第三方物流公司这样一个具体实施者来实现，以达到为客户服务的目的。第四方物流和第三方物流一般会采用商业合同的方式或者战略联盟的方式合作。

2. 方案集成商模型

在这种模式中，第四方物流为客户提供运作和管理整个供应链的解决方案。第四方物

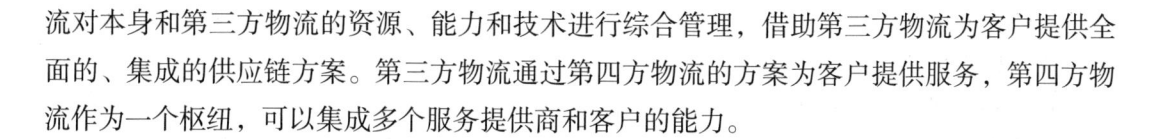

流对本身和第三方物流的资源、能力和技术进行综合管理，借助第三方物流为客户提供全面的、集成的供应链方案。第三方物流通过第四方物流的方案为客户提供服务，第四方物流作为一个枢纽，可以集成多个服务提供商和客户的能力。

3. 行业创新者模型

第四方物流为多个行业的客户开发和提供供应链解决方案，以整合整个供应链的职能为重点，第四方物流将第三方物流加以集成，向上下游的客户提供解决方案。在这里，第四方物流的责任非常重要，因为它是上游第三方物流集群和下游客户集群的纽带。行业解决方案会给整个行业带来最大的利益。第四方物流会通过卓越的运作策略、技术和供应链运作实施来提高整个行业的效率。

第四方物流无论采取哪一种模式，都突破了单纯发展第三方物流的局限性，能做到真正的低成本、高效率、实时运作，实现最大范围的资源整合。第四方物流可以不受约束地将每一个领域的最佳物流服务提供商组合起来，为客户提供最佳物流服务，进而形成最优物流方案或供应链管理方案。第三方物流缺乏跨越整个供应链运作以及真正整合供应链流程所需的战略专业技术，其要么独自，要么通过与自己有密切关系的转包商来为客户提供服务，所以不太可能提供技术、仓储与运输服务的最佳结合。

【讨论思考】

1. 什么是第四方物流？第四方物流与第三方物流有何区别和联系？
2. 第四方物流有何作用和影响？
3. 第四方物流有哪些功能？第四方物流有何特点？
4. 第四方物流有哪几种运作模式？

【案例分析】亚物天津的第四方物流

亚洲物流（天津）有限公司（以下简称"亚物天津"）是中国第一家网络物流服务商。在充分分析中国物流现状的基础上，创造性地以网上信息联网和网下业务联网的结合为核心，通过全国分公司和加盟用户的联网运作，提供客户所需的整套物流服务，从而创立了一套卓有成效的现代网络物流方案。

亚物天津独特的核心优势是不断扩张的运营网络，是通过设立分公司及办事处，形成了基于互联网的中国覆盖面最广的省际公路物流网络，从而全面提升物流服务的竞争力。

亚物天津定位于第四方物流服务提供商，原因是公司没有自己的仓库及车队，而是通过长租或控股的运输车队来适应不同的货运要求，此类运输车队拥有重型、中型、小型、货柜等车况良好的各类车辆1000台。仓储也是通过长租或控股的方式运作的，由于车是车主的，仓是仓主的，亚物天津可以减少不少车辆或仓库维修及保养的烦恼。亚物天津拥有的只是一张覆盖全国的物流运营网络,以及一个信息交流、搭配、交易的网络平台及一班有物流行业经验的专家队伍。

1. 亚物天津物流运营网络

亚物天津的运营网络由三种业态构成。在北京、天津、上海、广州、无锡等城市设有一级分公司。一级分公司具有大客户管理能力、长距离多式联运能力、转运及区域内短途运输能力、仓储及包装能力。在多家省会城市设有二级分公司。二级分公司具有长距离多式联运能力、转运及区域内短途运输能力。设立二级分公司的省会城市是石家庄、太原、呼和浩特、沈阳、长春、哈尔滨、重庆、杭州、合肥、福州、南昌等。上述一、二级分公司管理着数十家具有货物接收转运能力的加盟用户,从而形成巨大的亚物天津公路物流网络。

2. 亚物天津的发展目标

亚物天津的发展目标是搭建一个领先的第四方物流系统,其主要构件包括创新的配送路径优化机制、环球追踪系统及全球供应链管理系统。

1)创新的配送路径优化机制

所谓"创新的配送路径优化机制",就是能令客户的管理层开拓具有策略性的物流选择的空间。配送路径优化机制能考虑多方面的因素,包括各货仓及货车的所有活动、成本、储货、载货量等,亦能照顾拥有车队的客户而做出路径分析,并能决定最有效率的固定或主要运输路线、联合不同客户领域、调整车队数目,以及分析服务频率等。

优化的方法有多种。传统的直线式程序亦能解决部分问题,但是当配送点的数目不断增多,路线及车队调动的复杂性将以倍数增加,优化路线的计算时间亦不断延长。这当然未能符合实际需要,因此,第四方物流服务提供商需能实时将最合适的路径通知车队。因此,第四方物流服务提供商必须具备一个智能化的路径选择系统,能够考虑各方面的实际情况,实时为客户决定最优化的运输路径。

2)环球追踪系统

环球追踪系统(Global tracking System,GTS)需以全球定位系统(GPS)支持。市场对全球定位系统期待已久,期望能为消费者及工业市场带来改革。但现实是很多业内的大型跨国公司如EG&G、SEG及Trimble等已于中国成立分公司,但均未能成功。原因在于这些公司未能解决最基本的问题,如不熟悉中国国内的情况及市场、未能取得营业牌照、错误的市场推广、缺乏电子地图的资料及营运管理失当等。话虽如此,成功开发环球追踪系统仍是第四方物流服务提供商的主要课题,环球追踪系统对它们来说是必需的。

3)全球供应链管理系统

跨企业的协同式解决方案能为物流供应链内的所有参与者提供快速的投资回报。时至今日,改善物流管理程序及降低货运成本已是必须,而成功的企业及物流服务提供商则正寻求真正的协同式物流解决方案,作为其策略的一部分。

全球供应链管理系统能为各方改善物流管理程序,以及通过单一平台为客户提供主动的事件管理解决方案。传统上,物流运作可能是企业最难控制及掌握的一环,此平台则能无缝结合所有地方不同交通模式的运作,令客户能通过一个步骤就能管理所有事宜。

传统的供应链管理系统功能有限,原因在于该解决方案只着眼于企业本身的运输费用,而忽略与客户、供货商、贸易伙伴及服务提供商的协同效应。人工操作的系统或工作表缺乏可调整性,未能提供最大的优化,更不能有效配合日益全球化的供应链。

亚物天津有点儿像"戴尔公司",卖的是一种组合产品。戴尔公司因减少了中间环节而减少了成本,配货这个行业因在内部环节的良好协调、搭配而减少了许多成本。戴尔公司因大量定制而有了规模效应的成本降低,而亚物天津首先是因为有了布点范围的规模效应,而有了一个40%～50%的成本降低空间,其次才是因为能处理的业务量大而带来的规模性成本降低。通过以在干线物流领域布下的完善网络为运作平台,以联网动态配合为核心优势,以各种先进技术的应用和与其他优势资源的结盟为辅助手段,在干线物流的非单企服务领域(行业基础服务或称之为第四方),打造国内的最佳物流基础业务服务网,成为规模庞大、服务效率和能力卓越的领先的第四方物流服务企业。

(资料来源:http://info.jctrans.com/)

分析与讨论:

1. 亚物天津是如何构建其运作模式的?
2. 亚物天津的第四方物流模式有何特点?

11 供应链管理导论

学 习 目 标

- 掌握供应链和供应链管理的概念
- 熟悉供应链管理的特点和作用
- 了解价值链管理
- 熟悉供应链物流管理

【案例导入】海尔集团的供应链管理

海尔集团从 1980 年开始创业，通过 40 年的艰苦奋斗，把一个濒临破产的集体小厂发展成为国内外著名的跨国公司。在这 40 年里，很多企业都因为遇到这样那样的困难而退出了历史舞台，海尔集团之所以发展得越来越好，与它的供应链管理模式有着密不可分的关系。

海尔集团提出要注重供应链的管理，以优化供应链为中心，在全集团范围内对原业务流程进行了重新设计和再造，与国际化大公司全面接轨，强化了企业的市场应变能力，大大提升了海尔集团的市场快速反应能力和竞争能力，保证了企业的可持续发展。而且，在供应链管理方面，海尔财务公司也发挥了重要作用。海尔集团的供应商中有许多为中小型企业，长期与海尔集团保持着稳定的供货关系。它们为了配合海尔集团的大量订单，需要发展配套生产，但是很难从银行得到融资，就算能够融资成本也很高。这时海尔集团出现了一时的供应链断裂。为了解决供应商融资难、融资成本高的问题，海尔财务公司利用集团账面大额应付账款做质押为供应商提供融资，解决了相关问题，同时又可以丰富海尔财务公司的业务，增加了海尔财务公司的利润来源，而且还推动了海尔集团的流程再造。在供应链金融延伸方面，海尔集团做得很出色，值得我国企业学习。

海尔集团在供应链管理方面，并不是像一些企业一样纸上谈兵。它有针对自身的情况，做到具体问题具体分析，而且还会随着周边环境的改变随时调整自己的供应链管理模式。

1. 供应链管理关键是核心业务和竞争力

因为企业的资源有限，企业要在各行各业中都获得竞争优势是很困难的，企业要想发展，必须集中资源在某个专长的领域即核心业务上。海尔集团之所以能够以自己为中心构

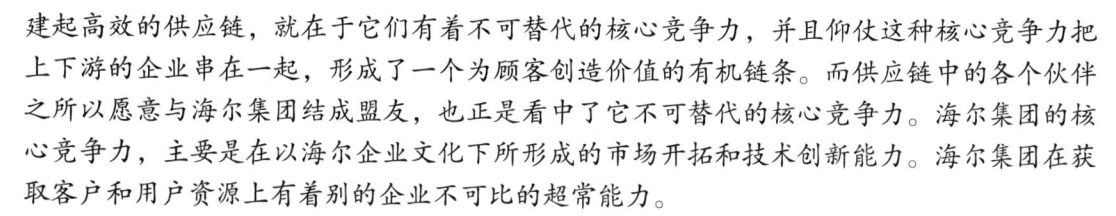

建起高效的供应链，就在于它们有着不可替代的核心竞争力，并且仰仗这种核心竞争力把上下游的企业串在一起，形成了一个为顾客创造价值的有机链条。而供应链中的各个伙伴之所以愿意与海尔集团结成盟友，也正是看中了它不可替代的核心竞争力。海尔集团的核心竞争力，主要是在以海尔企业文化下所形成的市场开拓和技术创新能力。海尔集团在获取客户和用户资源上有着别的企业不可比的超常能力。

2. 强化创新能力

在核心业务冰箱领域上，海尔集团做到了"想出商品来"。亚洲第一代四星级电冰箱、中国第一代豪华型大冷冻电冰箱、中国第一代全封闭的抽屉式冷冻电冰箱、中国第一台组合电冰箱都是海尔集团制造生产的，紧接着是中国第一台宽气候带电冰箱、中国第一代保湿无霜电冰箱、中国第一台全无氟电冰箱，每一个新品都开拓了一个新市场、新消费群。正是这种源源不断的新产品之流，保证了海尔集团经济效益的稳步增长。

3. 以供应链为基础的业务流程再造

海尔集团的业务流程再造是以供应链的核心管理思想为基础，以市场客户需求为纽带，以海尔企业文化和 SBU 管理模式为基础，以订单信息流为中心，带动物流和资金流的运行，实施"三个零"（服务零距离、资金零占用、质量零缺陷）为目标的流程再造。它通过供应链同步的速度和 SST 的强度，以市场效益工资激励员工，从而完成订单，构建企业的核心竞争力。

4. 注重供应链管理中的信息技术

由于物流技术和计算机管理的支持，海尔物流通过 3 个 JIT，即 JIT 采购、JIT 配送、JIT 分拨物流来实现同步流程。这样的运行速度为海尔集团赢得了源源不断的订单。海尔集团平均每天接到销售订单 200 多个，每个月平均接到 6000 多个销售订单，定制产品 7000 多个规格品种，需要采购的物料品种达 15 万种。由于所有的采购基于订单，采购周期减到 3 天；所有的生产基于订单，生产过程降到一周之内；所有的配送基于订单，产品一下线，中心城市在 8 小时内、辐射区域在 24 小时内、全国在 4 天之内即能送达。总结起来，海尔集团完成客户订单的全过程仅为 10 天时间，资金回笼为一年 15 次（1999 年我国工业企业流动资本周转速度年均只为 1.2 次），呆滞物资降低 73.8%，同时海尔集团的运输和储存空间的利用率也得到了提高。

（资料来源：http://www.360doc.com/content/20/0502/23/18200785_909876397.shtml）

思考：海尔集团的供应链管理有何特点？

11.1 供应链管理的产生

11.1.1 企业面临的经营环境

20 世纪 80 年代中后期以后，国际化、动态化、网络化的全球竞争局面形成，客户需求的不确定性和瞬变性，以及商品由卖方市场向买方市场的转变使企业所面临的环境相对于以前发生了巨大的变化，具体可归结为以下几点。

1．技术进步越来越快

在计算机领域有一个人所共知的"摩尔定律"，它是英特尔公司创始人之一戈登·摩尔于1965年在总结存储器芯片的增长规律时发现的，他发现"微芯片上集成的晶体管数目每12个月翻一番"。当然这种表述没有经过什么论证，只是一种现象的归纳。但是后来的发展却很好地验证了这一说法，使其享有了"定律"的荣誉，后来逐渐表述为"集成电路的集成度每18个月翻一番"，或者说"三年翻两番"。这些表述并不完全一致，但是它表明半导体技术是按一个较高的指数规律发展的。就在摩尔定律提出3年后，英特尔公司诞生了。从它1971年推出第一片微处理器Intel4004至今，微处理器使用的晶体管数量的增长情况基本上符合摩尔定律。

新技术、新产品的不断涌现一方面使企业受到空前未有的压力，另一方面也使每个企业员工受到巨大的挑战，企业员工必须不断地学习新技术，否则他们将面临由于掌握的技能过时而遭到淘汰的处境，企业的培训成本也大为增加。

2．高新技术为依托的竞争越来越激烈

高新技术的使用范围越来越广，全球高速因特网使所有的信息都极易获得；敏捷、开放的教育体系使越来越多的人能在更短的时间内掌握新技术与新技能；面对一个机遇可以参与竞争的企业越来越多，从而大大加剧了国际竞争的激烈性。以计算机及其他高新技术为基础的新生产技术在企业中的应用是20世纪的主要特色之一，如计算机辅助设计、计算机辅助制造、柔性制造系统、自动存储和拣出系统、自动条码识别系统等，在世界各国尤其是工业发达国家的生产和服务中得到广泛应用。

虽然高新技术应用会带来许多竞争上的优势，但是它的初始投资很高，增加了企业的资本负担和投资回报风险。

3．产品研制开发的难度越来越大

越来越多的企业认识到新产品开发对企业创造收益的重要性，因此许多企业不惜成本予以投入，但是资金利用率和投入产出比却往往不尽如人意。原因之一是，产品研制开发的难度越来越大，特别是那些大型、结构复杂、技术含量高的产品在研制中一般都需要各种先进的设计技术、制造技术、质量保证技术等，不仅涉及的学科多，而且大都是多学科交叉的产物，因此如何能成功地解决产品开发问题是摆在企业面前的头等大事。与产品研发难度增大相对应的是企业研发投入成本高，投资风险加大。

4．全球性技术支持和售后服务

赢得用户信赖是企业保持长盛不衰的竞争力的重要因素之一。赢得用户不仅要靠具有吸引力的产品质量，而且还要靠销售后的技术支持和服务。许多世界著名企业在全球拥有健全而有效的服务网络就是最好的印证。

5．用户的要求越来越苛刻

随着时代的发展、大众知识水平的提高和激烈竞争带给市场的产品越来越多、越来越好，用户的要求和期望也越来越高，消费者的价值观发生了显著变化，需求结构普遍向高层次发展。一是对产品的品种规格、花色品种、需求数量呈现多样化、个性化要求，而且这种多样化要求具有很高的不确定性；二是对产品的功能、质量和可靠性的要求日益提高，并且这种要求提高的标准又是以不同用户的满意程度为尺度的，产生了判断标准的不确定性；三是要求在满足个性化需求的同时，产品的价格要符合大批量生产的低成本要求。制造商发现，最好的产品不是他们为用户设计的，而是他们和用户一起设计的。

11.1.2 供应链管理发展过程

1．20世纪80年代前阶段

计算机在20世纪60年代初开始应用于企业管理，它在信息处理方面的先进性可以促进企业管理规范化与提升管理效率。伴随着信息技术的发展，生产制造技术和运作管理发生了较大变化，这些变化对企业参与国际竞争的能力提出了更高的要求，传统的管理思想已不能满足新的竞争形势，以"纵向一体化"为特征的传统的企业经营管理模式受到挑战，在全球化市场的激烈竞争中，企业面对一个迅速变化且无法预测的买方市场。传统的生产与经营模式对迅速变化的市场的响应越来越迟缓和被动，这些企业从不同角度开始对生产模式进行改造，例如，日本企业便在全面质量管理（Total Quality Management，TQM）、准时制（Just-IN-Time，JIT）等方面，做出了卓有成效的努力，提升了产业的国际竞争力。

随着生产模式的改进，计算机管理信息系统也从20世纪70年代开始迅速发展，改进企业管理手段和实现企业管理信息化已成为提升企业竞争力的重要措施。其中典型的系统开发项目有70年代就起步的物料需求计划（Material Requirement Planning，MRP）。随着以计算机为代表的信息技术发展的日新月异，相关企业管理系统的开发与应用得到了迅猛发展。

2．20世纪80年代至90年代阶段

自20世纪80年代起，美国已经意识到了必须夺回制造业方面的优势，才能保持在国际上竞争的领先地位，于是开始向日本学习，并总结出精益生产方式，其效果不尽如人意。1991年美国国会提出要为国防部拟订一个较长期的制造技术规划，委托里海大学的文柯卡研究所编写了一份《21世纪制造企业战略》的报告，该报告的结论意见是全球性的竞争使得市场变化加快，单个企业依靠自己的资源进行自我调整的速度赶不上市场变化的速度。为了解决这个影响企业生存和发展的世界性问题，报告提出了以虚拟企业或动态联盟为基础的敏捷制造模式，从而奠定了供应链管理的理论基础，并形成了一种新的基于供应链的企业联盟经营模式。20世纪80年代后期开始，ISO9000系列质量认证标准使质量管理从质量保障、过程

控制等企业管理内容，向质量认证形式发展，得到更广泛的市场认可，质量认证成为企业进入国际市场的通行证。

实际上从 20 世纪 80 年代后期开始，国际上已经有越来越多的企业开始采用虚拟企业或动态联盟的生产经营模式。采取这种生产经营模式的制造企业只需要抓住核心产品的方向和市场，而将资源延伸到企业之外的其他地方，借助外部资源等方式快速对市场需求做出反应，避免了自己投资带来的周期长和风险大的问题，赢得产品在低成本、高质量、早入市场等方面的竞争优势，初步形成了基于功能集成的"横向一体化"的思维方式。由此而产生的供应链管理是这种管理思想的一个典型代表，诸如敏捷制造（Agile Manufacturing，AM）、精益生产（Lean Production，LP）、柔性制造系统（Flexible Manufacturing System，FMS）以及计算机集成制造系统（Computer Integrated Manufacturing System，CIMS）等方面的努力，到 20 世纪 90 年代，现代化生产过程准时性、精益性和集成性等要求和实现水准也越来越高。

基于物料需求计划（MRP）发展起来的制造资源计划（Manufacturing Resource Planning，MRPⅡ），在 20 世纪 90 年代形成的企业资源计划（Enterprise Resource Planning，ERP）软件系统，在制造企业中得到广泛应用，使得企业生产过程各环节的连接从物料供应、生产制造逐步扩充到企业各部门乃至企业外部，提升内外部资源的利用效率。

3. 20 世纪 90 年代阶段

20 世纪 90 年代以后，现代企业面临的市场竞争是国际化的市场竞争，竞争的内涵已经从产量竞争、质量竞争、成本竞争发展到时间竞争，其内容无疑存在继承性、延续性，而且后者包容前者、后者以前者为基础，一步一个台阶，日益反映了市场竞争内容的深入和广泛。它不仅反映了管理学前沿理论研究与应用的广阔前景，而且更深层地反映了企业素质的锻造与提高，对企业生存与未来发展都产生着深刻的影响。20 世纪 80 年代初步产生的第三方物流在 20 世纪 90 年代得到较大发展。与制造企业对应的配送需求计划（Distribution Requirements Planning，DRP）、配送资源计划（Distribution Resource Planning，DRPⅡ）和物流资源计划（Logistics Resource Planning，LSP）也已提出并投入实践。依托电子信息技术，一个小企业能够在支持大企业物流管理的过程中实现生存与发展，而且在短短的几年里确实发展壮大起来；一些民营企业在很短的时间里建起了支持客户企业的供应链管理系统，而且确实提供了客户满意的服务；一些"三资"企业重点发展其核心业务，利用虚拟经营将非核心业务交给专业公司办理，拓展中国市场。这些均与企业管理体制改革、电子信息技术应用和现代管理理论支持有密切的关系，能够实现供应链企业共赢的效果。

随着管理学前沿理论的发展，生产计划、经营策略、战略管理研究与实践不断地深入，战略设计与实施变得非常流行，大量资源投入到各种类型战略的研究实施中。多年的实践表明，许多企业确实降低了制造成本、提高了产品质量，但是它们发现进一步提高利润和扩大市场占有率在于有效地实施供应链管理。有资料表明，随着经济市场化、市场一体化和竞争国际化趋势的进一步发展，供应链环节储存和控制不仅影响到产品供应效率，而且影响到相当部分的产品总成本，因此，在供应链过程中提高效率、降低成本确实具有很大潜力。针对供应链管理中的问题，企业只靠自身力量单打独斗的方式参与市场竞争已经远远不够了，因此，依托供需关系结成的供应链企业联盟，已经成为影响企业竞争力的基础性因素。

进入 21 世纪，经过了二十年发展的供应链概念和思想逐步形成了一些理论、方法和相应的计算机管理软件系统，供应链管理在不断地深入发展，例如敏捷供应链管理（Agile Supply Chain Management，ASCM）等已经在研究实施中。

11.1.3 供应链管理的定义

根据《中华人民共和国国家标准·物流术语》（GB/T 18354—2006）的定义，供应链（supply chain）是指生产及流通过程中，涉及将产品或服务提供给最终用户所形成的网链结构。供应链是一个由生产设施和配送服务组成的网络，它包括原材料采购、生产制造、存贮运输、配送销售等方面。供应链存在于各类企业中。生产型企业面临供应链问题，服务型企业同样也面临供应链问题。问题的难易复杂程度与行业特征和企业自身的特点紧密相关，供应链有时也被等同于物流网络（logistics network），因为它们都涉及供应商、生产部门、库存部门和配送中心。准确地讲，供应链管理是一个比物流更宽更广的概念，因为物流强调货物的运输和管理，而供应链管理讨论企业从原材料获取到成品售给客户的整个过程。

根据《中华人民共和国国家标准·物流术语》（GB/T 18354—2006）的定义，供应链管理（supply chain management）是指对供应链涉及的全部活动进行计划、组织、协调与控制。供应链管理是要整合供应商、制造部门、库存部门和配送商等供应链上的诸多环节，减少供应链的成本，促进物流和信息流的交换，以求在正确的时间和地点，生产和配送适当数量的正确产品，提高企业的总体效益。例如，一件产品，其原材料由供应商提供，运输到生产部门，在产品制成后，又被运输到配送中心，最终被卖给顾客。实际生活中的供应链往往涉及多种产品、多级生产和配送，并且往往处于不断的变化中。

供应链管理通过整合多级环节，提高整体效益。每个环节都不是孤立存在的，仅仅试图提高单个环节的效益，可能与企业的整体效益南辕北辙。从原材料供应、产品生产、库存管理、配送中心的配送直到进店销售，每个环节都会对企业效益造成影响。这些环节之间存在错综复杂的关系，形成网络系统。同时这个网络系统也不是静止不变的，不但网络间传输的数据会不断变化，而且网络的构成模式也在实时进行调整。

【应用案例 11-1】成功的供应链造就了苹果的辉煌

苹果的成功，离不开卓越运营和供应链管理。1997 年前后，苹果在产品上发展得还挺不错，但是在市场空间上一再被 PC 打压。它的大问题其实是运营上的低效。

低效到哪一步？看看他们的 iMac 就知道了：零部件供应商在亚洲，组装厂在爱尔兰，有很多库存，却经常短料，千呼万唤从亚洲催料到欧洲，组装成品又得加急发往亚洲销售。

生产运营的低效，产品利润高时往往被忽视。一旦利润下降，这个问题就像是露出水面的石头一样明显了。1997财年苹果亏损10多亿美元，相当部分就是库存注销费用，而库存向来是供应链运营效率的晴雨表。库克1998年加入苹果，一两年时间就理顺了苹果的生产、运营和供应链，比如关掉众多的生产设施、启用亚洲的合同制造商、建立JIT库存系统。这些都对重塑苹果的辉煌至关重要。

苹果的供应链管理的成功之处还在于和产品战略的完美结合。《哈佛商业评论》上的一篇文章指出，追求差异化战略的产品需要快速、敏捷的供应链来支持，而追求最低成本的产品则需要低成本、高效率的供应链来支持。苹果的产品刚推出时，追求的即差异化战略，需要供应链的快速响应。在别的PC商还依赖海运的时候，苹果就大面积使用空运。

再如iPhone的触摸屏等关键零部件，苹果在供应商建厂时即投入巨资，买断产能6个月~36个月。等到成了大众商品，竞争对手可以买同类零部件了，苹果又利用早已谈好的合同，拿到供应商的优惠价，其实质是变相由竞争对手补贴，来与竞争对手打价格战。iPad的起步价为499美元，竞争对手很难实现这个价位，跟这一成功的供应链运作分不开。这与以前一些日本企业的策略如出一辙，比如本田、丰田即帮助其供应商改进、提高供应链管理水平，以此拿到优惠价格，而竞争对手则需要支付更高的价格来获取同样的产品或技术。其结果是经典的双赢：本田、丰田得到了他们想得到的优惠价，供应商也得到了补偿，不过补偿是来自本田、丰田的竞争对手，可谓一箭三雕。

这些供应链策略都不是苹果首创。苹果的妙处就在于其产品成功地使这些供应链战略实现了完美执行。

（资料来源：http://www.chinawuliu.com.cn/xsyj/201807/16/332956.shtml）

11.2 供应链管理原理

11.2.1 供应链的流程

虽然说供应链很早就存在，但是随着企业间分工的日益广泛及外包协作成为企业运营的普遍方式，现代供应链相比以前要复杂和庞大得多，供应链的结构如图11-1所示。

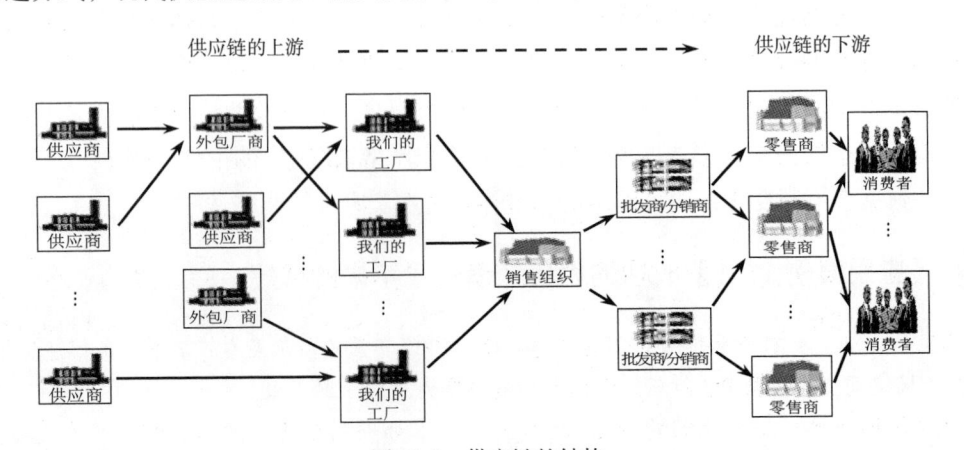

图 11-1 供应链的结构

早期的物流业务以运输、保管、包装、装卸为核心，随着社会经济的发展，其对象范围也在不断扩大。特别是从商品、信息、现金这三个流程来看，我们可以知道供应链业务不止包含与这三个流程相关的诸多的事务、管理、计划的业务，它也正在扩展延伸至各种相关业务。在提高伴随着商业交易发生的作业的效率的同时，企业还必须把握住某种商品的生产时机、生产量、流通渠道以及流通量。另外，企业还需注意怎样收集、灵活运用信息才能改善作业效率等具体问题。唯有如此，才能实现供应链的最终目标：让消费者（客户）高兴而来，满意而归。

如图 11-2 所示，供应链上的各相关者之间，存在着物流、商流、信息流、资金流这四个流程。

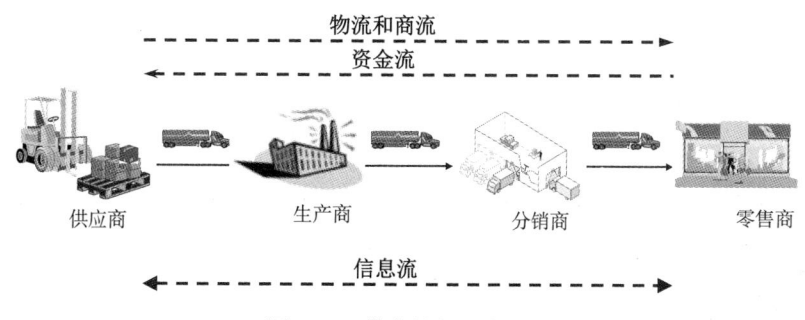

图 11-2 供应链的四个流程

首先，在商品（产品）生产出来直至被消费者购买的过程中，从供应商到生产商、分销商、零售商、消费者的供应链流向是由上至下的。我们将这种流程称之为"物流"。

其次，伴随着商品的流动，供应链上的各相关者之间，进行着进货和销售等多种多样的商业交易。我们称之为"商流"。

再次，交易的同时也交换着商品种类与数量、价格等交易信息。例如，零售商使用这些信息进行订货和到货的商品检验。另外，除了交换商品交易信息，还交换哪些是畅销商品等有关商品需求动态的信息。我们将这些称之为"信息流"。

最后，商业交易必然伴随着现金的收付。供应链也要考虑这种被称为"资金流"的资金流动。

1. 商流和物流的关系

商流和物流是从商品流通职能中引申和分解而来的。商流是指物品在流通中发生形态变化的过程，即物品由货币形态转化为商品形态，以及由商品形态转化为货币形态的过程，是随着买卖关系的发生，商品所有权发生转移的过程。物流是指物品物理移动的过程，即物品伴随着商流过程发生的从产品原料地、生产地至消费地的转移过程。两者在同一个流通过程中相伴发生，并相互依存。

尽管两者之间关系密切，但是它们各自具有不同的活动内容和规律。在现实生活中，达成商品交易活动的地点往往不是商品实物流动的最佳路线,如图 11-3,商流是在 A 城市达成,但物流却是从 B 城市到 C 城市。如果商品交易过程和实物运动过程按同一路线进行,则可能出现迂回、倒流、重复或过远运输等不合理的现象,造成资源和运力的浪费。由于物流过程有其相对的独立性,所以有必要将物流从商品流通中分离出来,按其固有规律运行,从而提高物流活动的效率。

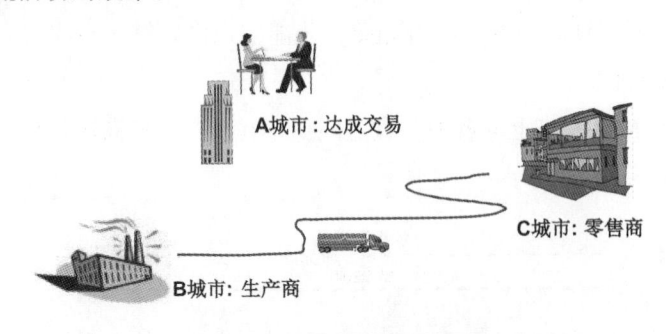

图 11-3 供应链的商流与物流

另外,从图 11-3 中我们也可以看出,商流和物流的运动方式也不同,商流一般要经过一定的经营环节进行业务活动,而物流则不受经营环节的限制,它可以按购销情况、交通运输条件选择运输方式,使商品尽可能由产地直达消费地或客户,以缩短物流路线、减少装卸次数、加快运输速度、降低物流费用。

2. 商流、物流和信息流的关系

商流、物流和信息流之间的关系极为密切,"三流"互为前提,互相依存,具体关系如下。

首先,信息流是由商流和物流引起并反映它们变化情况的各种信息、情报、资料、指令等在传送中形成的经济活动,因此,信息是具有使用价值的,没有信息流,商流和物流就不能顺利地进行。

其次,信息流既制约着商流,又制约着物流,是为商流和物流提供预测和决策的依据。同时,信息流又促成商流和物流的相互沟通,完成商品流通的全过程。

最后,"三流"之间相辅相成,紧密联系,互相促进。因此,"三流"的协调运行不仅有利于提高企业的经济效益,而且也有利于提高企业的社会效益。

11.2.2 供应链管理的特点

现代物流把提高效率的重心放在公司内部的业务上,而供应链管理的理念是追求供应链整体效率化。供应链管理有如下特点。

1. 供应链整体最佳化

供应链管理将供应链上的业务和相关者视为一体,以整体最佳化为目标。而现在的现

代物流强调的是部门内部、企业内部的最佳化,但是,这些部门最佳效果的总和,并不能视为整体最佳化。

2. 企业间建立的相互协作关系

实现供应链整体最佳化,需要企业间的相互合作,这种企业间的协作关系就是"合作伙伴关系"。在合作伙伴关系中,企业间的关系是平等的。供应链管理正是在企业间的合作伙伴关系基础上,致力于提高能够为企业和消费者双方都带来利益的供应链效率。

3. 站在消费者的立场考虑问题

基于合作伙伴关系考虑供应链整体最佳化时,各企业间不同利害关系就会呈现出来。例如,厂商大批量生产同种产品可提高生产效率,而零售商则希望分门别类地销售畅销产品,供应链管理则是站在消费者立场来判断、考虑双方都能盈利的方法。另外,在与最终消费者接触的消费领域中,供应链管理能将消费者实际购买的销售信息共享给供应链上游的相关环节,以提高其决策的准确性和效率。

11.2.3 供应链管理的作用

1. 削减库存总量

(1)通过低成本运营获利。在竞争激烈的情况下,企业有时很难提高销售量。这样对于企业而言,要想在销售额徘徊不前的情况下提高获利能力,就只能靠降低成本。而降低成本并非是轻而易举之事。那么,怎样才能实现这一点呢?企业可以通过降低采购成本和减少经费支出的策略实现低成本运营。库存成本是一项值得关注的成本。泡沫经济时代,存货意味着升值,为此,企业都尽量保有大量的库存,但是随着商品从卖方市场向买方市场转变,保持原有做法所产生的负面影响就会增大。库存多,仓储空间和管理人员等仓库管理成本必然增加。而且不仅仅是库存管理成本会增加,日积月累,商品还会出现贬值、变质直至变成废弃物的潜在危机。此外,库存还占用进货用的资金。所以从资金周转的角度看,高库存也存在很大的问题。在金融机构贷款难的今天,企业应优先考虑降低库存和减少资金占用的策略。

(2)通过控制库存削减库存管理成本。库存会导致成本的上升,企业为何还拥有大量库存呢?其原因之一是物流供给体制带来的库存增加。通常,零售商采购时都不会立刻付款,厂商一般给予一定额度的信用期限,比如收到货90天后付款等。这样,零售商为避免断货或小批量送货的麻烦,就会超量订货,由此带来的资金垫压、货物滞销等风险及损失就会转移给厂商。零售商订货时,如果无论订货量大小都能保证及时送货上门,就不会产生任何问题。可是,从供给能力上看,供货商(生产商、批发商)通常保证不了及时将商品送到店铺。因此,为了起到缓冲作用,流通各个阶段的库存就会增加,最终造成大量的浪费。供应链管理能将流通各个阶段的库存控制在所需的最小限度，使供应链各环节库存总量远远少于以往的量。总之，实施供应链管理可削减库存管理成本，减少延期所造成的浪费。

2. 应对产品生命周期的缩短

适应急速变化的产品生命周期，也是供应链管理的作用之一。通常而言，商品由盛及衰遵循一定的规律，人们将商品的这种从诞生到衰退的过程称为产品生命周期。消费者需求的个性化及市场由卖方向买方的转换，使商品的种类急剧增加，也使商品的产品生命周期缩短，畅销品很可能在几个月内变成滞销品。跟不上这种变化速度的企业必将面临销售额下降的困境，即便是大企业也免不了出现经营赤字。什么是畅销的商品呢？发现它并非易事。生产商应不断地对商品推陈出新，试探消费者的反应，及时淘汰滞销品。

基于这种背景，生产商、零售商、批发商必须对市场更加敏感，否则常会陷入产品滞销而造成库存大量积压的困境。如果能尽早掌握产品生命周期变化的信息，就可以避免出现盲目生产和不必要的库存的现象。因此，有效的办法是通过供应链管理，在供应链不同环节上对零售端 POS（销售时点系统）变化信息实行充分的共享，从而使各环节能依据这些变化来及时调整生产和库存。

3. 提高商品周转率

（1）制订流通整体的商品计划。供应链管理可实现供应链上的各相关者信息共享。一旦各相关者能共享来自 POS 的"畅销品信息"，作为供货商的生产商、批发商就可以把握众多店铺的销售信息，据此获知哪种商品销路好，哪种商品销路不好，并进行需求预测。根据其预测，可制订增加生产与减少库存的计划。其结果是减少流通整体的库存，提高库存周转率，进而提高资金周转效率，改善资金流。也就是说，供应链管理能突破某一企业的框框，在整个供应链上制订商品计划。

（2）通过 POS 数据，把握畅销商品。通过 POS 数据把握销量最高的畅销商品，迅速进货，可增加销售额。由于消费者的变化速度非常快，所以，根据此前的销售情况，把握消费者的最新动态，对消费者嗜好的变化迅速做出反应是非常重要的。这其中最为关键的是"排除滞销品"。任何一家店铺的面积都是有限的，陈列商品的货架空间也有限制。要陈列更多的新商品或畅销商品，必须经常从陈列商品中撤下一些商品。零售业流传着一个著名的故事：就是纸尿布和啤酒关系。一家超市连续几周发现，纸尿布和啤酒的销售有着极大的关系。啤酒畅销时，纸尿布的销量也比较好；反之，纸尿布销量增加时，啤酒的销量也会增加。经过分析，原来那些新爸爸在给婴儿买纸尿布的时候，一般会买一些啤酒。这样商家就把纸尿布和啤酒摆放在一起，结果这两者的销售出现了同步的快速的增加。这样的商业信息不是靠人领悟出来的，它依靠的是商家强大的客户数据挖掘能力。只有供应链管理的信息化才能有这样的威力。

4．提高客户满意度

（1）能够更好地理解客户需求。现代质量管理理论不仅要求企业满足客户的期望，而且要能超出客户的期望。供应链管理可以强化企业与客户之间的相互沟通与信息交流，使企业更深刻地理解客户的愿望和需求，从而更好地满足客户。

（2）客户能够购买到价格更优惠的商品。客户能够以更低的价格购买到企业提供的产品。据统计，开发一个新客户的费用是吸引一个老客户的五倍，供应链管理的实施有利于企业留住老客户，从而使企业降低交易成本。此外，实施供应链管理，企业通过信息交流和相互协作，能够不断消除浪费、降低库存，使供应链终端产品的生产成本大大降低，从而使客户得到实惠。

5．改善企业资金流

（1）改善资金流以应对资金不足。金融机构的贷款难问题，直接影响中小企业的资金周转。因此，企业在日常经营中，要留有充足的现金，以防关键时刻无法从金融机构得到贷款。实施供应链管理，可削减库存，进而降低存货资金。这是因为减少库存盘点，就等于降低了这部分的采购资金。综合各种措施，也减少了支付货款现金的支出，资金流得到了改善。甚至有人认为解决贷款难问题是供应链管理的第一目的。

（2）资金流与库存关系密切。如今"资金流"一词备受关注。以前，损益表上显示盈利就是好事，实际上即使有隐瞒不良的债权或虚假掩盖处理也不为人所知。资金流计算表作为保护投资者利益的一种文书，将如实公开这些情况。企业经营上的资金流，受库存多少的影响。减少库存，将有助于企业增加营业资金流（见图 11-4）；反之，增加库存后，即使注入相应的资金对经营也没有作用。但是，如果支出额和销售额回收的时间差过大，通常资金流就会恶化。因此，尽量减少库存，有助于改善资金流，保持健康经营。提起资金流，通常大多数人认为其受设备折旧费的影响非常大，但是现在，人们逐渐意识到库存过剩和应收账款对资金流有着重大的影响。供应链管理被认为是减少这种"库存过剩"的最有效的方法。

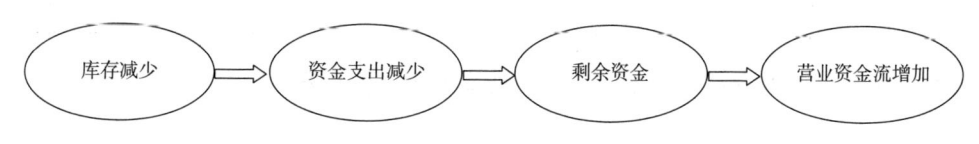

库存减少 ⇒ 资金支出减少 ⇒ 剩余资金 ⇒ 营业资金流增加

图 11-4　库存与资金流的关系

11.2.4　价值链管理

1．价值链的概念

价值链管理是供应链管理的最新发展，把客户关系管理也纳入了管理范畴，其管理的基本思想是以市场和客户需求为导向，以核心企业为龙头，以提高竞争力、市场占有率、客户满意度和获取最大利润为目标,以协同商务、协同竞争和多赢原则为运作模式,通过运用现代企业管理思想、方法和信息技术、网络技术和集成技术,达到对整个供应链上的信息流、物流、资金流、商流、价值流和工作流的有效规划和控制,从而将核心企业与客户、分销商、供应商、服务商连成一个完整的网链结构,形成一个极具竞争力的战略联盟。通过创建价值链,实现企业联盟成本领先、标新立异、目标集聚的竞争优势。价值链依靠终端市场的拉动和核心企业的推动实现。因此价值链的两个驱动力,一个是以客户为中心的拉动力,另一个是以核心企业为中心的推动力。

2. 价值链管理与传统供应链管理的区别

价值链摒除了传统供应链的许多不足,如缺乏合作、不稳定的供需关系、资源的利用程度低、需求信息不能共享、扭曲现象严重、核心企业无法准确把握客户需求等,在管理思想和模式上实现了发展和优化。表 11-1 对传统供应链与价值链进行了比较。

表 11-1 传统供应链与价值链的比较

专 注 领 域	传统供应链	价 值 链
管理范围	物流	物流+商流
管理核心	产品	客户
管理目标	双赢	多赢
决策信息来源	单一(订单、需求)	多源化(订单、需求、市场、服务)
成员关系	交易关系	伙伴关系
竞争优势	固定资产、成本	速度和知识
计划	顺序进行	并行进行
库存	单点,实物	全局,虚拟
工作环境	命令和控制	个性化、扁平化管理
变化周期	月、年	日、周

【应用案例11-2】智能制造下的智慧供应链变革

随着中国智能制造战略以及相关配套政策陆续出台,中国制造业正加速向智能制造转型升级,智慧供应链建设也由此成为制造业升级发展的必然趋势。汽车、家电等多行业的领先企业在从"制造"向"智造"转型中,正努力构建智慧供应链生态圈。

不过,目前从中国制造行业供应链系统构建的总体情况来看,对智慧供应链认识不充分、缺少智慧供应链战略、物流信息化水平低、信息孤岛大量存在、专业人才缺乏等问题依旧十分突出。只有解决这些问题,才能有效加快智慧供应链系统的构建,推动智能制造尽快落地。

1. 提高对智慧供应链的认识，强化供应链战略

与发达国家相比，我国制造行业供应链系统的建设仍处于探索阶段，基础薄弱；与此同时，广大企业对供应链的本质认识不深，只知道智能制造是大趋势，却不知道为什么要这样做，也不知道怎样做，更不要说从智慧供应链角度切入了。没有智慧供应链战略，没有明确的价值方向引导，使得我国的制造企业在向智能制造发展时困难重重。

因此，面对智能制造，制造企业需要加深对智慧供应链的理解，制定智慧供应链发展战略，明确个性化的供应链发展方向，如智慧化等级、客户服务的响应等级、产品的流转效率等，引领企业生产向智能化迭代升级，保证企业运营发展目标的实现。

2. 建设智能物流系统，提高物流信息化水平

面对智能制造，整个智慧供应链体系下的智能物流系统应该是智能化的物流装备、信息系统与生产工艺、制造技术与装备的紧密结合。

面对这些情况，制造企业需要不断强化智能物流系统建设，加强物联网技术、人工智能技术、信息技术以及大数据、云计算等技术在物流系统中的应用，提高物流信息化水平，实现整个物流流程的自动化与智能化，为智能制造和智慧供应链建设提供强有力的支撑。

3. 供应链上下游协同合作，打造智慧供应链平台

智慧供应链建设同样离不开供应链上下游企业的协同互动。当前，制造企业应该通过物联网、云计算等信息技术与制造技术融合，构建智慧供应链平台，实现与上下游企业的软硬件制造资源的全系统、全生命周期、全方位的联动，进而实现人、机、物、信息的集成、共享，最终形成智慧供应链生态圈。

总之，智能制造需要制造企业供应链具备更智慧的能力，也对供应链体系里的物流系统提出更智能的需求。在这种大趋势下，制造企业需要与供应链上下游深度协同合作，加强互联互通，加快智慧供应链建设步伐，不断完善企业的智能物流系统，切实推动中国制造向智能制造转型升级。

（资料来源：http://www.chinawuliu.com.cn/xsyj/201804/28/330706.shtml）

11.3 供应链物流管理

供应链物流管理涉及四个主要领域：供应（Supply）、生产计划（Schedule Plan）、物流（Logistics）、需求（Demand）。供应链物流管理与物流管理有着密切的联系，甚至有人认为供应链物流管理就是物流管理的延伸。供应链物流管理的研究最早是从物流管理开始的，物流一体化将物流视为获取最大内部战略优势的资源，而供应链物流管理则以物流一体化为基础，来创建"虚拟组织"，它超越了渠道界限，将所有的核心竞争能力联结在一起，以便利用所有的供应渠道来探求获得竞争优势的未知领域。以日本的供应链物流管理为例，其研究与发展过程如表 11-2 所示。

表 11-2 日本供应链物流管理的研究与发展

专注领域	物流	现代物流	供应链物流管理
时间	20世纪80年代中期前	20世纪80年代中期起	20世纪90年代后期起
对象	运输、保管、包装、装卸	生产、物流、销售	供应商、生产商、批发商、零售商、消费者（客户）
管理范围	物流功能与成本	价值连锁的管理	供应链整体的管理
目的	提高物流部门内部效率	提高企业内的流通效率	提高供应链整体的效率
改善的视点	短期	短期与中期	中期与长期
手段与工具	物流部门内部系统的机械化、自动化	企业内部信息系统POS、VAN、EDI等	合作伙伴企业关系、ERP、SCM、软件、企业间信息系统
主题	效率化（专业化、分工化）	成本、服务多品种、小批量、多频度、定时物流	供应链整体最佳化基于对消费者立场的判断和信息技术的灵活运用

1．供应链物流管理是物流管理的扩展

供应链物流管理要求企业从仅仅关注物流活动优化，转变到关注优化所有的企业职能，包括需求管理、市场营销和销售、制造、财务和物流，并将这些活动紧密地集成，以实现在产品设计、制造、分销、客户服务、成本管理以及增值服务等方面的重大突破。鉴于成本控制对市场的成功非常关键，物流绩效将逐渐根据整个企业的准时制目标和快速反应目标做出评估。这种内部的定位要求高层管理将企业的战略计划和组织结构的关注点放在物流的能力上。

2．供应链物流管理是物流一体化管理的延伸

供应链物流管理将企业外部存在的竞争优势机会包含在内，关注外部集成和跨企业的业务职能，通过重塑它们与其代理商、客户和第三方联盟之间的关系，来寻求生产率的提高和竞争空间的扩大。通过信息技术和通信技术的应用，将整个供应链连接在一起，企业将视自己和它们的贸易伙伴为一个扩展企业，从而形成一种创造市场价值的全新方法。

3．供应链物流管理是物流管理的新战略

供应链物流管理关注传统的物流运作任务，如加速供应链库存的流动，与贸易伙伴一起优化内部职能，并提供一种在整个供应链上持续降低成本以提高生产率的机制。然而供应链物流管理的关键要素在于它的战略方面。供应链物流管理扩展企业的外部定位和网络能力，将公司构造成一个变革性渠道联盟，以寻求在产品和服务方面的重大突破。

【讨论思考】

1. 什么是供应链？什么是供应链管理？
2. 简述供应链的流程。
3. 供应链管理有何特点和作用？
4. 供应链物流管理的内容有哪些？

【案例分析】链尚网服装柔性供应链

链尚网要做的，是改变传统供应链的固有刚性，打造灵活敏捷的"柔性供应链"。这并不是一个新概念。事实上，在20世纪80年代就有声音在强调供应链的柔化，将其定义为"缓冲、适应、创新"。具体而言，就是通过合理分配工厂资源、减少每单产品量，使得产品生产和更新可以更加快速敏捷，以适应服装行业细分市场和"小而美"品牌发展的需求。

在服装供应链流程上，包括原材料采购、成衣制造、物流三大重要环节，其中又有设计师设计、成衣检测两个连接点，链尚网的第一步，是通过切入面料交易，来改进采购和设计环节。

链尚网首先切入的是面料交易。就像武林人士的对决，在面料销售中，也讲究江湖地位的匹配：一级面料商会为一级品牌服务，二级面料商为二级品牌服务，仿单的生产者有仿单面料的供应商，淘宝小店也有淘宝小店级别的面料。而链尚网希望实现的，是通过大数据的方式，实现买卖双方的更好匹配。

从买家角度来看，决定到底要用哪款面料的，首先是设计师。在网商平台出现之前，设计师们要挑选面料就必须在面积巨大的纺织城里走访，耗时耗力。出现面料电商后，仍然存在网上图片不清晰、搜索困难、不同卖家的样品需要分别寄送等复杂问题。链尚网的解决方式，除了提供全方位的面料图片，还在绍兴柯桥面料市场和广州中大纺织城两个全国最重要的面料重镇设点，打造自己的"链尚快递"，在买家下单后，负责收集纺织城内各个不同商家的面料再统一寄送，方便省时。

对于卖家而言，在出口减少、整个行业处于低迷状态的背景下，面料交易本身的利润已经下降到了10%以下，而实体档口的租金仍然高居不下，成本压力巨大，非常需要新的销售途径。链尚网给卖家提供的手机客户端上，能够通过非常简单的方式锁定几个关键词并发布面料，从而推送给关注这些关键词的设计师。

不过，面料B2B的同类项目已有不少，链尚网竞争力何在？面料最重要的三大元素，是新、快、准。新，就是面料的结构、组织、颜色、花型是否新。快，在于好的品牌必须第一个用新面料，后面的都是模仿者。准，就是匹配准确度。第四步才会涉及价格。一些竞争对手从价格角度去匹配，事实上脱离了面料行业本身的需求。

除此之外，善于把握行业资源的链尚网还通过和行业协会合作的方式，用"从高往低"的打法，首先拿下大型面料供应商的资源，比如达利丝绸。此外，他们还借助米兰世博会跟意大利纺织协会签署了独家面料协议，完成的几笔国际面料交易单子里甚至还有百万级欧元的大单。不过，链尚网目前并不急于收取交易佣金，而是在发展面料的同时，继续向供应链的后端前进，尝试改造服装生产力。服装生产同样存在淡季和旺季，那么就可以通过工厂的实际情况，把资源打折或者加价出售，类似 Uber 或者滴滴打车的"忙时加价"，来满足服装商的不同需求。同时，链尚网还提供了第三方检测等后续服务。

链尚网是一个纺服业供应链的 B2B 平台，未来会将产品往深度发展，满足上下游的供应链需求，规避强有力的竞争对手。链尚网要做的是给服装行业提供支持，等到做好了、足够强大了，就能越来越有向下游发展的资本，面料背后还有纱线，纱线又来自棉花，发展的空间很大。

（http://www.lianshang.com/）

分析与讨论：
1. 试分析链尚网的供应链构成。
2. 链尚网是如何实现柔性供应链的？

附录 A

中华人民共和国国家标准·物流术语

GB/T18254—2006

1 范围

本标准确定了物流活动中的物流基础术语、物流作业服务术语、物流技术与设施设备术语、物流信息术语、物流管理术语、国际物流术语及其定义。

本标准适用于物流及相关领域的信息处理和信息交换。

2 物流基础术语

2.1

物品 goods

货物

经济与社会活动中实体流动的物质资料。

2.2

物流 logistics

物品从供应地向接收地的实体流动过程。根据实际需要，将运输、储存、装卸、搬运、包装、流通加工、配送、信息处理等基本功能实施有机结合。

2.3

物流活动 logistics activity

物流过程中的运输、储存、装卸、搬运、包装、流通加工、配送等功能的具体运作。

2.4

物流管理 logistics management

为达到既定的目标，对物流的全过程进行计划、组织、协调与控制。

2.5

供应链 supply chain

生产及流通过程中，涉及将产品或服务提供给最终用户所形成的网链结构。

2.6

供应链管理 supply chain management

对供应链涉及的全部活动进行计划、组织、协调与控制。

2.7

物流服务 logistics service

为满足客户需求所实施的一系列物流活动过程及其产生的结果。

2.8

一体化物流服务 integrated logistics service

根据客户需求所提供的多功能、全过程的物流服务。

2.9

第三方物流 third party logistics (TPL，3PL)

独立于供需双方，为客户提供专项或全面的物流系统设计或系统运营的物流服务模式。

2.10

物流设施 logistics facilities

具备物流相关功能和提供物流服务的场所。

2.11

物流中心 logistics center

从事物流活动且具有完善信息网络的场所或组织。应基本符合下列要求：

a）主要面向社会提供公共物流服务；

b）物流功能健全；

c）集聚辐射范围大；

d）存储、吞吐能力强；

e）对下游配送中心客户提供物流服务。

2.12

区域物流中心 regional logistics center

全国物流网络上的节点。以大中型城市为依托，服务于区域经济发展需要，将区域内外的物品从供应地向接收地进行物流活动且具有完善信息网络的场所或组织。

2.13

配送 distribution

在经济合理区域范围内，根据客户要求，对物品进行拣选、加工、包装、分割、组配等作业，并按时送达指定地点的物流活动。

2.14

配送中心 distribution center

从事配送业务且具有完善信息网络的场所或组织。应基本符合下列要求：

a）主要为特定客户或末端客户提供服务；

b）配送功能健全；

C）辐射范围小；

d）提供高频率、小批量、多批次配送服务。

2.15

物流园区 logistics park

为了实现物流设施集约化和物流运作共同化，或者出于城市物流设施空间布局合理化的目的而在城市周边等各区域，集中建设的物流设施群与众多物流业者在地域上的物理集结地。

2.16

物流企业 logistics enterprise

从事物流基本功能范围内的物流业务设计及系统运作，具有与自身业务相适应的信息管理系统，实行独立核算、独立承担民事责任的经济组织。

注：改写 GB/T 19680—2005，定义 3.1。

2.17

物流企业责任保险 logistics enterprise's liability insurance

在物流业务中，物流企业为弥补开展物流业务带来的风险而投保的责任险。

2.18

物流合同 logistics contract

物流企业与客户之间达成的物流服务协议。

2.19

物流模数 logistics modulus

物流设施与设备的尺寸基准。

2.20

物流技术 logistics technology

物流活动中所采用的自然科学与社会科学方面的理论、方法，以及设施、设备、装置与工艺的总称。

2.21

物流成本 logistics cost

物流活动中所消耗的物化劳动和活劳动的货币表现。

2.22

物流网络 logistics network

物流过程中相互联系的组织、设施与信息的集合。

2.23
物流信息 logistics information
反映物流各种活动内容的知识、资料、图像、数据、文件的总称。

2.24
物流联盟 logistics alliance
两个或两个以上的经济组织为实现特定的物流目标而采取的长期联合与合作。

2.25
企业物流 enterprise logistics
生产和流通企业围绕其经营活动所发生的物流活动。

2.26
供应物流 supply logistics
提供原材料、零部件或其他物料时所发生的物流活动。

2.27
生产物流 production logistics
企业生产过程中发生的涉及原材料、在制品、半成品、产成品等所进行的物流活动。

2.28
销售物流 distribution logistics
企业在出售商品过程中所发生的物流活动。

2.29
军事物流 military logistics
用于满足平时、战时军事行动物资需求的物流活动。

2.30
国际物流 international logistics
跨越不同国家（地区）之间的物流活动。

2.31
精益物流 lean logistics
消除物流过程中的无效和不增值作业，用尽量少的投入满足客户需求，实现客户的最大价值，并获得高效率、高效益的物流。

2.32
逆向物流 reverse logistics
反向物流
物品从供应链下游向上游的运动所引发的物流活动。

2.33

废弃物物流 waste material logistics

将经济活动或人民生活中失去原有使用价值的物品,根据实际需要进行收集、分类、加工、包装、搬运、储存等,并分送到专门处理场所的物流活动。

2.34

军地物流一体化 integration of military logistics and civil logistics

对军队物流与地方物流进行有效的动员和整合,实现军地物流的高度统一、相互融合和协调发展。

2.35

全资产可见性 total asset visibility

实时掌控供应链上人员、物资、装备的位置、数量和状况等信息的能力。

2.36

配送式保障 distribution-mode support

在军事物资全资产可见性的基础上,根据精确预测的部队用户需求,采取从军事物资供应起点直达部队用户的供应方法,通过灵活调配物流资源,在需要的时间和地点将军事物资主动配送给作战部队。

2.37

应急物流 emergency logistics

针对可能出现的突发事件已做好预案,并在事件发生时能够迅速付诸实施的物流活动。

3 物流作业服务术语

3.1

托运人 consigner

货物托付承运人按照合同约定的时间运送到指定地点,向承运人支付相应报酬的一方当事人。

3.2

承运人 carrier

本人成者委托他人以本人名义与托运人订立货物运输合同的当事人。

3.3

运输 transportation

用专用运输设备将物品从一个地点向另一地点运送。其中包括集货、分配、搬运、中转、装入、卸下、分散等一系列操作。

[GB/T 4122.1—1996,定义 4.4]

3.4

门到门运输服务 door to door service

运输经营人由发货人的工厂或仓库接受货物,负责将货物运到收货人的工厂或仓库交付的一种运输服务方式,在这种交付方式下,货物的交接形态都是整体交接。

3.5

直达运输 through transportation

物品由发运地到接收地,中途不需要中转的运输。

3.6

中转运输 transfer transportation

物品由发运地到接收地,中途经过至少一次落地并换装的运输。

3.7

甩挂运输 drop and pull transport

用牵引车拖带挂车至目的地,将挂节甩下后,牵引另一挂车继续作业的运输。

3.8

整车运输 truck-load transportation

按整车办理承托手续、组织运输和计费的货物运输。

3.9

零担运输 less-than-truck-load transportation

按零散货物办理承托手续、组织运送和计费的货物运输。

3.10

联合运输 joint transport

一次委托,由两个或两个以上运输企业协同将一批货物运送到目的地的活动。

3.11

多式联运 multimodal transport

联运经营者受托运人、收货人或旅客的委托,为委托人实现两种或两种以上运输方式的全程运输,以及提供相关运输物流辅助服务的活动。

3.12

仓储 warehousing

利用仓库及相关设施设备进行物品的入库、存贮、出库的活动。

3.13

储存 storing

保护、管理、贮藏物品。

[GB/T 4122.1—1996,定义 4.2]

3.14

仓库空间利用率 warehouse space utilization rate

一定时点上,存货占用的空间与可利用的存货空间的比率。

3.15

仓库面积利用率 warehouse ground area utilization rate

一定时点上,存货占用的场地面积与仓库可利用时积的比率。

3.16

仓库地面载荷利用率 warehouse ground load utilization rate

一定时点上,存货的平均堆载量与仓库地面建筑设计承载量的比率。

3.17

仓库货物周转率 warehouse goods turnover rate

衡量货物周转速度的指标,一般用一定时期内出库量与平均库存量的比率来表示。

3.18

车辆空驶率 empty-loaded rate

货运车辆在返程时处于空载状态的辆次占总货运车辆辆次的比率。

3.19

库存 stock

储存作为今后按预定的目的使用而处于闲置或非生产状态的物品。广义的库存还包括处于制造加工状态和运输状态的物品。

3.20

存货成本 inventory cost

因存货而发生的各种费用的总和,由物品购入成本、订货成本、库存持有成本等构成。

3.21

保管 storage

对物品进行储存,并对其进行物理性管理的活动。

3.22

仓单 warehouse receipt

仓储保管人在与存货人签订仓储保管合同的基础上,按照行业惯例,以表面审查、外观查验为一般原则,对存货人所交付的仓储物品进行验收之后出具的权利凭证。

3.23

仓单质押融资 warehouse receipt financing

出质人以仓储保管人出具给存货人的仓单为质物,向质权人申请贷款的业务,保管人对仓单的真实性和惟一性负责,是物流企业参与下的权利质押业务。

3.24

存货质押融资 inventory financing

需要融资的企业（即借方），将其拥有的存货作为质物，向资金提供企业（即贷方）出质，同时将质物转交给具有合法保管存货资格的物流企业（中介方）进行保管，以获得贷方贷款的业务活动，是物流企业参与下的动产质押业务。

3.25

仓储费用 warehousing fee

存货人委托保管人保管货物时，保管人收取存货人的服务费用，包括保管和装卸等各项费用；或企业内部仓储活动所发生的保管费、装卸费以及管理费等各项费用。

3.26

货垛 goods stack

按一定要求被分类堆放在一起的一堆物品。

3.27

堆码 stacking

将物品整齐、规则地摆放成货垛的作业。

3.28

拣选 order picking

按订单或出库单的要求，从储存场所拣出物品的作业。

3.29

物品分类 sorting

按照物品的种类、流向、客户类别等对物品进行分组，并集中码放到指定场所或容器内的作业。

3.30

集货 goods consolidation

将分散的或小批量的物品集中起来，以便进行运输、配送的作业。

3.31

共同配送 joint distribution

由多个企业联合组织实施的配送活动。

3.32

装卸 loading and unloading

物品在指定地点以人力或机械载入或卸出运输工具的作业过程。

3.33

搬运 handling

在同一场所内，对物品进行空间移动的作业过程。

3.34

包装 packaging；package

为在流通过程中保护产品、方便储运、促进销售，按一定技术方法而采用的容器、材料及辅助物等的总体名称。也指为了达到上述目的而采用容器、材料和辅助物的过程中施加一定技术方法等的操作活动。

[GB/T 4122.1—1996，定义 2.1]

3.35

销售包装 sales package

直接接触商品并随商品进入零售店和消费者直接见面的包装。

3.36

运输包装 transport package

以满足运输、仓储要求为主要目的的包装。

3.37

流通加工 distribution processing

根据顾客的需要，在流通过程中对产品实施的简单加工作业活动（如包装、分割、计量、分拣、刷标志、拴标签、组装等）的总称。

3.38

增值物流服务 value-added logistics service

在完成物流基本功能的基础上，根据客户需求提供的各种延伸业务活动。

3.39

定制物流 customized logistics

根据用户的特定要求而为其专门设计的物流服务模式。

3.40

物流客户服务 logistics customer service

工商企业为支持其核心产品销售而向客户提供的物流服务。

3.41

物流服务质量 logistics service quality

用精度、时间、费用、顾客满意度等来表示的物流服务的品质。

3.42

物品储备 goods reserves

为应对突发公共事件和国家宏观调控的需要，对物品进行的储存。可分为当年储备、长期储备、战略储备。

3.43

订单满足率 fulfillment rate

衡量订货实现程度及其影响的指标。用实际交货数量与订单需求数量的比率表示。

3.44

缺货率 stock-out rate

衡量缺货程度及其影响的指标。用缺货次数与客户订货次数的比率表示。

3.45

货损率 cargo damages rate

交货时损失的物品量与应交付的物品总量的比率。

3.46

商品完好率 rate of the goods in good condition

交货时完成的物品量与应交付物品总量的比率。

3.47

基本运价 freight unit price

按照规定的车辆、道路、营运方式、货物、箱型等运输条件，所确定的货物和集装箱运输的计价基准，是运价的计价尺度。

3.48

理货 tally

在货物储存、装卸过程中，对货物的分票、计数、清理残损、签证和交接的作业。

3.49

组配货 assembly

根据货物去向科学合理地进行货物装载。

3.50

订货周期 order cycle time

从客户发出订单到客户收到货物的时间。

3.51

库存周期 inventory cycle time

库存物品从入库到出库的平均时间。

3.52

贸易项目 trade item

从原材料直至最终用户可具有预先定义特征的任意一项产品或服务，对于这些产品和服务，在供应链过程中有获取预先定义信息的需求，并且可以在任意一点进行定价、订购或开具发票。

[GB/T 19251—2003，定义 3.1]

4 物流技术与设施设备术语

4.1

集装单元 palletized unit

用专门器具盛放或捆扎处理的，便于装卸、搬运、储存、运输的标准规格的单元货件物品。

4.2

集装单元器具 palletized unit implements

承载物品的一种载体，可把各种物品组成一个便于储运的基础单元。

4.3

集装化 containerization

用集装单元器具或采用捆扎方法，把物品组成集装单元的物流作业方式。

4.4

散装化 in bulk

用专门机械、器具、设备对未包装的散状物品进行装卸、搬运、储存、运输的物流作业方式。

4.5

集装箱 container

具有足够的强度，可长期反复使用的适于多种运输工具而且容积在 $1m^3$ 以上（含 $1m^3$）的集装单元器具。

4.6

标准箱 twenty-feet equivalent unit (TEU)

以 6.096m（20 英尺）集装箱作为换算单位的一种集装箱计量单位。

4.7

集装袋 flexible freight bags

柔性集装箱

以柔性材料制成可折叠的袋式集装单元器具。

注：适用于装运大宗散状粉粒物料。

4.8

周转箱 carton

用于存放物品，可重复、循环使用的小型集装器具。

4.9

自备箱 shipper's own container

托运人购置、制造或租用的符合标准的集装箱，印有托运人的标记，由托运人负责管理、维修。

4.10

 托盘 pallet

 在运输、搬运和存储过程中,将物品规整为货物单元时,作为承载面并包括承载面上辅助结构件的装置。

4.11

 集装运输 containerized transport

 使用集装单元器具或利用捆扎方法,把裸状物品、散状物品、体积较小的成件物品,组合成为一定规格的单元进行运输的运输方式。

4.12

 托盘作业一贯化 consistency of the pallet transit

 以托盘货物为单位组织物流活动,从发货地到收货地中途不更换托盘,始终保持托盘货物单元状态的物流作业形式。

4.13

 单元装卸 unit loading and unloading

 用托盘、容器或包装物将小件或散状物品集成一定质量或体积的组合件,以便利用机械进行作业的装卸方式。

4.14

 码盘作业 palletizing

 以托盘为承载物,将物品向托盘上积放的作业。

4.15

 托盘共用系统 pallet pool system

 使用符合统一规定的具有互换性的托盘,为众多用户共同服务的组织系统。

4.16

 零库存技术 zero-inventory technology

 在生产与流通领域按照准时制组织物品供应,使整个过程库存最小化的技术总称。

4.17

 分拣输送系统 sorting and picking system

 采用机械设备与自动控制技术实现物品分类、输送和存取的系统。

4.18

 自动补货 automatic replenishment

 基于计算机信息技术,快捷、准确地获取客户的需求信息,预测未来商品需求,并据此持续补充库存的一种技术。

4.19

直接换装 cross docking

越库配送

物品在物流环节中,不经过仓库或站点存储,直接从一个运输工具换载到另一个运输工具的物流衔接方式。

4.20

冷链 cold chain

根据物品特性,为保持其品质而采用的从生产到消费的过程中始终处于低温状态的物流网络。

4.21

交通枢纽 traffic hub

在一种或多种运输方式的干线交叉与衔接处,共同为办理旅客与物品中转、发送、到达所建设的多种运输设施的综合体。

4.22

集装箱货运站 container freight station (CFS)

拼箱货物拆箱、装箱、办理交接转运的场所。

4.23

集装箱码头 container terminal

专供停靠集装箱船、装卸集装箱用的码头。

[GB/T 17271—1998,定义 3.1.2.2]

4.24

基本港口 base port

班轮运价表上规定的班轮定期或经常挂靠的一些主要港口。

注:基本港口一般货载多而稳定,如货物的目的港为其基本港,在计算运费时,只按基本费率和有关的附加费计收,不论是否转船都不收转船附加费或直航附加费。

4.25

全集装箱船 full container ship

舱内设有固定式或活动式的格栅结构,舱盖上和甲板上设置固定集装箱的系紧装置,便于集装箱作业及定位的船舶。

[GB/T 17271—1998,定义 3.1.1.1]

4.26

铁路专用线 special railway line

与铁路运营网相衔接的为特定企业或仓库服务的铁路线。

4.27

自营仓库 private warehouse

由企业或各类组织自营自管,为自身提供储存服务的仓库。

4.28

公共仓库 public warehouse

面向社会提供物品储存服务,并收取费用的仓库。

4.29

自动化立体仓库 automatic storage and retrieval system (AS/RS)

立体仓库

自动存储取货系统

由高层货架、巷道堆垛起重机(有轨堆垛机)、入出库输送机系统、自动化控制系统、计算机仓库管理系统及其周边设备组成,可对集装单元物品实现机械化自动存取和控制作业的仓库。

4.30

交割仓库 transaction warehouse

经专业交易机构核准、委托,为交易双方提供物品储存和交付服务的仓库。

4.31

控湿储存区 humidity controlled space

仓库内配有湿度调制设备,使内部湿度可调的库房区域。

4.32

冷藏区 chill space

仓库内温度保持在0℃~10℃范围的区域。

4.33

冷冻区 freeze space

仓库内温度保持在0℃以下(不含0℃)的区域。

4.34

收货区 receiving space

对仓储物品入库前进行核查、检验等作业的区域。

4.35

理货区 tallying space

在物品储存、装卸过程中,对其进行分类、整理、捆扎、集装、计数和清理残损等作业的区域。

4.36

叉车 fork lift truck

具有各种叉具，能够对物品进行升降和移动以便装卸作业的搬运车辆。

4.37

叉车属具 attachments of fork lift trucks

为扩大叉车对特定物品的作业能力而附加或替代原有货叉的装置。

4.38

称量装置 load weighing devices

针对起重、运输、装卸、包装、配送以及生产过程中的物品实施重量检测的设备。

4.39

货架 rack

用立柱、隔板或横梁等组成的立体储存物品的设施。

4.40

重力式货架 live pallet rack

一种密集存储单元物品的货架系统。在货架每层的通道上，都安装有一定坡度的、带有轨道的导轨，入库的单元物品在重力的作用下，由入库端流向出库端。

4.41

移动式货架 mobile rack

可在轨道上移动的货架。

4.42

驶入式货架 drive-in rack

可供叉车（或带货叉的无人搬运车）驶入并存取单元托盘物品的货架。

4.43

码垛机器人 robot palletizer

能自动识别物品，将其整齐地、自动地码（或拆）在托盘上的机电一体化装置。

4.44

起重机械 hoisting machinery

一种以间歇作业方式对物品进行起升、下降和水平移动的搬运机械。

4.45

牵引车 tow tractor

用以牵引一组无动力台车的搬运车辆。

4.46

升降台 lift table (LT)

能垂直升降和水平移动物品或集装单元器具的专用设备。

4.47

手动液压升降平台车 scissor lift table

采用手压或脚踏为动力，通过液压驱动使载重平台作升降运动的手推平台车。

4.48

输送机 conveyors

按照规定路线连续地或间歇地运送散状物品或成件物品的搬运机械。

4.49

箱式车 box car

具有全封闭的箱式车身的货运车辆。

4.50

自动导引车 automatic guided vehicle (AGV)

具有自动导引装置，能够沿设定的路径行驶，在车体上具有编程和停车选择装置、安全保护装置以及各种物品移载功能的搬运车辆。

4.51

站台登车桥 dock levelers

当货车底板平面与货场站台平面有高度差时，可使手推车辆、叉车无障碍地进入车厢内的装置。

5 物流信息术语

5.1

物流信息编码 logistics information coding

将物流信息用易于被计算机或人识别的符号体系予以表示。

5.2

货物编码 goods coding

以有规则的字符串表示物品的名称、类别及其他属性并进行有序排列的标识代码。

5.3

条码 bar code

由一组规则排列的条、空及其对应字符组成的，用以表示一定信息的标识。

5.4

二维码 two-dimensional bar code

在二维方向上都表示信息的条码。

5.5

物流单元 logistics unit

供应链管理中运输或仓储的一个包装单元

[GB/T 18127—2000，定义 3.1]

5.6

物流标签 logistics label

记录物流单元相关信息的载体。

5.7

商品标识代码 identification code for commodity

由国际物品编码协会（EAN）和统一代码委员会（UCC）规定的、用于标识商品的一组数字，包括 EAN/UCC-13、EAN/UCC-8 和 UCC-12 代码。

5.8

全国产品与服务统一代码 national product code (NPC)

产品和服务在其生命周期内拥有的一个惟一不变的标识代码。

5.9

产品电子代码 electronic product code (EPC)

开放的、全球性的编码标准体系，由标头、管理者代码、对象分类和序列号组成，是每个产品的惟一性代码。

注：标头标识 EPC 的长度、结构和版本，管理者代码标识某个公司实体，对象分类码标识某种产品类别，序列号标识某个具体产品。

5.10

产品电子代码系统 EPC system

在计算机互联网和无线通信等技术基础上，利用 EPC 标签、射频识读器、中间件、对象名解析、信息服务和应用系统等技术构造的一个实物信息互联系统。

注：EPC 标签为含有电子产品代码（EPC）的电子装置；中间件为管理 EPC 识读过程并与相关应用或服务交换识读结果等信息的程序；对象名解析为解析给定的 EPC 并获得指向含有对应产品信息数据库位置的程序；信息服务为按照不同的应用服务要求，查询（或写入）产品信息，并把查询结果按要求组织后送回应用服务的程序。

5.11

全球位置码 global location number (GLN)

运用 EAN•UCC 系统，对法律实体、功能实体和物理实体进行位置准确、惟一的标识代码。

5.12

全球贸易项目标识代码 global trade item number (GTIN)

在世界范围内贸易项目的惟一标识代码，其结构为 14 位数字。

5.13

应用标识符 application identifier (AI)

标识数据含义与格式的字符。

[GB/T 16986—2003，定义 3.1]

5.14

系列货运包装箱代码 serial shipping container code (SSCC)

EAN·UCC 系统中，对物流单元进行标识的惟一代码。

5.15

单个资产标识代码 global individual asset identifier (GIAI)

EAN·UCC 系统中，用于标识一个特定厂商的财产部分的单个实体的惟一的代码。

5.16

可回收资产标识代码 global returnable asset identifier (GRAI)

EAN·UCC 系统中，用于标识通常用于运输或储存货物并能重复使用的实体的代码。

5.17

自动识别与数据采集 automatic identification and data capture (AIDC)

对字符、影像、条码、声音等记录数据的载体进行机器识别，自动获取被识别物品的相关信息，并提供给后台的计算机处理系统来完成相关后续处理的一种技术。

5.18

条码自动识别技术 bar code automatic identification technology

运用条码进行自动数据采集的技术。主要包括编码技术、符号表示技术、识读技术、生成与印制技术和应用系统设计等。

5.19

条码系统 bar code system

由条码符号设计、制作及扫描识读组成的系统。

5.20

射频识别 radio frequency identification (RFID)

通过射频信号识别目标对象并获取相关数据信息的一种非接触式的自动识别技术。

5.21

射频识别系统 radio frequency identification system

由射频标签、识读器、计算机网络和应用程序及数据库组成的自动识别和数据采集系统。

5.22

电子数据交换 electronic data interchange (EDI)

采用标准化的格式，利用计算机网络进行业务数据的传输和处理。

5.23

电子通关 electronic clearance

对符合特定条件的报关单证，海关采用处理电子单证数据的方法，利用计算机完成单证审核、征收税费、放行等海关作业的通关方式。

5.24

电子认证 electronic authentication

采用电子技术检验用户合法性的操作。其主要内容有以下三个方面：

a) 保证自报姓名的个人和法人的合法性的本人确认；

b) 保证个人或企业间收发信息在通信的途中和到达后不被改变的信息认证；

c) 数字签名。

5.25

电子报表 e-report

用网络进行提交、传送、存储和管理的数字化报表。

5.26

电子采购 e-procurement

利用计算机网络和通信技术与供应商建立联系，并完成获得某种特定产品或服务的商务活动。

5.27

电子商务 e-commerce (EC)

以互联网为载体所进行的各种商务活动的总称。

5.28

地理信息系统 geographical information system (GIS)

由计算机软硬件环境、地理空间数据、系统维护和使用人员四部分组成的空间信息系统，可对整个或部分地球表层（包括大气层）空间中有关地理分布数据进行采集、储存、管理、运算、分析显示和描述。

5.29

全球定位系统 global positioning system (GPS)

由美国建设和控制的一组卫星所组成的、24h 提供高精度的全球范围的定位和导航信息的系统。

5.30

智能交通系统 intelligent transportation system (ITS)

综合利用信息技术、数据通讯传输技术、电子控制技术以及计算机处理技术对传统的运输系统进行改造而形成的新型系统。

5.31

货物跟踪系统 goods-tracked system

利用自动识别、全球定位系统、地理信息系统、通信等技术，获取货物动态信息的应用系统。

5.32

仓库管理系统 warehouse management system (WMS)

对仓库实施全面管理的计算机信息系统。

5.33

销售时点系统 point of sale (POS)

利用光学式自动读取设备，按照商品的最小类别读取实时销售信息以及采购、配送等阶段发生的各种信息，并通过通讯网络将其传送给计算机系统进行加工、处理和传送的系统。

5.34

电子订货系统 electronic order system (EOS)

不同组织间利用通信网络和终端设备进行订货作业与订货信息交换的系统。

5.35

物流信息技术 logistics information technology

物流各环节中应用的信息技术，包括计算机、网络、信息分类编码、自动识别、电子数据交换、全球定位系统、地理信息系统等技术。

5.36

物流管理信息系统 logistics management information system

由计算机软硬件、网络通信设备及其他办公设备组成的，服务于物流作业、管理、决策等方面的应用系统。

5.37

物流公共信息平台 logistics information platforms

基于计算机通信网络技术，提供物流信息、技术、设备等资源共享服务的信息平台。

5.38

物流系统仿真 logistics system simulation

借助计算机仿真技术，对物流系统建模并进行实验，得到各种动态活动及其过程的瞬间仿效记录，进而研究物流系统性能的方法。

6 物流管理术语

6.1

仓库布局 warehouse layout

在一定区域或库区内，对仓库的数量、规模、地理位置和仓库设施、道路等各要素进行科学规划和总体设计。

6.2

ABC 分类法 ABC classification

将库存物品按照设定的分类标准和要求分为特别重要的库存（A 类）、一般重要的库存（B 类）和不重要的库存（C 类）三个等级，然后针对不同等级分别进行控制的管理方法。

6.3

安全库存 safety stock

保险库存

用于应对不确定性因素（如大量突发性订货、交货期突然延期等）而准备的缓冲库存。

6.4

仓储管理 warehousing management

对仓储设施布局和设计以及仓储作业所进行的计划、组织、协调与控制。

6.5

存货控制 inventory control

在保障供应的前提下，使库存物品的数量合理所进行的有效管理的技术经济措施。

6.6

供应商管理库存 vendor managed inventory (VMI)

按照双方达成的协议，由供应链的上游企业根据下游企业的物料需求计划、销售信息和库存量，主动对下游企业的库存进行管理和控制的库存管理方式。

6.7

联合库存管理 joint managed inventory (JMI)

供应链成员企业共同制定库存计划，并实施库存控制的供应链库存管理方式。

6.8

定量订货制 fixed-quantity system (FQS)

当库存量下降到预定的库存数量（订货点）时，立即按经济订货批量进行订货的一种库存管理方式。

6.9

定期订货制 fixed-interval system (FIS)

按预先确定的订货间隔期进行订货的一种库存管理方式。

6.10

经济订货批量 economic order quantity (EOQ)

通过平衡采购进货成本和保管仓储成本核算，以实现总库存成本最低的最佳订货量。

6.11
连续补货计划 continuous replenishment program (CRP)

利用及时准确的销售时点信息确定已销售的商品数量，根据零售商或批发商的库存信息和预先规定的库存补充程序确定发货补充数量和配送时间的计划方法。

6.12
物流成本管理 logistics cost control

对物流活动发生的相关费用进行的计划、协调与控制。

6.13
物流战略管理 logistics strategy management

通过物流战略设计、战略实施、战略评价与控制等环节，调节物流资源、组织结构等最终实现物流系统宗旨和战略目标的一系列动态过程的总和。

6.14
供应商关系管理 supplier relationships management (SRM)

一种致力于实现与供成商建立和维持长久、紧密合作伙伴关系，旨在改善企业与供应商之间关系的管理模式。

6.15
客户关系管理 customer relationships management (CRM)

一种致力于实现与客户建立和维持长久、紧密合作伙伴关系，旨在改善企业与客户之间关系的管理模式。

6.16
准时制物流 just-in-time logistics

与准时制管理模式相适应的物流管理方式。

6.17
有效客户反应 efficient customer response (ECR)

以满足顾客要求和最大限度降低物流过程费用为原则，能及时做出准确反应，使提供的物品供应或服务流程最佳化的一种供应链管理策略。

6.18
快速反应 quick response (QR)

供应链成员企业之间建立战略合作伙伴关系，利用电子数据交换（EDI）等信息技术进行信息交换与信息共享，用高频率小批量配送方式补货，以实现缩短交货周期，减少库存，提高顾客服务水平和企业竞争力为目的的一种供应链管理策略。

6.19
物料需求计划 material requirements planning (MRP)

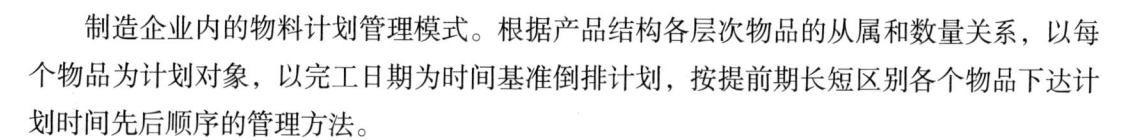

制造企业内的物料计划管理模式。根据产品结构各层次物品的从属和数量关系，以每个物品为计划对象，以完工日期为时间基准倒排计划，按提前期长短区别各个物品下达计划时间先后顺序的管理方法。

6.20

制造资源计划 manufacturing resource planning (MRP Ⅱ)

在物料需求计划（MRP）的基础上，增加营销、财务和采购功能，对企业制造资源和生产经营各环节实行合理有效的计划、组织、协调与控制，达到既能连续均衡生产，又能最大限度地降低各种物品的库存量，进而提高企业经济效益的管理方法。

6.21

配送需求计划 distribution requirements planning (DRP)

一种既保证有效地满足市场需求，又使得物流资源配置费用最省的计划方法，是物料需求计划（MRP）原理与方法在物品配送中的运用。

6.22

配送资源计划 distribution resource planning (DRP Ⅱ)

在配送需求计划（DRP）的基础上提高配送各环节的物流能力，达到系统优化运行目的的企业内物品配送计划管理方法。

6.23

企业资源计划 enterprise resource planning (ERP)

在制造资源计划（MRP Ⅱ）的基础上，通过前馈的物流和反馈的信息流、资金流，把客户需求和企业内部的生产经营活动以及供应商的资源整合在一起，体现完全按用户需求进行经营管理的一种全新的管理方法。

6.24

物流资源计划 logistics resource planning (LRP)

以物流为手段，打破生产与流通界限，集成制造资源计划、能力资源计划、配送资源计划以及功能计划而形成的资源优化配置方法。

6.25

协同计划、预测与补货 collaborative planning;forecasting and replenishment (CPFR)

应用一系列的信息处理技术和模型技术，提供覆盖整个供应链的合作过程，通过共同管理业务过程和共享信息来改善零售商和供应商之间的计划协调性，提高预测精度，最终达到提高供应链效率、减少库存和提高客户满意程度为目的的供应链库存管理策略。

6.26

物流外包 logistics outsourcing

企业将其部分或全部物流的业务合同交由合作企业完成的物流运作模式。

6.27

延迟策略 postponement strategy

为了降低供应链的整体风险，有效地满足客户个性化的需求，将最后的生产环节或物流环节推迟到客户提供订单以后进行的一种经营策略。

6.28

物流流程重组 logistics process reengineering

从顾客需求出发，通过物流活动各要素的有机组合，对物流管理和作业流程进行优化设计。

6.29

物流总成本分析 total cost analysis

判别物流各环节中系统变量之间的关系，在特定的客户服务水平下使物流总成本最小化的物流管理方法。

6.30

物流作业成本法 logistics activity-based costing

以特定物流活动成本为核算对象，通过成本动因来确认和计算作业量，进而以作业量为基础分配间接费用的物流成本管理方法。

6.31

效益背反 trade off

一种物流活动的高成本，会因另一种物流活动成本的降低或效益的提高而抵消的相互作用关系。

6.32

社会物流总额 total value of social logistics goods

一定时期内，社会物流的物品的价值总额。即进入社会物流领域的农产品、工业品、再生资源品、进口物品、单位（组织）与居民物品价值额的总和。

6.33

社会物流总费用 total social logistics costs

一定时期内，国民经济各方面用于社会物流活动的各项费用支出。包括支付给社会物流活动各环节的费用、应承担的物品在社会物流期间发生的损耗、社会物流活动中因资金占用而应承担的利息支出和发生的管理费用等。

7 国际物流术语

7.1

国际多式联运 international multimodal transport

按照多式联运合同，以至少两种不同的运输方式，由多式联运经营人将货物从一国境内的接管地点运至另一国境内指定交付地点的货物运输方式。

7.2

国际航空货物运输　international airline transport

货物的出发地、约定的经停地和目的地之一不在同一国境内的航空运输。

7.3

国际铁路联运　international through railway transport

使用一份统一的国际铁路联运票据，由跨国铁路承运人办理两国或两国以上铁路的全程运输，并承担运输责任的一种连贯运输方式。

7.4

班轮运输　liner transport

在固定的航线上，以既定的港口顺序，按照事先公布的船期表航行的水上运输经营方式。

7.5

租船运输　carriage of goods under charter

船舶出租人把船舶租给承租人，根据租船合同的规定或承租人的安排来运输货物的运输方式。

7.6

大陆桥运输　land bridge transport

用横贯大陆的铁路或公路作为中间桥梁，将大陆两端的海洋运输连接起来的连贯运输方式。

7.7

转关运输　trans-customs transportation

进出口货物在海关监管下，从一个海关运至另一个海关办理海关手续的行为。

7.8

报关　customs declaration

进出境运输工具的负责人、进出境货物的所有人、进出口货物的收发货人或其代理人向海关办理运输工具、货物、物品进出境手续的全过程。

7.9

保税货物　bonded goods

经海关批准未办理纳税手续进境，在境内储存、加工、装配后复运出境的货物。

7.10

海关监管货物　cargo under custom's supervision

进口货物自进境起到办结海关手续止，出口货物自向海关申报起到出境止，过境、转运和通运货物自进境起到出境止，应当接受海关监管。

注：引自《中华人民共和国海关法》第二十三条。

7.11

通运货物　through goods

由境外启运，经船舶或航空器载运入境后，仍由原载运工具继续运往境外的货物。

7.12

转运货物　transit cargo

由境外启运，到我国境内设关地点换装运输工具后，不通过我国境内陆路运输，再继续运往境外的货物。

7.13

过境货物　transit goods

由境外启运、通过境内的陆路运输继续运往境外的货物。

7.14

到货价格　delivered price

货物交付时点的现行市价。其中含包装费、保险费、运送费等。

7.15

出口退税　drawback

国家实行的由国内税务机关退还出口商品国内税的措施。

7.16

海关估价　customs ratable price

一国海关为征收关税，根据统一的价格准则，确定某一进口（出口）货物价格的过程。

7.17

等级标签　grade labeling

在产品的包装上用以说明产品品质级别的标志。

7.18

等级费率　class rate

将全部货物划分为若干个等级，按照不同的航线分别为每一个等级制定一个基本运价的费率。归属于同一等级的货物，均按该等级费率计收运费。

7.19

船务代理　shipping agency

接受船舶所有人（船公司）、船舶经营人、承租人的委托，在授权范围内代表委托人办理与在港船舶有关的业务、提供有关的服务或进行与在港船舶有关的其他法律行为的经济组织。

7.20

国际货运代理　international forwarder

接受进出口货物收货人、发货人的委托，以委托人或自己的名义，为委托人办理国际货物运输及相关业务，并收取劳务报酬的经济组织。

7.21

航空货运代理　airfreight forwarding agent

以货主的委托代理人身份办理有关货物的航空运输手续的服务方式。

7.22

无船承运人　non-vessel operating common carrier (NVOCC)

不拥有运输工具，但以承运人身份发布运价，接受托运人的委托，签发自己的提单或其他运输单证，收取运费，并通过与有船承运人签订运输合同，承担承运人责任，完成国际海上货物运输的经营者。

7.23

索赔　claim for damages

受经济损失方向责任方提出赔偿经济损失的要求。

7.24

理赔　settlement of claim

一方接受另一方的索赔申请并予以处理的行为。

7.25

原产地证明　certificate of origin

出口国（地区）根据原产地规则和有关要求签发的，明确指出该证中所列货物原产于某一特定国家(地区）的书面文件。

7.26

进出口商品检验　import and export commodity inspection

对进出口商品的种类、品质、数量、重量、包装、标志、装运条件、产地、残损及是否符合安全、卫生要求等进行法定检验、公证鉴定和监督管理。

7.27

清关　clearance

结关

报关单位已经在海关办理完毕进出口货物通关所必须的所有手续，完全履行了法律规定的与进出口有关的义务，包括纳税、提交许可证件及其他单证等，进口货物可以进入国内市场自由流通，出口货物可以运出境外。

7.28

滞报金　fee for delayed declaration

进货物的收货人或其他代理人超过海关规定的申报期限，未向海关申报，由海关依法征收的一定数额的款项。

7.29

装运港船上交货　free on board (FOB)

卖方在合同规定的装运期内,在指定装运港将货物交至买方指定的船上,并负担货物在指定装运港越过船舷为止的一切费用和风险。

7.30

成本加运费　cost and freight (CFR)

卖方负责租船订舱,在合同规定的装运期内将货物交至运往指定目的港的船上,并负担货物在装运港越过船舷为止的一切费用和风险。

7.31

成本加保险费加运费　cost, insurance and freight (CIF)

卖方负责租船订舱,办理货运保险,在合同规定的装运期内在装运港将货物交至运往指定目的港的船上,并负担货物在装运港越过船舷为止的一切费用和风险。

7.32

进料加工　processing with imported materials

有关经营单位或企业用外汇进口部分原材料、零部件、元器件、包装物料、辅助材料(简称料件),加工成成品或半成品后销往国外的一种贸易方式。

7.33

来料加工　processing with supplied materials

由外商免费提供全部或部分原料、辅料、零配件、元器件、配套件和包装物料,委托我方加工单位按外商的要求进行加工装配,成品交外商销售,我方按合同规定收取工缴费的一种贸易方式。

7.34

保税仓库　boned warehouse

经海关批准设立的专门存放保税货物及其他未办结海关手续货物的仓库。

7.35

保税工厂　bonded factory

经海关批准专门生产出口产品的保税加工装配企业。

7.36

保税区　bonded area

在境内的港口或邻近港口、国际机场等地区建立的在区内进行加工、贸易、仓储和展览由海关监管的特殊区域。

7.37

   出口监管仓库   export supervised warehouse

   经海关批准设立，对已办结海关出口手续的货物进行存储、保税物流配送、提供流通性增值服务的海关专用监管仓库。

7.38

   出口加工区   export processing zone

   经国务院批准设立从事产品外销加工贸易并由海关封闭式监管的特殊区域。

附录 B

世界物流企业 100 强排行

据中国报告大厅网讯，世界物流公司排名数据统计分析，世界物流公司排名分别是美国邮政服务公司、德国邮政世界网、联合包裹服务、马士基集团、联邦快递、法国邮政、中国远洋、日本邮政、日本运通、英国皇家邮政。以下是世界物流公司排名详细名单。

1 USPS 美国邮政服务公司 USA Mail，express
2 DPWN (DHL) 德国邮政世界网 Germany Mail，express，logistics，finance
3 UPS 联合包裹服务 USA Express，logistics
4 Maersk 马士基集团 Denmark Shipping，freight forwarding，logistics
5 FedEx 联邦快递 USA Express
6 La Poste 法国邮政 France Mail，Express
7 COSCO 中国远洋海运 China Shipping
8 Japan Post 日本邮政 Japan Mail
9 Nippon Express 日本运通 Japan Freight forwarding，logistics
10 Royal Mail 英国皇家邮政 UK Mail，Express
11 TPG (TNT) 荷兰邮政-天地快运 Netherlands Mail，Express，logistics
12 Deutsche Bahn inc Schenker 德国国有铁路公司 Germany Rail freight，logistics
13 Union Pacific Corp 联合太平洋 USA Rail freight，logistics
14 NYK Line (Nippon Yusen KK) 日本邮船 Japan Shipping，freight forwarding，logistics
15 Burlington Northern Santa Fe 北伯林顿三塔铁路公司 USA Rail freight，logistics
16 Exel 英运物流-金鹰 UK Freight forwarding/ logistics
17 Yamato Transport 日本大和运输公司 Japan Logistics
18 Poste Italiane 意大利邮政 Italy Mail
19 Mitsui OSK Lines 商船三井株式会社 Japan Shipping line
20 CSX Corp 美国 CSX 运输公司 USA Rail freight，logistics
21 SNCF 法国铁路联营公司 France Rail freight，logistics
22 PFCexpress 皇家物流 PFC logistics
23 China Post 中国邮政 China Mail
24 Norfolk Southern Corp 美国诺福克南方铁路 USA Rail freight，logistics
25 K Line 日本川崎汽船 Japan Shipping line，logistics
26 Panalpina 瑞士泛亚班拿 Switzerland Freight forwarding，logistics
27 NOL (APL) 新加坡东方海皇（美集）Singapore Shipping line，logistics

28 CNF 美国 CNF 运输 USA Freight forwarding，road haulage
29 Swiss Post 瑞士邮政 Switzerland Mail
30 Ryder 美国莱德 USA Leasing，Logistics
31 ABX Logistics 比利时亨利物流 Belgium Rail freight，logistics
32 Canada Post 加拿大邮政 Canada Mail
33 Hapag Lloyd 德国哈帕罗德航运 Germany Shipping line，logistics
34 Canadian National Railway 加拿大国家铁路 Canada Rail freight，logistics
35 Hyundai Merchant Marine 韩国现代商船株式会社 Korea Shipping
36 P&O Nedlloyd 荷兰铁行渣华 UK/Netherlands Shipping line
37 Geodis 法国乔达国际 France Freight forwarding，express，logistics
38 Seino Transportation 日本 Seino 货运 Japan Logistics
39 Canadian Pacific 加拿大太平洋铁路 Canada Rail freight，logistics
40 Hanjin Shipping 韩进海运株式会社 Korea Shipping
41 Penske 美国潘世奇物流 USA Road haulage，logistics
42 CMA-CGM 法国达飞海运 France Shipping line
43 Schneider 美国施奈德物流 USA Trucking，logistics
44 Posten Sweden 瑞典邮政 Sweden Mail，express，logistics
45 Gefco 法国捷富凯物流 France Road haulage，logistics
46 OOCL 东方海外集装箱 China Shipping，logistics
47 Yellow (inc. Roadway) 美国 Yellow Roadway 货车运输 USA Trucking
48 Australia Post 澳大利亚邮政 Australia Mail
49 Tibbett & Britten 英国天美百达物流 UK Logistics
50 DSV 丹麦得夫得斯国际货运 Denmark Freight forwarding，logistics
51 CH Robinson 罗宾逊全球物流 USA Freight forwarding
52 Expeditors 美国劲达国际-康捷空货运代理 USA Freight forwarding
53 Lufthansa Cargo 德航汉莎货运 Germany Air Cargo
54 Dachser 德国超捷物流 Germany Road haulage，Logistics
55 Wincanton 英国 Wincanton 物流 UK Logistics
56 JB Hunt 美国 JB 亨特运输服务公司 USA Trucking，logistics
57 Hellmann 德国海尔曼全球物流-汉宏货运 Germany Freight forwarding, express, logistics
58 Swift Transportation 美国转运交通公司 USA Trucking
59 Sirva 美国 Sirva 物流 USA Removals，logistics
60 US Freightways 美国运输 USA Trucking
61 Ingram Micro Logistics 美国英迈物流 USA Logistics
62 Sankyu Inc 日本山九株式会社 Japan Logistics
63 Posten Norway 挪威邮政 Norway Mail
64 EGL 美商恒运国际货运 USA Freight forwarding
65 De Post 比利时邮政 Belgium Mail

66 SCAC SDV 法国 SCAC SDV 货运 France Freight forwarding
67 Ziegler 比利时 Ziegler 货运 Belgium Freight forwarding
68 Sinotrans 中国外运 China Logistics
69 Thiel 卢森堡 Thiel 物流 Luxembourg Logistics
70 Correos y Telegrafos 西班牙邮政 Spain Mail，express
71 Bax Global 美国伯灵顿全球 USA Express，logistics
72 Kintetsu Worldwide Express 日本近铁国际货运 Japan Freight forwarding
73 Austria Post 奥地利邮政 Austria Mail
74 Hays 英国 Hays 物流 UK Logistics
75 Brazil Post 巴西邮政 Brazil Mail
76 Air France cargo 法航货运 France Air Cargo
77 Post Danmark 丹麦邮政 Denmark Mail
78 Caterpillar Logistics 美国卡特彼勒物流 USA Logistics
79 Hitachi Transport System Ltd 日立物流 Japan Logistics
80 Fiege 德国飞格国际通运 Germany Road haulage，freight forwarding，logistics
81 Landstar Systems Inc 美国 Landstar system 货运 USA Road freight
82 Korean Air 大韩航空 Korea Air Cargo
83 Stef TFE 法国 STEF TFE 物流 France Logistics
84 Christian Salvesen 英国 Christian Salvesen 物流 UK Logistics
85 Werner Enterprises 美国温拿服务 USA Road freight
86 JAL Cargo 日本货运航空公司 Japan Air Cargo
87 Singapore Airlines 新加坡货运航空公司 Singapore Air Cargo
88 Groupe Cat 法国彼得卡特物流 France Road haulage，logistics
89 Arkansas Best Corp 美国阿肯色货运 USA Trucking
90 Hub Group 美国中心集团 USA Road，rail，air
91 Yang Ming Line 阳明海运 China Shipping Line
92 Toll Holdings Ltd 澳大利亚 TOLL 物流 Australia Logistics
93 Hub Group 美国中心集团 USA Road freight
94 KLM Cargo 荷兰皇家航空货运 Netherlands Air Cargo
95 Norbert Dentressangle 法国 Norbert Dentressangle 集团 France Logistics
96 Senko Co Ltd 日本 Senko 物流 Japan Road，sea，logistics
97 Cathay Pacific 国泰航空 China Air Cargo
98 Senator Line 德国胜利航运 Germany Shipping，logistics
99 Geologistics 美国智傲物流 USA Freight forwarding
100 Autologic 英国 Autologic 物流 UK Logistics

其中，排名前十的企业简介如下：

1. USPS 美国邮政服务公司

USPS 是美国邮政署（United States Postal Service），亦称为美国邮局或是美国邮政服务公司，是美国联邦政府的一个独立机构。美国邮政署在全球拥有约 596 000 名员工，以及 218 684 辆汽车，是全球最为庞大的民用车队。每年处理差不多 177 亿信件及物流件，占全球数量的四成之多。美国邮政署是少数在美国宪法中提及设立的机构，足以见得它的地位。

2. DPWN 德国邮政世界网

德国邮政世界网是由德国邮政集团改名而来。德国邮政集团是德国的国家邮政局，是欧洲处于领先地位的物流公司，后来为了适应其业务全球化特点及电子商务带来的影响，改名为 Dertsche Post World Net（德国邮政世界网，简称 DPWN）。集团旗下包括德国邮政、DHL、邮政银行、英运物流四大著名品牌，它是 UPS 在欧洲市场的主要竞争对手。其中的 DHL 是全球著名的邮递和物流集团，主要包括 DHL Express、DHL Global Forwarding, Freight 和 DHL Supply Chain 几个业务部门。

3. UPS 联合包裹服务

联合包裹服务是世界最大的快递承运商和包裹运送公司，同时也是世界上一家专业运输和物流服务提供商，它的总部位于美国佐治亚州亚特兰大，UPS 还拥有自己的航空公司，每天在全世界 200 多个国家和地区递送的包裹超过了 1480 万个。UPS 将其业务范围扩大到了物流和其他与运输相关的领域，该公司提供物流服务，其中包括一体化的供应链管理。

4. Maersk 马士基集团

马士基集团是一家成立于 1904 年的世界物流企业，总部位于丹麦的哥本哈根，它在全球 135 个国家（地区）设立了办事机构，雇用了约 89 000 名员工，马士基集团涉足的领域非常广泛，在集装箱运输、物流、码头运营、石油和天然气开采与生产，以及与航运和零售行业相关的行业里都有涉足，是一家著名的跨国企业。

5. FedEx 联邦快递

联邦快递的全球总部位于美国田纳西州孟菲斯，亚洲总部位于中国香港，在加拿大安大略省多伦多、欧洲比利时布鲁塞尔、拉丁美洲、美国佛罗里达州迈阿密等地设有分支机构。联邦快递在全球拥有超过 2.6 万名员工和承包商，多次被评为全球最受尊敬和最可信赖的好雇主。它的主要竞争对手包括 DHL、UPS、USPS 等。

6. La Poste 法国邮政

法国邮政是在法国全国处于垄断地位的开展邮政业务的国有部门，它的前身是成立于 1991 年的法国邮电部邮政总局。随着先进通信技术的不断推广、市场需求的多样化和欧洲邮政市场开放前景的变化，法国邮政公司采取了多样化经营策略，以适应国内外市场需求。

7. COSCO 中国远洋海运

中国远洋海运是中国远洋海运（集团）公司的简称，亦称为中远海运或COSCO，是中国最大的航运企业，是全球最大的海洋运输公司之一。中远海运成立于1961年4月27日，建立伊始为中国远洋运输公司（交通部远洋运输局）。中远海运作为以航运、物流为核心主业的全球性企业集团，在全球拥有近千家成员单位、8万余名员工。今天在全球的任何海域都可以看到带有中远标志的集装箱货轮。

8. Japan Post 日本邮政

日本邮政始于1871年，日本邮政业务分为邮政、储蓄、简易保险三大类。日本邮政过去是典型的国营体制，在近年进行了两次改革，由原来的邮政省、总务厅和自治省组建成总务省。2003年4月，日本邮政正式撤销了总务省邮政事业厅，成立了日本邮政公社，它的成立是日本邮政业132年来的最大改革。日本邮政公社在日本是一个自负盈亏的国有公共公司，目标是提供全面的、迅捷的函件和包裹寄递业务，简单、安全的储蓄业务和汇兑业务以及简易保险业务等，同时保留普遍服务。

9. Nippon Express 日本运通

日本运通的业务主要分为汽车运输、空运、仓库及其他。从地域位置上来看，它的经营收入有93%来自日本。其客户主要分布在电子、化学、汽车、零售和科技行业。

10. Royal Mail 英国皇家邮政

英国皇家邮政是英国规模最大的企业之一，承担着英国全国及国际主要邮政业务。业务种类除了传统的邮政业务如信函、包裹、快递服务、邮政营业厅，还包括电子汇款、储蓄、物流和一系列商务礼仪服务等新兴服务业务，其创新、优质的客户服务也使其成为全英国第一邮政品牌。

附录 C

中国物流企业 50 强排行

关于 2019 年度中国物流企业 50 强和民营物流企业 50 强排名的通告
发布时间：2020-06-12 14:00:00 物联科字〔2020〕50 号

根据国家发展改革委、中国物流与采购联合会《国家发展改革委关于进一步加强社会物流统计工作的通知》（发改运行〔2019〕758 号）的要求，我会组织实施了重点物流企业统计调查，根据调查结果提出了 2019 年度中国物流企业 50 强排名。同时随着民营物流企业的快速发展，首次提出了民营物流企业 50 强排名。

50 强物流企业 2018 年物流业务收入合计 9833 亿元，按可比口径计算，同比增长 16.9%。50 强物流企业门槛提高到 32.6 亿元，比上年增加 3 亿元。

民营 50 强物流企业物流业务收入合计 3528 亿元，同比增长 28.0%，增速高于 50 强企业 11.1 个百分点。民营 50 强物流企业门槛 8.4 亿元。

（资料来源：http://www.chinawuliu.com.cn/lhhzq/202006/12/508156.shtml）

2019 年中国物流企业 50 强名单

排　名	企业名称	物流业务收入/万元
1	中国远洋海运集团有限公司	22 121 401
2	厦门象屿股份有限公司	14 040 454
3	顺丰控股股份有限公司	8 967 688
4	中国外运股份有限公司	7 731 184
5	京东物流集团	3 917 670
6	中国物资储运集团有限公司	3 887 225
7	中铁物资集团有限公司	3 019 406
8	圆通速递股份有限公司	2 746 515
9	上汽安吉物流股份有限公司	2 508 257
10	德邦物流股份有限公司	2 302 532

续表

排 名	企 业 名 称	物流业务收入/万元
11	锦程国际物流集团股份有限公司	1 519 586
12	江苏苏宁物流有限公司	1 351 190
13	厦门港务控股集团有限公司	1 339 086
14	一汽物流有限公司	1 220 000
15	福建省交通运输集团有限责任公司	1 211 649
16	全球国际货运代理(中国)有限公司	1 111 263
17	中国石油化工股份有限公司管道储运分公司	1 027 952
18	青岛日日顺物流有限公司	1 014 431
19	泉州安通物流有限公司	1 005 754
20	嘉里物流（中国）投资有限公司	918 294
21	重庆港务物流集团有限公司	860 805
22	上海中谷物流股份有限公司	807 786
23	准时达国际供应链管理有限公司	761 967
24	山西快成物流科技有限公司	680 897
25	云南能投物流有限责任公司	674 347
26	安得智联科技股份有限公司	589 457
27	全球捷运物流有限公司	566 996
28	四川安吉物流集团有限公司	557 344
29	北京长久物流股份有限公司	546 845
30	江苏百盟投资有限公司	540 000
31	中铁铁龙集装箱物流股份有限公司	533 614
32	日通国际物流（中国）有限公司	525 480
33	重庆长安民生物流股份有限公司	512 710
34	武汉商贸国有控股集团有限公司	502 116
35	林森物流集团有限公司	499 536
36	浙江物产物流投资有限公司	497 800

续表

排　　名	企 业 名 称	物流业务收入/万元
37	中都物流有限公司	474 961
38	湖南星沙物流投资有限公司	468 561
39	传化智联股份有限公司	464 576
40	河北宝信物流有限公司	455 488
41	广东省航运集团有限公司	452 977
42	玖隆钢铁物流有限公司	450 000
43	九州通医药集团物流有限公司	421 451
44	国药控股扬州有限公司	401 334
45	利丰供应链管理（中国）有限公司	378 988
46	云南建投物流有限公司	378 769
47	南京福佑在线电子商务有限公司	351 366
48	湖南一力股份有限公司	348 106
49	希杰荣庆物流供应链有限公司	333 852
50	中通服供应链管理有限公司	325 565

2019年中国民营物流企业50强名单

排　　名	企 业 名 称	物流业务收入/万元
1	顺丰控股股份有限公司	8 967 688
2	京东物流集团	3 917 670
3	圆通速递股份有限公司	2 746 515
4	德邦物流股份有限公司	2 302 532
5	锦程国际物流集团股份有限公司	1 519 586
6	江苏苏宁物流有限公司	1 351 190
7	泉州安通物流有限公司	1 004 884
8	上海中谷物流股份有限公司	807 786
9	准时达国际供应链管理有限公司	761 967

续表

排　名	企业名称	物流业务收入/万元
10	山西快成物流科技有限公司	680 897
11	安得智联科技股份有限公司	589 457
12	全球捷运物流有限公司	566 996
13	北京长久物流股份有限公司	546 845
14	江苏百盟投资有限公司	540 000
15	林森物流集团有限公司	499 536
16	湖南星沙物流投资有限公司	468 561
17	传化智联股份有限公司	464 576
18	河北宝信物流有限公司	455 488
19	玖隆钢铁物流有限公司	450 000
20	九州通医药集团物流有限公司	421 451
21	南京福佑在线电子商务有限公司	351 366
22	湖南一力股份有限公司	348 106
23	希杰荣庆物流供应链有限公司	333 852
24	江苏飞力达国际物流股份有限公司	319 845
25	正本物流集团有限公司	315 371
26	上海则一供应链管理有限公司	310 596
27	跨越速运集团有限公司	279 200
28	密尔克卫化工供应链服务股份有限公司	263 777
29	江苏众诚国际物流有限公司	244 923
30	建华物流有限公司	236 556
31	盛丰物流集团有限公司	227 016
32	上海环世物流（集团）有限公司	226 627
33	盛辉物流集团有限公司	224 718
34	湖南湾田供应链管理有限公司	212 350
35	镇海石化物流有限责任公司	208 357

续表

排名	企业名称	物流业务收入/万元
36	统业物流科技集团股份有限公司	205 935
37	宏图智能物流股份有限公司	205 355
38	陕西卡一车物流科技有限公司	193 194
39	宝供物流企业集团有限公司	193 189
40	湖南兴义物流有限公司	189 016
41	湖南金煌物流股份有限公司	178 238
42	山东宇佳物流有限公司	175 462
43	新疆九洲恒昌供应链管理股份有限公司	171 421
44	山东佳怡供应链管理有限公司	170 855
45	江西正广通供应链管理有限公司	166 177
46	上海佳吉快运有限公司	165 631
47	内蒙古众利惠农物流有限公司	92 990
48	济南零点物流港有限公司	85 312
49	江苏澳洋顺昌股份有限公司	84 404
50	驻马店市恒兴运输有限公司	83 894

参考文献

[1] 何明珂. 物流系统论[M]. 北京：高等教育出版社，2009.

[2] 周兴建. 物流案例分析与方案设计（第2版）[M]. 北京：电子工业出版社，2018.

[3] 曹磊，陈灿，郭勤贵. 互联网+:跨界与融合[M]. 北京：机械工业出版社，2015.

[4] 马化腾，张晓峰，杜军. 互联网+:国家战略行动路线图[M]. 北京：中信出版社，2015.

[5] 周兴建，蔡丽华. 现代物流管理概论[M]. 北京：中国纺织出版社，2016.

[6] 浦震寰. 企业物流管理[M]. 大连：大连理工大学出版社，2012.

[7] 骆温平. 第三方物流[M]. 北京：高等教育出版社，2012.

[8] 钱芝网，孙海涛. 第三方物流运营实务[M]. 北京：电子工业出版社，2011.

[9] 毛光烈. 第四方物流理论与实践[M]. 北京：科学出版社，2010.

[10] 姚建明. 第四方物流整合供应链资源研究[M]. 北京：中国人民大学出版社，2013.

[11] 黎继子. 电子商务物流[M]. 北京：中国纺织出版社，2015

[12] 彭国勋，宋宝丰. 物流运输包装设计[M]. 北京：印刷工业出版社，2012.

[13] 王成林. 装卸搬运技术[M]. 北京：中国财富出版社，2012.

[14] 杨秀茹. 装卸与搬运作业[M]. 北京：机械工业出版社，2015.

[15] 周兴建. 现代仓储管理与实务（第2版）[M]. 北京：北京大学出版社，2017.

[16] 真虹. 物流企业仓储管理与实务[M]. 北京：中国物资出版社，2007.

[17] 爱德华 J.巴蒂，约翰 J.科伊尔，罗伯特 A.诺瓦克等. 运输管理[M]. 刘南，周蕾，李燕，译. 北京：机械工业出版社，2009.

[18] 刘北林. 流通加工技术[M]. 北京：中国物资出版社，2004.

[19] 关善勇. 流通加工与配送实务[M]. 北京：北京师范大学出版社，2011.

[20] 汪佑明. 配送中心规划与管理[M]. 北京：经济科学出版社，2014.

[21] 何庆斌. 仓储与配送管理[M]. 上海：复旦大学出版社，2015.

[22] 黄有方. 物流信息系统[M]. 北京：高等教育出版社，2010.

[23] 彭扬，傅培华，陈杰. 信息技术与物流管理[M]. 北京：中国物资出版社，2009.

[24] 刘宝红. 采购与供应链管理[M]. 北京：机械工业出版社，2015.

[25] 周兴建."互联网+物流"发展机制与路径研究[M]. 北京：北京大学出版社，2018.

[26] 杨长春. 国际物流[M]. 北京：首都经济贸易大学出版社，2012.

[27] Pierre David，Richard Stewart. 国际物流:国际贸易中的运作管理[M]. 王爱虎，乐泓，译. 北京：清华大学出版社，2011.

[28] 周伟华，吴晓波. 物流与供应链管理[M]. 杭州：浙江大学出版社，2011.

[29] 黎继子，杨卫丰. 供应链管理[M]. 北京：机械工业出版社，2010.

[30] 中国物流学会，中国物流与采购联合会. 中国物流园区发展报告[M]. 北京：中国财富出版社，2015.

[31] 邵正宇，周兴建. 物流系统规划与设计[M]. 北京：清华大学出版社，2014.

欢迎广大院校师生**免费**注册应用

华信SPOC官方公众号

www.hxspoc.cn

华信SPOC在线学习平台
专注教学

- 数百门精品课
- 数万种教学资源
- 教学课件 师生实时同步
- 多种在线工具 轻松翻转课堂
- 电脑端和手机端（微信）使用
- 测试、讨论、投票、弹幕…… 互动手段多样
- 一键引用，快捷开课 自主上传，个性建课
- 教学数据全记录 专业分析，便捷导出

登录 www.hxspoc.cn 检索 华信SPOC 使用教程 获取更多

华信SPOC宣传片

教学服务QQ群：1042940196
教学服务电话：010-88254578/010-88254481
教学服务邮箱：hxspoc@phei.com.cn

电子工业出版社　华信教育研究所
PUBLISHING HOUSE OF ELECTRONICS INDUSTRY